Würzig kochen
ohne Salz

Stefanie Roediger-Streubel

Würzig kochen ohne Salz

Zu diesem Thema sind im FALKEN Verlag außerdem folgende Bücher erschienen:
»Diät bei Herzkrankheiten und Bluthochdruck« (Nr. 3202)
»Diät bei Erkrankungen der Nieren, Harnwege und bei Dialysebehandlung« (Nr. 3203)

Abkürzungen und Zeichenerklärungen

TL	= Teelöffel
EL	= Eßlöffel
Msp.	= Messerspitze
l	= Liter
g	= Gramm
kg	= Kilogramm
Gew.-Kl.	= Gewichtsklasse
P.	= Päckchen

ISBN 3 8068 0922 4

© 1988/1989 by Falken-Verlag GmbH, 6272 Niedernhausen/Ts.
Titelbild und Fotos: TLC-Foto-Studio GmbH, Bocholt
Die Ratschläge in diesem Buch sind von der Autorin und vom Verlag sorgfältig
erwogen und geprüft, dennoch kann eine Garantie nicht übernommen werden.
Eine Haftung der Autorin bzw. des Verlages und seiner Beauftragten für Personen-,
Sach- und Vermögensschäden ist ausgeschlossen.
Gesamtherstellung: Neuwieder Verlagsgesellschaft mbH, Neuwied

1920092288X817   2635   4453   62

Inhalt

Vorwort

Salz ist für Feinschmecker nie ein Gewürz gewesen. Gute Köche würzen mit Pfeffer und Muskat oder Macisblüte, mit Thymian, Majoran, Rosmarin, Oregano, Peperoni und Nelken, mit Petersilie und Suppengrün, mit Zwiebeln und Pilzen. Und auch unsere Großmutter griff lieber auf ihre – zumeist selbst angepflanzten – Küchenkräuter zurück.

Von früher Kindheit an werden wir mit Salz überfüttert, denn als Babys müssen wir oft nach Mutters Geschmack essen. Und so verderben schlechte Beispiele das natürliche Geschmacksempfinden. Es steht fest, daß der Mensch Salz zum Leben braucht, doch die Menge ist ausschlaggebend, wie gesund es für uns ist. Da die meisten Nahrungsmittel von Natur aus Natrium enthalten, brauchen wir uns um ein Zuwenig nicht zu sorgen. Zuviel Salz aber verdirbt die Linie, macht müde, lustlos und schlaff, kann bei entsprechender Veranlagung zu einem hohen Blutdruck führen und einen bereits vorhandenen Hochdruck noch verstärken.

Mehr als 6 Millionen Bundesbürger leiden bereits unter erhöhtem Blutdruck. 2 Millionen von ihnen wissen von ihrer Krankheit und werden ärztlich behandelt. Weitere 2 Millionen wissen es, tun aber nichts dagegen, und bei allen anderen kann ein Bluthochdruck jederzeit ausbrechen. Die Gründe liegen auf der Hand: zuviel und zu salzreiches Essen, das falsche Fett, zuwenig Bewegung, zuviel Alkohol und Nikotin.

Daß man allein mit einer Kochsalzreduzierung den Blutdruck wieder gut in den Griff bekommen und durch weniger Kalorien ein eventuell vorhandenes Übergewicht abbauen kann, ist nicht neu; viele Ärzte empfehlen es ihren Patienten immer wieder. Daß sich so wenige daran halten, kann demnach nur einen Grund haben: die bisherigen Diätvorschriften waren zu fad, zu streng, zu einseitig für jemanden, dessen Gaumen sich an zuviel Salz gewöhnt hat.

Wie schon der Titel dieses Buches erkennen läßt, sollen hier derartige Mängel vermieden werden. Sie finden auch keine strengen Ernährungsvorschriften, dafür aber eine Vielfalt an leckeren Speisen und Gerichten, die Ihnen die Verwendungsmöglichkeiten von Gewürzen und Kräutern wieder näherbringen möchten. Weil es sich nicht um starre Diätvorschriften handelt, sondern um gesunde, zeitgemäße Ernährung, die uns alle angeht, sind die Rezepte in diesem Buch für 4 Personen zusammengestellt und berechnet. Beim Kochen wurde auf die Salzzugabe verzichtet, statt dessen soll jeder für sich selbst entscheiden, ob und wieviel Salz er sich in sein Essen streut.

Einführung

Wozu benötigen wir Salz?

Kochsalz ist kein Gewürz, sondern ein lebenswichtiges Mineral. Es besteht aus Natrium und Chlor (1 Gramm Kochsalz enthält 0,4 Gramm Natrium und 0,6 Gramm Chlor) und ist unentbehrlich für den menschlichen Organismus. Das Natrium hilft unter anderem mit, den Transport und die Verteilung von Wasser im Körper zu regulieren. Natrium ist damit auch wichtig für die normale Höhe des Blutdrucks. Da der Körper Salz ausscheidet, zum Beispiel durch Schwitzen, Erbrechen, Durchfall (zusätzlich erhöht), müssen entsprechende Mengen immer wieder zugeführt werden. Das ist in der Regel auch kein Problem, denn der tägliche Minimalbedarf beträgt knapp 3 Gramm.

Durch den natürlichen Natriumgehalt der Lebensmittel wird dem Körper bei normaler Kost soviel angeboten, daß es in unseren Breitengraden niemals zu einem Salzmangel kommen würde. Im Gegenteil, der Appetit auf Salz und die Gewöhnung an den salzigen Geschmack haben bereits dazu geführt, daß wir täglich bis zu 15 Gramm Salz zu uns nehmen. Und das sind nach Meinung der Mediziner und der Ernährungswissenschaftler 10 Gramm zuviel. Die Deutsche Gesellschaft für Ernährung empfiehlt auch dem Gesunden, das Salz einzuschränken und nicht mehr als 5 Gramm pro Tag aufzunehmen, weil man nie vorhersehen kann, wann und ob jemand einen Bluthochdruck entwickelt.

Was ist der Blutdruck?

Sicher kennen Sie das: Sie gehen zum Arzt, und bevor Sie ins Sprechzimmer gerufen werden, mißt die Sprechstundenhilfe Ihren Blutdruck.

Unter dem Blutdruck versteht man den Druck, den das Herz aufwenden muß, um das Blut aus dem Herzen in die Blutgefäße des Körpers zu pumpen. Wie beim Barometer, wird auch der Blutdruck in Millimeter Quecksilbersäule (mm/Hg) gemessen. Bei Blutdruckmessungen gibt es immer zwei Werte, den oberen – er wird als systolischer Druck bezeichnet und entsteht durch Zusammenziehen des Herzmuskels – und den unteren Wert – der diastolische Druck, er entsteht bei der Erschlaffung des Herzmuskels.

Da viele Menschen weder die Höhe ihres Blutdrucks kennen, noch wissen, ab wann es für sie gefährlich werden könnte, hier eine kleine Übersicht:
Normaler Blutdruck: 120–140/80

Es wird bedenklich, wenn der obere Wert von 140 auf 160 ansteigt und der untere Wert 95 aufweist.

Gefährlich ist ein stark gestiegener Blutdruck von 140 auf 200 und von 80 auf 95 für den unteren Wert.

Sehr gefährlich ist es, wenn der obere Wert des Blutdrucks um 200 liegt und der untere auf 130 steigt, oder ein leicht erhöhter Wert von 160, gekoppelt mit einem stark angestiegenen unteren Wert von 130.

Die Höhe des Blutdrucks ist abhängig von der Herzleistung und vom peripheren Widerstand, der von den Blutgefäßen ausgeht. Er ist umso größer, je enger die Gefäße sind. Der Blutdruck unterliegt starken Schwankungen.

Tagsüber, zum Beispiel bei körperlichen Belastungen, kann er bis 200/80 ansteigen, umgekehrt ist er während des Schlafens meist niedriger als normal. Es ist auch bekannt, daß unser Blutdruck bei Aufregungen und Ärger in die Höhe schnellt, zum Beispiel ist für manche der Arztbesuch mit starkem Streß verbunden. Deshalb bleibt meistens die einzelne Blutdruckmessung ein Zufallsergebnis und damit ohne besondere Bedeutung. Erst mehrere in relativ kurzen Abständen und unter gleichen Bedingungen durchgeführte Messungen lassen ein aussagekräftiges Blutdruckprofil erkennen.

Da jeder Mensch die Anlage zur Entstehung eines Bluthochdrucks in sich tragen kann, ist ein eigenes Blutdruckgerät durchaus empfehlenswert. So wie das Fieberthermometer und die Personenwaage in jeden Haushalt gehören, könnte auch das Blutdruckmeßgerät, nach Absprache mit dem Arzt, Teil des hauseigenen Apothekenschränkchens sein.

Kochsalz und Bluthochdruck

Es ist bis heute nicht bewiesen, daß man allein infolge eines übermäßig hohen Salzkonsums an Bluthochdruck erkrankt – ebensowenig, wie man durch zuviel Zucker einen Diabetes entwickelt. Bewiesen ist lediglich, daß, wenn ein hoher Blutdruck bereits besteht, er sich durch eine zu hohe Salzzufuhr verstärkt und zu Komplikationen wie Arterienverkalkung, Herzinfarkt und Schlaganfall führen kann. Beim Hochdruckkranken kann der Natrium-(Salz-)Haushalt nicht mehr richtig reguliert werden, und es sammelt sich zuviel Natrium im Blut. Da Natrium Wasser bindet, erhöht sich die Blutmenge. Da für dieses Mehr an Flüssigkeit die gleichen Leitungsbahnen zur Verfügung stehen, erhöht sich der Druck der jetzt zu engen Gefäße auf das Blut.

Medizinisch unterscheidet man zwei Formen des Hochdrucks: den primären oder essentiellen Bluthochdruck und den sekundären Hochdruck. Beim primären Hochdruck ist die Ursache nicht bekannt. Sicher ist aber, daß die erbliche Veranlagung hier eine große Rolle spielt. Es gibt Menschen, die bei hohem Kochsalzverbrauch durchaus in den krankhaften Grenzbereich der Hypertonie (Bluthochdruck) geraten können. Deshalb ist es sicher nicht verkehrt, wenn auch der Gesunde seinen Blutdruck regelmäßig kontrollieren läßt. Ob und inwieweit seelische Konflikte, Streß und innere Spannungen eine auslösende Ursache sein können, ist wissenschaftlich noch nicht belegt. Man weiß nur, daß sie zu vorübergehendem Blutdruckanstieg führen.

Der sekundäre Bluthochdruck ist eine Folgeerscheinung einer vorausgegangenen Grundkrankheit, wie einem Nierenleiden, einer Überfunktion der Schilddrüse oder gutartigen Geschwülsten der Nebennieren. Hier muß in jedem Fall zunächst einmal das Grundleiden behandelt werden, die Normalisierung des Hochdrucks kommt dann ganz von selbst.

Ein diagnostizierter Bluthochdruck wird ärztlicherseits immer mit entsprechenden Medikamenten behandelt. Doch kann der Betroffene selbst auch eine Menge für sich tun, damit sein Blutdruck bald wieder normale Werte aufweist und ihm Folgekrankheiten, wie Schlaganfall oder Nierenleiden, erspart bleiben. Das beste Mittel ist eine salzarme Ernährung.

Wer sich salzarm ernähren will oder muß, hat es in unserer modernen Zeit, bei einem immer größer werdenden Angebot an halb- und vorgefertigten Lebensmitteln und an Konserven ein bißchen schwerer. Auch wird von vielen der Kochsalzgehalt von Brot, Wurst, Käse und Würzmitteln weit unterschätzt. Deshalb sollen Ihnen die Tabellen auf Seite 20 ff. helfen, einen schnellen und guten Überblick über die Natriumgehalte unserer gebräuchlichsten Lebensmittel zu gewinnen.

Natrium und Kalium – die beiden Gegenspieler

Entsprechend dem Vorkommen dieser beiden Mineralien im Körper wird Natrium als das »Säfte-« und Kalium als das »Zellsalz« bezeichnet. Natrium ist vermehrt in den außerhalb der Zellen befindlichen Flüssigkeiten vertreten, während Kalium ein wichtiger Bestandteil der in den Zellen befindlichen Säfte ist. Beide Mineralstoffe sind im richtigen Zufuhrverhältnis (1:1) für den menschlichen Organismus wichtig. Natrium bindet Wasser im Körper (1 Teil Natrium bindet 9 Teile Wasser, und Kalium sorgt umgekehrt dafür, daß reichlich Wasser über die Nieren ausgeschieden wird.

Von seiner Entwicklung her gesehen, ist der Mensch als überwiegender Pflanzenesser eher an die Aufnahme einer größeren Menge Kalium als an Natrium gewöhnt. So war das Verhältnis ursprünglich 5:1 zugunsten des Kaliums. Erst als Kochsalz reichlich verfügbar und immer preiswerter wurde, verschob sich das Verhältnis zuungunsten von Kalium, und heute ist es genau umgekehrt: wir essen die 5fache Menge Natrium und zuwenig Kalium. Die Wirkung dieser veränderten Ernährungsgewohnheiten wird noch unterstrichen durch die Eigenschaft des Kaliums, beim Kochen in Lösung zu gehen. Es geht so eine beträchtliche Menge mit dem Kochwasser verloren (siehe Tabelle Seite 24).

Für den reibungslosen Ablauf vieler Körperfunktionen und Stoffwechselvorgänge braucht ein Erwachsener im Durchschnitt je 2 bis 3 Gramm Kalium und Natrium pro Tag. Das entspricht einer natriumarmen Ernährung, wie sie für spezielle Diäten angeordnet wird. Ein gesunder Körper toleriert auch noch 7 bis 8 Gramm Kochsalz am Tag, doch bei den üblicherweise aufgenommenen Mengen von bis zu 15 Gramm wird's dann schon, wie bereits mehrfach erwähnt, kritisch. Machen Sie sich doch einmal den Spaß, und wiegen Sie die Mengen 3, 8 und 15 Gramm ab, und schauen Sie sich dann die Häufchen an. Das kann mitunter sehr wirkungsvoll sein.

Da Eßgewohnheiten und Geschmacksvorlieben erlernt wurden, lassen sie sich auch beeinflussen beziehungsweise ändern. Ganz sicher nicht von heute auf morgen, bestimmt aber mit ein bißchen gutem Willen und kleinen Schritten. Das beginnt bei der Auswahl der Lebensmittel nach ihrem natürlichen Natriumgehalt und dem Salzzusatz bei industrieller Verarbeitung, beim Vermeiden von Salzen und Nachsalzen der Speisen bei Tisch, ohne sie vorher gekostet zu haben, und führt ganz allmählich dahin, das Salz als Würze völlig wegzulassen. Das hat zudem den Vorteil, daß man bei einem Gericht die natürlichen Aromen der Zutaten genießt und nicht nur ein salziges Einerlei. Schließlich gibt es auch eine große Auswahl an Diätsalzen, die alle auf Kaliumbasis aufgebaut sind und für die salzarme Ernährung eine gute Alternative darstellen.

Je weniger Kochsalz aufgenommen wird, desto günstiger ist das für den erhöhten Blutdruck. Das gleiche gilt für Angehörige von Familien, in denen Hochdruck gehäuft vorkommt.

Als Einstieg für das »Verfeinerungsprogramm der Geschmacksnerven« eignen sich sehr gut einige Entschlackungstage mit Gemüse- und Obstsäften, mit Kartoffeln oder Reis (siehe Seite 156 ff.). Sie haben dazu noch den guten Nebeneffekt, Stoffwechselendprodukte aus dem Körper auszuschwemmen. Dies wird dadurch bewirkt, daß man mehr Kalium als Natrium zu sich nimmt und der entwässernde Effekt des Kaliums zum Tragen kommt. Ganz nebenbei verliert man auch noch ein paar überflüssige Pfunde.

Was hat Übergewicht mit Bluthochdruck zu tun?

Das ist klar, Übergewicht und Fettsucht werden schon lange nicht mehr nur als kosmetisches Problem angesehen. Unser Organismus, das Herz, das Kreislaufsystem, die Wirbelsäule und die Gelenke sind von Haus aus nicht so angelegt, daß sie auf die Dauer eine ständige Mehrbelastung verkraften können. Kein Wunder, daß es dann irgendwann einmal zu schweren Störungen und Krankheiten kommen muß.

Eine Langzeitstudie der Universität München über die Zusammenhänge von Übergewicht und Kochsalzzufuhr bei der Entstehung eines Bluthochdrucks haben folgendes ergeben:

1. Übergewicht fand sich häufiger bei Personen mit erhöhtem Blutdruck als bei solchen mit einem normalen Blutdruck.

2. Personen mit Übergewicht und einem normalen Blutdruck erkrankten in den darauffolgenden Jahren häufiger an Bluthochdruck als Personen mit einem normalen Gewicht.

3. Wurden die Hypertoniker auf »Schmalkost« gesetzt, fiel auch der Blutdruck ab.

4. Je höher die Nahrungszufuhr und der damit verbundene Kochsalzverbrauch ist, um so häufiger findet sich ein Bluthochdruck.

Obwohl die Untersuchungen aus München nicht repräsentativ für die ganze Bundesrepublik sind, läßt sich doch daraus schließen, daß bei einer entsprechenden erblichen Belastung besonders bei übergewichtigen Personen, die zuviel Salz aufnehmen, mit fast 100%iger Sicherheit ein Bluthochdruck entsteht.

Das richtige Gewicht

Es gilt, jegliches Übergewicht zu vermeiden beziehungsweise vorhandenes abzubauen, dies jedoch auf vernünftige Weise. Wer unter einem hohen Blutdruck leidet, sollte unbedingt das Normalgewicht anstreben. Und wie das aussieht, können Sie ganz leicht selbst nach der folgenden Formel ausrechnen:

Körpergröße in Zentimetern minus 100 = Normalgewicht

(Beispiel: 170 Zentimeter
minus 100 = 70 Kilogramm)

Lange Zeit galt das Idealgewicht (bei Frauen 15% und bei Männern 10% unter dem Normalgewicht) als das Gewicht, das die längste Lebenserwartung verspricht. Neuere Studien bestätigen dies jedoch nicht mehr so eindeutig. Deshalb empfehlen heute viele Wissenschaftler, das Normalgewicht als den Richtwert zu nehmen, bei dem man sich wohl fühlt und leistungsfähig bleibt.

Wichtig ist, daß man sein Normalgewicht auch dauerhaft hält und sich vor einseitigen »Schnellschußdiäten« in acht nimmt. Denn starke Gewichtsschwankungen sind immer eine zusätzliche Belastung für das Herz-Kreislauf-System.

Wer abnehmen will, muß weniger essen, als sein Körper verbraucht. Bei 1 Kilogramm Gewichtsverlust pro Woche durch Abbau der Fettreserven müssen Sie täglich 1000 Kalorien einsparen. Ein Beispiel: Wenn Sie einen täglichen Energiebedarf von 2200 Kalorien haben, dann dürfen Sie täglich nur 1200 Kalorien essen, um in 7 Tagen 1 Kilogramm abzunehmen.

Das klingt im Moment ein wenig enttäuschend, doch eines ist auch klar: wer auf diese Weise vernünftig und überlegt abnimmt, der wird sein Gewicht zwar langsam los, hat aber die Chance, daß die Pfunde auch kontrollierbar sind und meist überhaupt nicht mehr wiederentstehen.

Kennen Sie Ihren Energiebedarf?

Wahrscheinlich nicht, aber das läßt sich rasch ändern. Sie können ihn sich nach einem einfachen Rechenschema selbst erstellen.

Erinnern Sie sich noch aus Ihrer Schulzeit an die Kalorie? Sie ist das Maß für die Energie, die man aufwenden muß, um 1 Liter Wasser um 1 Grad Celsius zu erwärmen. Weil die Nahrung, die wir essen, im Stoffwechsel Wärme produziert, mißt man den Brennwert einzelner Nahrungsmittel nach Kalorien – seit einigen Jahren auch nach Joule (1 Kilokalorie [kcal] = 4,2 Kilojoule [kJ]).

Um den eigenen Kalorienbedarf zu errechnen, geht man von drei verschiedenen Faktoren aus: dem **Grundumsatz,** das ist die Energiemenge, die wir im Schlaf – also ohne Nahrungsaufnahme – für die Arbeit der inneren Organe benötigen, und dem **Arbeits- oder Leistungsumsatz** – er hängt von der jeweiligen Schwere der körperlichen Tätigkeit ab. So rechnet man etwa 8 Kilokalorien pro Kilogramm Körpergewicht pro Stunde für leichte Tätigkeiten wie sie Büroangestellte, Hausfrauen, Pkw-Fahrer und Lehrer verrichten; 12 Kilokalorien pro Kilogramm Körpergewicht pro Stunde für mittelschwere Arbeit, zum Beispiel von Handwerkern und Verkäufern; 26 Kilokalorien pro Kilogramm Körpergewicht pro Stunde für Leistungssportler und Bauarbeiter. Der Energiebedarf für Freizeitaktivitäten, zum Beispiel viel Spazierengehen, Gymnastik, Treppensteigen, mit den Kindern toben, liegt zwischen 300 und 700 Kilokalorien pro Tag und wird zum Leistungsbedarf gezählt.

Bleiben wir bei unserem Beispiel von einem 70 Kilogramm schweren Menschen, so sieht sein Tagesenergiebedarf wie folgt aus:

70×24 (Grundumsatz)	=	1680 Kilokalorien
70×8 (Büroarbeit)	=	560 Kilokalorien
1 Stunde spazierengehen	=	240 Kilokalorien
2 Stunden fernsehen	=	100 Kilokalorien
zusammen	=	2580 Kilokalorien

Bei einer Kalorienzufuhr von 2580 Kilokalorien pro Tag nimmt unser »Modellmensch« weder zu noch ab.

Wollen Sie nun abnehmen, müssen Sie täglich 1000 Kilokalorien weniger essen. Statt einseitiger Diäten ist eine normal zusammengesetzte gemischte Kost, die überwiegend Gemüse, Getreide und Getreideprodukte, Kartoffeln und Obst enthalten sollte, zu empfehlen. Dazu sollten Sie sich ausreichend körperlich bewegen. Das unterstützt nicht nur den Abnahmeerfolg, sondern hilft auch, den Blutdruck zu senken und Ihr Wohlbefinden zu steigern. Ideal wäre ein sogenanntes dynamisches Ausdauertraining. Dazu gehören Waldlauf, Schwimmen, Radfahren, Skilanglauf – Aktivitäten, die Sie langsam beginnen und steigern sollten. Wieviele Kalorien Sie dabei oder bei anderen Bewegungsarten verlieren, sehen Sie in der nachfolgenden Tabelle.

Kalorienverbrauch bei Freizeitaktivitäten pro Stunde

Tätigkeit	Kilo-kalorien	Kilo joule
Autofahren	50	209
Sitzen	50	209
Telefonieren	50	209
Klavierspielen	75	314
Baden	100	420
Angeln	150	630
Motorbootfahren	150	630
Gehen (langsam)	200	840
Golfspielen	250	1050
Kegeln	250	1050
Reiten	250	1050
Gartenarbeit	250	1050
Tanzen (Foxtrott)	300	1260
Radfahren (gemächlich)	300	1260
Tennisspielen	350	1470
Gehen (schnell)	350	1470
Wandern	400	1680
Federballspielen	400	1680
Schlittschuhlaufen	400	1680
Schwimmen	400	1680
Skilaufen	450	1890
Gymnastik	500	2100
Dauerlauf	600	2520
Radfahren (angestrengt)	600	2520
Langlaufen	700	2940
Treppensteigen	800	3360

Gesünder leben durch richtige Ernährung

Wir essen, um zu leben, manche Menschen leben auch, um zu essen, und die meisten essen gerne und zuviel. Und da beginnt das Dilemma. Durch zuviel Nahrung und vor allem falsch zusammengesetztes Essen häufen sich die ernährungsbedingten Krankheiten. Natürlich ist es nicht leicht, liebgewordenen Eßgewohnheiten ade zu sagen. Doch muß es nun auch nicht gleich den großen Verzicht bedeuten. Denn eins ist klar: was sich künftig auch bei Ihrem Essen und Trinken ändern wird, es sollten immer der Genuß und die Freude am Essen den ersten Platz einnehmen.

Unsere tägliche Nahrung liefert Nährstoffe wie Eiweiß, Fett, Kohlenhydrate und andere lebensnotwendige Betriebsstoffe wie Vitamine, Mineralien, Spurenelemente, Ballaststoffe und Wasser. Jeder Nährstoff hat einen anderen Energiegehalt:

1 g Fett
= 9,3 Kilokalorien (39 Kilojoule)
1 g Eiweiß
= 4,1 Kilokalorien (17 Kilojoule)
1 g Kohlenhydrate
= 4,1 Kilokalorien (17 Kilojoule)

Die wichtigsten Kalorienlieferanten, Fett und Kohlenhydrate, braucht unser Körper als Brennstoff für die Energiegewinnung, um die Lebensfunktionen aufrechtzuerhalten. Die Betriebsstoffe brauchen wir als Katalysatoren, Bausteine und als Wasserregulatoren in Gewebe und Blut.

Kohlenhydrate ist die Bezeichnung für eine Vielzahl an Verbindungen, zu denen auch Zucker und Stärke gehören. Sie bilden das Heizmaterial im körperlichen Motor – dem Stoffwechsel. Aufgrund ihrer chemischen Zusammensetzung werden die Kohlenhydrate in Einfachzucker und daraus zusammengesetzte komplexere Verbindungen unterteilt.

Zu den Einfach- und Zweifachzuckern zählt man zum Beispiel Traubenzucker, Fruchtzucker, Rohrzucker, Milchzucker und Malzzucker. Sie werden aus der Nahrung im Darm sehr rasch ins Blut transportiert und spenden schnelle Energie. Der Zuckerspiegel im Blut steigt rasch nach dem Verzehr einer zuckerreichen Mahlzeit an und fällt ebenso rasch durch Wirkung des Hormons Insulin wieder ab. Wer sich also vorwiegend mit zuckerhaltigen Lebensmitteln und solchen aus weißem Mehl ernährt, ist ständig hungrig, ißt zuviel und wird natürlich am Ende zu dick, denn die Kohlenhydrate werden als Fett abgelagert. Die Vielfachzucker (Stärke, Zellulose) dagegen haben einen wesentlich langsameren Abbau und sorgen für ein gleichbleibendes, langanhaltendes Sättigungsgefühl; der Blutzuckerspiegel steigt nur langsam und kann leicht reguliert werden. Außerdem enthalten die stärkereichen Lebensmittel noch viele Vitamine, Mineralien und Ballaststoffe. Zu dieser Lebensmittelgruppe gehören alle Getreide- und Vollkornprodukte, Gemüse, Hülsenfrüchte, Kartoffeln und Obst. Wer sich also mehr mit diesen Kohlenhydraten ernährt, lebt gesünder, wird schlanker und leistungsfähiger. Denn eine Ernährung, die reich an Ballaststoffen ist, stellt auf ganz natürliche Weise eine Art »Eßbremse« dar; das längere Kauen von Rohkost oder von Gemüsegerichten, Reis und Kartoffeln macht schneller satt, und man nimmt entsprechend weniger Kalorien zu sich.

Fett ist der energiereichste Nährstoff, der leicht gespeichert werden kann und, im Übermaß genossen, die Grundlage für die so gefürchteten Fettpolster schafft. Fette sind nicht nur unser größter Energielieferant, sie sind auch ein guter Wärmeschutz und als Transportmittel für die fettlöslichen Vitamine wichtig. Obwohl wir es also brauchen, sündigen wir beim Fett am meisten. Heute ißt bereits jeder Bundesbürger etwa 140 Gramm Fett pro Tag; das ist doppelt soviel, wie die Ernährungswissenschaftler und Mediziner uns zugestehen.

Welche Fette für einen gesunden Organismus wichtig und welche ungünstig sind, geht aus ihrer chemischen Beschaffenheit hervor.

Man unterscheidet drei Gruppen:

Die gesättigten Fettsäuren – sie sind vorwiegend in Kokosfett, Rindertalg, Butter, Butterschmalz, Schweineschmalz und Gänseschmalz enthalten.

Die einfach ungesättigten Fettsäuren kommen in Olivenöl, Erdnußöl, Palmöl und Margarine vor.

Die mehrfach ungesättigten Fettsäuren sind in Leinöl, Maiskeimöl, Saffloröl (Distelöl), Sojaöl, Sonnenblumenöl, Walnußöl und Diätmargarine in unterschiedlichen Mengen enthalten.

Gesättigte und einfach ungesättigte Fettsäuren, dazu gehört auch das Cholesterin, kann unser Körper selbst aufbauen. Die mehrfach ungesättigten Fettsäuren, darunter besonders die Linolsäure, dagegen nicht. Deshalb sind sie für uns äußerst wichtig (essentiell) und müssen jeden Tag mindestens ein Drittel der Fettzufuhr ausmachen.

Versteckte Fette sind meist gesättigte Fettsäuren und verbergen sich in tierischen Produkten, wie fetter Wurst, Fleisch und Käse. Bis zu 60% des Tagesbedarfs wird hiermit abgedeckt, und das ist einfach zuviel. Wer also abnehmen will, der sollte bei diesen Lebensmitteln die Notbremse ziehen. Im Klartext: weniger Wurst- und Fleischwaren und wenn, dann nur Mageres; auf den aufgedruckten Fettgehalt von Milchprodukten achten (als Faustregel kann gelten: Fettprozente in der Trockenmasse (i.Tr.) geteilt durch 2 = echter Fettgehalt); sichtbares Fett von Saucen und Suppen abschöpfen; Fettränder nach dem Garprozeß abschneiden; magere Fische (Kabeljau, Seelachs, Schellfisch, Scholle) vorziehen; statt fritieren oder braten mehr schmoren, dünsten, pochieren, dämpfen und grillen.

Seit Jahren ist der »Fettstreit« im Gange. Die Frage, was gesünder sei, Butter oder Margarine, beschäftigt Wissenschaftler und Industrie. Wir wissen es immer noch nicht genau, weil sich die Gelehrten einfach nicht einig werden können. Tatsache aber ist, daß die Butter keineswegs den Cholesterinspiegel im Blut erhöht, wie es von den Befürwortern des Margarinekonsums gerne behauptet wird. Tatsache ist auch, daß die heutigen Produktionsverfahren herkömmlicher Margarinen zahlreiche Schritte umfassen, bei denen essentielle Inhaltsstoffe in unterschiedlichem Maße zerstört werden können. Das ist bei Diätmargarine in geringerem Umfang der Fall, und man sollte sie bevorzugen.

Die Dosis macht's – so erkannte bereits der Gelehrte Paracelsus, ob ein Stoff Gift ist oder ein Segen. Halten wir es künftig mit dem Fett auch so: je weniger und essentieller, um so besser. Geben Sie pflanzlichen Ölen und Fetten in Maßen den Vorrang vor tierischen Fetten. Aus diesem Grunde wurde in den Rezepten dieses Buches neben Öl überwiegend Diätmargarine verwendet. Sollten Sie dagegen eine Abneigung haben, ersetzen Sie die sowieso sehr geringen Mengen einfach durch Butter.

Eiweiß ist der wichtigste Baustein der Zellen, ein wichtiger Bestandteil von Enzymen und Hormonen und ist am Transport von nicht wasserlöslichen Stoffen im Blut beteiligt. Deshalb: ohne Eiweiß kein Leben. Durch ständige Auf- und Abbauprozese verbrauchen wir Eiweiß, das immer wieder ersetzt werden muß. Unser körpereigenes Eiweiß besteht aus etwa 20 Aminosäuren. 12 davon kann unser Organismus selbst herstellen, die restlichen 8 müssen wir durch die Nahrung, hauptsächlich aus tierischen Lebensmitteln, ergänzen. Zwischen pflanzlichem und tierischem Eiweiß gibt es zum Teil erhebliche Unterschiede. Je ähnlicher ein Eiweiß eines Lebensmittels dem körpereigenen Eiweiß ist, um so höher ist seine Qualität. Die Ernährungswissenschaftler sprechen von der »biologischen Wertigkeit", die sich bei den einzelnen eiweißreichen Lebensmitteln vergleichen läßt:
Die Wertigkeit vom Eiweiß des Hühnereis wird mit 100 festgelegt und ist eines der hochwertigsten. Kartoffeleiweiß etwa 70, Rindfleisch 76, Fisch 78, Milch und Milchprodukte 88, Roggenmehl 76, Weizenmehl 65, Hülsenfrüchte und Reis 70 bis 75.
Das heißt zum Beispiel, daß man wesentlich mehr Weizen essen müßte als Kartoffeln, um denselben Nutzen für die Eiweißversorgung zu erzielen.
Wichtig ist für Sie zu wissen, daß durch eine besonders geschickte Eiweißzu-sammenstellung Ihre tägliche Kost optimal wird.
Kombinieren Sie deshalb: Vollkornbrot (aus Weizen und Roggen) mit Milch oder Milchprodukten, Hülsenfrüchten, Eiern oder Fleisch.
Kartoffeln mit Fleisch, Eiern, Fisch oder Hülsenfrüchten.
Als Empfehlung für die tägliche Eiweißzufuhr wurde bisher 1 Gramm pro Kilogramm Körpergewicht angegeben. Heute gelten 0,8 Gramm pro Kilogramm Körpergewicht als völlig ausreichend.
Von den drei Hauptnährstoffen allein kann der Mensch aber nicht leben. Sie müssen durch Wirkstoffe ergänzt werden, die zwar keine Energie liefern, jedoch dafür sorgen, daß alle Stoffwechselvorgänge reibungslos funktionieren.

Vitamine schützen uns vor Krankheiten, sorgen dafür, daß die Nährstoffe innerhalb des Stoffwechsels umgesetzt werden, sind Bausteine für Hormone und des Sehpurpurs. Da sie bis auf wenige Ausnahmen vom Organismus nicht gebildet werden können, sind wir auf die Zufuhr von Vitaminen angewiesen. Bei gemischter Kost erhalten wir sie im allgemeinen so ausreichend, daß eine Unterversorgung nicht befürchtet werden muß. Ausnahmen bilden extreme Schlankheitskuren, das heißt einseitige Kostformen, oder Krankheiten. Deshalb niemals über einen längeren Zeitraum einseitige Diäten unter 1000 Kalorien machen.
Bisher sind 19 Vitamine bekannt, die man nach ihrer Löslichkeit einteilt:
Wasserlösliche Vitamine – dazu gehören Vitamin C, die Vitamine des B-Komplexes, Niacin, Panthothensäure und Folsäure.

Die wasserlöslichen Vitamine – vor allem in Gemüse, Fleisch und Früchten enthalten – werden leicht durch das Kochwasser herausgelöst. Das heißt Vorsicht bei der Zubereitung, nicht zerkleinert im Wasser liegen lassen, das Kochwasser nicht wegschütten, sondern trinken oder in Suppen und Saucen weiterverarbeiten. Da viele dieser Vitamine hitzeempfindlich sind, sollten Sie nichts warmhalten, sondern lieber abgekühlt nochmals erhitzen. Dazu kommt eine Empfindlichkeit gegenüber Luftsauerstoff, vor allem bei Vitamin C. Daher alles immer dunkel und vor Licht geschützt aufbewahren. Gemüse und Rohkost erst unmittelbar vor dem Verzehr zerkleinern.

Fettlösliche Vitamine sind Vitamin A, D, E und K. Sie brauchen Fett als Trägersubstanz, um vom Körper aufgenommen zu werden. Aus diesem Grund sollten Sie Möhren und grüne Blattgemüse immer mit Öl, Sahne oder Butter anrichten. Küchentechnisch sollten Sie das gleiche beachten wie bei den wasserlöslichen Vitaminen.

Mineralstoffe und Spurenelemente

sind anorganische Stoffe, die im Boden, im Wasser und in den Zellen von Pflanzen und Tieren vorkommen. Sie sind lebensnotwenig, auch wenn sie häufig nur in winzigen Mengen (Spuren) gebraucht werden. Ein Mangel an dem einen oder anderen Mineralstoff kann zu erheblichen Störungen führen; so ist der Blutkreislauf ohne Natrium nicht denkbar. Wie wir bereits erfahren haben, genügt dafür allerdings eine Zufuhr von 3 bis 5 Gramm Kochsalz am Tag. Wer mehr aufnimmt, vor allem durch salzhaltige Speisen, der sammelt Wasser im Körpergewebe an und kann bei entsprechender Veranlagung einen Bluthochdruck entwickeln.

Da mit dem Urin, Schweiß und Stuhl täglich Mineralien ausgeschieden werden, müssen sie durch die Nahrung ersetzt werden. Es sind Natrium, Kalium, Chlor, Magnesium, Phosphor und Calcium, die der Körper in größeren Mengen benötigt. In Spuren braucht er Eisen, Jod, Zink, Kupfer, Fluor, Mangan, Kobalt und andere. In einer ausgewogenen Mischkost, die 55% der täglich benötigten Kalorien als Kohlenhydrate (Vollwertgetreide, Gemüse, Obst, Vollkornbrot, Kartoffeln, Vollkornreis, Hülsenfrüchte, Nüsse, Samen, Sprossen), 32% als Fett (überwiegend mehrfach ungesättigte Fettsäuren aus pflanzlichen Fetten) und 13% als Eiweiß (davon überwiegend biologisch wertvolles) liefert, sind alle Nährstoffe, Vitamine, Mineralstoffe und Spurenelemente in ausreichender Menge enthalten.

Ballaststoffe sind pflanzliche Bestandteile unserer Nahrung, die wir nicht verdauen können. Sie haben keinen Nährwert, sind aber für die Verdauung äußerst wichtig. Sie stammen ausschließlich aus Zellulose, Pektinen und diesen Substanzen verwandten Stoffen. Je ballaststoffreicher unsere Kost, um so geregelter die Darmtätigkeit und um so geringer die Kalorienkonzentration.

Essen Sie mehr Gemüse, Salate, »Vollkörniges« – es sättigt schneller und besser und macht es leichter, ein Normalgewicht zu halten.

Genußmittel

Natürlich werden wir immer wieder auf die Gefahren von Nikotin, Alkohol und Kaffee hingewiesen, aber wie traurig wäre es, müßten wir auf alles verzichten. Zugegeben, beim Nikotin wird es ernst, denn nachweisbar führt dieses starke »Nervengift« zu Blutdruckerhöhung. Also, wenn Sie Ihr Leiden nicht verschlimmern wollen, Finger weg von Tabakwaren aller Art.

Aber man braucht nicht auf alle Laster zu verzichten. Wer Bluthochdruck hat, kann sich auch künftig an einer duftenden Tasse Bohnenkaffee laben. Forschungen der letzten Jahre ergaben, daß Kaffee den Blutdruck nicht negativ beeinflußt. In vernünftigen Mengen fördert er sogar die Durchblutung. Bei Unverträglichkeit sollte man jedoch auf entcoffeinierten Kaffee ausweichen, der zudem noch röststoffarm sein sollte.

Alkohol gehört von jeher zu den Genußmitteln, die das Leben ab und an freundlicher machen. Wer vergißt schon die fröhlichen Stunden, die er beim Wein im Kreise lieber Freunde verbracht hat, oder die warmen Sommerabende, an denen eine prickelnde Bowle für die richtige Abkühlung sorgte, oder das angenehme Gefühl, wenn man sich nach einem arbeitsreichen Tag bei einem Gläschen so richtig schön entspannt? Geben wir ihm den gebührenden Platz als Genußmittel zur Entspannung, doch hüten wir uns davor, ihn als »Sorgenbrecher« zu mißbrauchen. Denn immerhin, mit 7 Kilokalorien pro Gramm ist Alkohol kein zu unterschätzender Kalorienlieferant.

Wer sollte sich salzarm ernähren?

– alle, die einen diagnostizierten Bluthochdruck haben
– alle, in deren Familie ein hoher Blutdruck bekannt ist
– alle Menschen mit Herzkrankheiten
– bei einigen Nierenleiden; hier sollten Sie aber zuerst den Arzt befragen
– alle, die bereits ein Stoffwechselleiden haben, wie Diabetes und Gicht
– Schwangere im letzten Drittel der Schwangerschaft.

Bei der salzarmen Ernährung gibt es unterschiedliche Formen:

1. Die *streng natriumarme Kost*. Sie liefert pro Tag nicht mehr als 3 Gramm Kochsalz = 1,2 Gramm Natrium und wird vom Arzt verordnet.

2. Die *modifizierte natriumarme Kost*. Sie enthält bis zu 5 Gramm Kochsalz (2 Gramm Natrium = 2000 Milligramm Natrium), hierbei sollten möglichst keine handelsüblichen Brot-, Back-, Wurstwaren und Käsesorten verwendet werden.

3. Die *salzarme Diät*. Sie liefert nicht mehr als 7 Gramm Kochsalz oder 2800 Gramm Natrium pro Tag. Sie ist die Kostform, die auch für alle Gesunden als Ernährungsform anzustreben ist.

Empfehlungen für
eine salzarme Ernährung
bei Bluthochdruck
und dessen Vorbeugung

- Übergewicht vermeiden beziehungsweise mit einer kalorienreduzierten Mischkost abbauen.
- Rauchen einschränken, am besten ganz darauf verzichten.
- Kein Kochsalz als Würzmittel verwenden. Gerichte mit Kräutern, Diätsalz, Gewürzen, selbstgemachten Fonds und Gewürzmischungen abwechslungsreich abschmecken.
- Auf Gepökeltes, Geräuchertes und Paniertes verzichten. Ebenso keine Konserven, vorgefertigte Lebensmittel, handelsübliche Gewürzmischungen, Oliven, Kapern, Kaviar, handelsübliche Mayonnaise, Schmelzkäse, Matjes, Salzhering verzehren. Vorsicht auch bei Backpulver, Kondensmilch, Puddingpulver und Colagetränken.
- Versuchen Sie, Ihre Nahrung so natürlich wie möglich mit frischen oder tiefgefrorenen Lebensmitteln (bei letzteren aber keine Fertigmenüs oder vorgefertigte Speisen!) zuzubereiten.
- Es gibt bereits eine große Anzahl an natriumarmen Lebensmitteln, von Brot über Käse bis Fleisch und Wurstwaren, Gewürzmischungen und Gewürzextrakte. Schauen Sie sich einmal in Apotheken, Reformhäusern und den Diätabteilungen gut sortierter Warenhäuser um. Diese Produkte lassen sich ausgezeichnet einsetzen.
- Bevorzugen Sie natriumarme Mineralwässer; es müssen keine Heilquellen sein. Studieren Sie einfach nur die Etiketten, da steht immer der Natriumgehalt drauf.
- Essen Sie reichlich Gemüse und Rohkost. Bevorzugen Sie die zahlreichen vitamin- und mineralstoffschonenden Garverfahren.
- Schauen Sie sich den Natriumgehalt der Lebensmittel (siehe Tabelle Seite 20 ff.) genau an, und wählen Sie danach die Bestandteile Ihrer täglichen Kost aus.
- Geben Sie Vollkornprodukten stets den Vorrang vor raffinierten Produkten; essen Sie mehr Hülsenfrüchte, Graupen, Naturreis und Kartoffeln.
- Sorgen Sie dafür, daß der essentielle Fettanteil in Ihrer Kost überwiegt. Essen Sie also mehr Keimöle und mageres Fleisch, Fisch sowie Milch und Milchprodukte.
- Garen Sie fettarm, indem Sie in der Folie oder im Wasserdampf dünsten, im Tontopf schmoren, grillen, in der Mikrowelle kochen und pochieren statt braten.
- Machen Sie einmal pro Woche einen Entlastungstag mit Reis, Kartoffeln oder Früchten (siehe Seite 156 ff.).
- Führen Sie regelmäßige Blutdruckkontrollen durch.
- Sorgen Sie für ausreichend Bewegung, und zwar täglich. Einen besonders günstigen Einfluß auf den Bluthochdruck haben alle Entspannungsübungen, wie Yoga und autogenes Training.
- Kontrollieren Sie einmal wöchentlich Ihr Gewicht. Tendiert die Waage stark nach oben, legen Sie sofort einen Entlastungstag ein.
- Salz ist Salz, das ändert sich auch nicht beim Meersalz. Sollte man Ih-

nen so etwas empfehlen, Finger weg. Ebenso von handelsüblichen Salzmischungen wie Selleriesalz, Kräutersalz, Knoblauchsalz und anderen. Wenig Alkohol trinken und besondere Vorsicht bei Hochprozentigem.

- Wer stark übergewichtig ist, sollte unter ärztlicher Aufsicht eine Abmagerungskur machen.

Geeignete Lebensmittel für eine streng natriumarme Diät

Lebensmittel (verzehrbarer Anteil)	Portion in g	mg je Portion
Fische		
Brassen	150	34,5
Renke (Felchen)	100	36
Getreide		
Naturreis	50	5
Teigwaren		
Nudeln	50	3,5
Hülsenfrüchte		
Bohnen, weiß	50	1
Linsen	50	2
Kichererbsen	50	13,5
Erbsen, gelb, geschält	50	15
Samen		
Haselnuß; Paranuß geröstete Erdnuß;	10	0,2
Mandel	10	0,3
Walnuß	10	0,5
Cashewnuß	10	1,5
Kokosraspel	10	3

Gemüse		
Kürbis, roh	150	1,5
Bohnen, grün, roh; Erbsen, grün, roh	150	3
Paprikaschoten, roh	150	3
Feldsalat	100	4
Batate (Süßkartoffel) und Rotkohl, roh	150	6
Chinakohl, roh	100	7
Porree und Schwarzwurzel, roh	150	7,5
Tomatensaft	150	7,5
Tomate, roh	150	9
Kopfsalat, roh	100	10
Rosenkohl, roh	200	14
Aubergine, Gurke und Pastinake, roh	200	16
Radieschen, roh	150	18
Wirsing, roh	200	18
Kohlrabi und Kohlrübe, roh	200	20
Blumenkohl, tiefgefroren	200	26
Weißkohl, roh	200	26
Rettich, roh	150	27
Blumenkohl, roh	200	32
Pilze		
Birkenpilze, Speisemorscheln, roh	100	2
Pfifferlinge, roh	100	3
Reizker und Steinpilze, roh	100	6
Champignons, roh	100	12

Obst ist grundsätzlich geeignet.

Bedingt geeignete Lebensmittel für eine streng natriumarme Diät

Lebensmittel (verzehrbarer Anteil)	Portion in g	mg je Portion
Eier		
1 Hühnerei (Gew.-Kl. 6)	48	66
1 Hühnerei (Gew.-Kl. 4)	57	70
Seefische		
Heilbutt	100	67
Ostseehering	100	74
Süßwasserfische		
Forelle	100	40
Karpfen	100	46
Barsch	100	47
Lachs	100	51
Hecht	100	63
Aal, Flußaal	100	65
Geflügel		
Truthahn, Brust	100	46
Ente	100	65
Huhn, Brust	100	66
Huhn, Leber	100	68
Hammelfleisch		
Lende	100	75
Keule	100	78
Kalbfleisch		
Muskelfleisch, ohne Fett	100	68
Bries	100	73

Lebensmittel	Portion in g	mg je Portion
Rindfleisch		
Muskelfleisch, ohne Fett	100	43
Filet	100	51
Lende, Kamm	100	75
Schweinefleisch		
Schnitzel	100	56
Muskelfleisch, ohne Fett	100	60
Kotelett	100	62
Keule	100	72
Bug, Filet	100	74
Leber	100	77
Eisbein	100	78
Wild		
Kaninchen	100	47
Hase	100	50
Reh, Hirsch, Keule	100	60

Natrium- und Kaliumgehalte wichtiger Lebensmittel

(je 100 g verzehrbarer Anteil;
– = keine Daten)

Lebensmittel	Natrium (mg)	Kalium (mg)
Gemüse		
Gurken, frisch	8	141
Erbsen/Möhren (Dose)	227	155
Chicorée	4	192
Spargel, frisch	4	207
Paprikaschoten	2	212
Mais (Dose)	209	230
Zwiebeln	18	233
Lauch	5	255

Radieschen, Rettich	17	255
Bohnen, grün, frisch	2	256
Rot-, Weiß-,		
Wirsingkohl	4	266
Kresse	12	276
Karotten	45	282
Sauerkraut	35	288
Erbsen, frisch	2	296
Suppengemüse,		
Tomaten	6	297
Schwarzwurzeln	5	320
Sellerie	7	321
Blumenkohl	16	328
Rote Bete, frisch	96	336
Bleichsellerie	132	344
Endivien	53	346
Petersilie	13	353
Kohlrabi	10	392
Rosenkohl	7	411
Kopf-, Feldsalat	4	421
Artischocken	45	426
Brokkoli	13	464
Champignons	6	486
Grünkohl	42	490
Fenchel	86	494
Kartoffeln	19	523
Spinat	62	662

Obst, frisch

Apfel	1	10
Birne	2	128
Erdbeeren	2	56
Grapefruit,		
Mandarinen	2	158
Himbeeren	1	169
Ananas	2	172
Stachelbeeren	1	179
Brombeeren	2	180
Weintrauben	3	183
Orange	1	189
Quitten	3	199
Pfirsich	1	204

Kirschen	3	210
Mirabellen	–	230
Johannisbeeren,		
rot	1	238
Pflaumen	2	260
Rhabarber	2	270
Aprikosen	2	280
Johannisbeeren,		
schwarz	3	341
Banane	1	382

Trockenobst und Nüsse

Rosinen	34	703
Datteln	28	780
Walnüsse	30	459
Paranüsse	18	601
Haselnüsse	2	636
Erdnüsse	5	674
Mandeln	23	720

Obstsäfte, frisch

Johannisbeersaft,		
rot	1	111
Apfelsaft	2	112
Grapefruitsaft	2	129
Zitronensaft	2	142
Traubensaft	–	163
Orangensaft	4	164
Sanddornsaft	6	209

Gemüsesäfte, frisch

Karottensaft	52	219
Tomatensaft	5	230

Fleisch, Wild, Geflügel

Rindfleisch: Filet,		
Tatar	51	340
Roastbeef, Rose	85	348
Keule	68	400
Schweinefleisch:		
Bauchfleisch	59	157
Schulter	68	300

Fleisch, Wild, Geflügel (Forts.)		
Filet	74	348
Kalbfleisch: Filet	95	348
Keule	86	343
Wild: Reh, Hirsch	60	330
Geflügel: Huhn	66	264
Gans	86	420
Pute	66	315

Wurstwaren		
Schinken	1200	360
Fleischwurst	829	199
Mortadella	668	207
Cervelatwurst	1300	60
Bündner Fleisch	4300	200
Corned beef (deutsch)	830	130
Dosenwürstchen	711	–
Weißwurst	620	122
Blutwurst	700	38
Mettwurst	1090	213
Leberwurst	810	143
Salami	1260	300
Wiener Würstchen	940	204

Fisch		
Rotbarschfilet	94	345
Forellenfilet	39	470
Räucherfisch	ca. 700	ca. 300
Austern	73	110
Bismarckhering	1000	–
Schellfisch	99	301
Scholle	104	311
Kaviar	2200	164
Krabben (Dose)	1000	110
Thunfisch, in Öl	361	343
Miesmuscheln	296	277

Brot, Backwaren, Nährmittel		
1 Brötchen	230	50
Weißbrot	385	132
Grahambrot	370	209
Graubrot	560	100
Pumpernickel	370	340
Knäckebrot, 1 Scheibe (10 g)	46	44
Stärkemehl	–	20
Weizenmehl, Type 405	2	108
Reis	6	103
Grieß	1	112
Eierteigwaren	7	157
Haferflocken	3	360
Zwieback, 1 Stück (10 g)	26	16
Corn-flakes	910	139

Milch- und Milchprodukte		
Kuhmilch, 3,5% Fett	48	157
Kuhmilch, entrahmt	53	150
Buttermilch	55	145
Joghurt, 3,5% Fett	48	157
Kefir	–	–
Kondensmilch, 7,5% Fett	98	322
Magermilchpulver	557	1580
Molke, süß	45	129
Schlagsahne, 30% Fett	34	112
Sauerrahm	–	–
Sauerrahm extra (Crème fraîche)	–	–
Harzer Käse	1520	–
Edelpilzkäse, 50% Fett i. Tr.	1510	120
Emmentaler, 45% Fett i. Tr.	620	100
Edamer, 30% Fett i. Tr.	800	95
45% Fett i. Tr.	900	105
Doppelrahm- frischkäse, 60% Fett i. Tr.	340	80

Camembert, 45% Fett i.Tr.	1100	110
Butterkäse, 50% Fett i.Tr.	865	78
Brie, 50% Fett i.Tr.	1170	150
Gouda, 45% Fett i.Tr.	870	76
Hüttenkäse, 20% Fett i.Tr.	265	50
Limburger, 20% Fett i.Tr.	1280	116
Parmesan, 50% Fett i.Tr.	700	130
Schmelzkäse, 20%, 45%, 60% Fett i.Tr.	1010 –1260	65 –108

Verschiedenes

Brühwürfel	2400	502
Oliven, eingelegt	2250 –3288	49
Tomatenketchup	1160	590
Tomatenmark	590	1160
Senf	1307	130
Mayonnaise	480	18
Kartoffelpuffer (Fertigprodukt)	1130	–
Kartoffelknödel (Fertigprodukt)	1260	749
Kartoffelpüree- flocken	160	1150
Kartoffelchips	450	1000
Gemüse- konserven	260 –650	140 –200

Besonders kaliumreiche Lebensmittel

Lebensmittel (verzehrbarer Anteil)	Portion in g	mg je Portion
Milch- und Milchprodukte		
Kuhmilch, H- und Trink- milch, entrahmt	250	375
H- und Trink- milch, 1,5%	250	388
H- und Trink- milch, 3,5%	250	393
Seefische		
Makrele, frisch	100	358
Seelachs	100	374
Heilbutt	100	446
Süßwasserfische		
Lachs	100	371
Forelle	100	465
Geflügel		
Huhn, Brathuhn	150	539
Gans	150	630
Hammelfleisch		
Kotelett	150	518
Keule	150	570
Kalbfleisch		
Keule	150	515
Bries	100	519
Filet	150	522
Schnitzel	150	533
Kotelett	150	554
Muskelfleisch, ohne Fett	150	582

Rindfleisch		
Filet	150	510
Hochrippe	150	522
Kamm	150	543
Muskelfleisch, ohne Fett	150	578

Schweinefleisch		
Kotelett	150	489
Filet	150	522
Leber	150	525
Schnitzel	150	560
Muskelfleisch, ohne Fett	150	581

Natrium- und Kaliumverluste beim Kochen

(Verluste in g je 100 g Trockensubstanz)

Lebensmittel (verzehrbarer Anteil)	Verluste (in g)	
	Natrium	Kalium
Ei	0	0
Reis	0	0
Erbsen, getrocknet	0	20
Lauch	0	0
Zwiebeln	0	0
Zuckermais	0	7
Nudeln	0– 3	1– 4
Wurzelgemüse	0–28	30–53
Kohl	5–59	0–34
Rindfleisch	22	46
Huhn	28	18–49
Erbsen, tiefgekühlt	29	26
Blumenkohl	34	32
Kohlrabi	41	19
Rüben	43–72	13–27
Muscheln	45	78
Brokkoli	46	30
Kartoffeln	48	28
Pilze	71	71

Will man diese Angaben auf Frischsubstanz beziehen, muß man berücksichtigen, daß Fleisch ca. 70% Wasser, Reis, Nudeln und getrocknete Hülsenfrüchte ca. 10% und Gemüse ca. 90% Wasser enthalten.

Die Wirkung von Kräutern und Gewürzen und ihre Anwendung

Daß Inhaltsstoffe von Kräutern und Gewürzen großen Einfluß auf den menschlichen Organismus haben, ist keine neue Erkenntnis.

Sie spielten in der Heilkunde über Jahrtausende eine wichtige Rolle, und noch im Mittelalter galten sie als eines der kostbarsten Geschenke; wertvoller noch als Gold und Edelsteine.

Obwohl wir heute längst im Überfluß über Gewürze und Kräuter verfügen, weil es sie reichlich und preiswert gibt, kennen die meisten doch nur Pfeffer, Salz, Paprika, Schnittlauch, Petersilie und Dill. So scheint es, daß unsere Phantasie im Umgang mit Gewürzen eher verkümmert ist. Wer einmal einen mit frisch gepflückten Kräutern gewürzten Salat gegessen hat, der wünscht sich diese Kunst zurück.

Der moderne, gestreßte Mensch ist chronisch aromahungrig. Und wer dazu noch besonders salzarm essen muß oder will, der hat die Möglichkeit, seinen Speisen ganz neue, überraschende Geschmacksakzente zu geben.

Einen Hinweis, welche Gewürze besonders intensiv auf die Körperfunktionen einwirken und mit welchen Lebensmittelgruppen und Gerichten sie am besten harmonieren, gibt die folgende Tabelle.

Gewürz	Wirkung	Verwendung
Anis	schlaffördernd, appetitanregend, verdauungsfördernd, blähungstreibend	Backwaren, Süßspeisen, Obstkompott
Basilikum	beruhigend, schlaffördernd, verdauungsfördernd, krampf- und blähungsvorbeugend, desinfizierend	Hackbraten, Ei- und Kartoffelgerichte, Saucen, Marinaden, Kräuteressig, Tomaten
Beifuß	stärkend, appetitanregend, verdauungsfördernd, entzündungshemmend, antidiarrhöisch	fette Braten, Kohlgerichte, Schmalz (sollten Sie nur sparsam verwenden!)
Bohnenkraut	stärkend, beruhigend, blähungstreibend, krampflösend, desinfizierend, antidiarrhöisch, harntreibend	Gemüse, Aal, Lamm, Schweinefleisch
Borretsch	herzberuhigend, blutreinigend, entzündungshemmend, harntreibend, wirkt normalisierend auf Leber und Galle	Salate, Saucen, Suppen, Gemüse, Fleischgerichte (nur roh verwenden)
Dill	appetitanregend, blähungstreibend, krampflösend, verdauungsfördernd	Fleisch- und Fischgerichte, Gemüse, Salate, Dampfkartoffeln, pikante Quarkspeisen, Suppen, Saucen
Dost	appetitanregend, verdauungsfördernd	(= wilder Majoran) Pizza, Tomatengerichte, Hülsenfrüchte, Schweinebraten, Teigwaren
Estragon	appetitanregend, verdauungsfördernd, harntreibend, galleanregend	Salate, Geflügel, Lamm, Kräuteressig, zum Einlegen von Sauerkonserven, Saucen, Suppen
Kerbel	appetitanregend, blutreinigend, verdauungsfördernd, harntreibend, wirkt normalisierend auf Leber und Galle	Suppen, Saucen, Kräuterbutter, Tomatensalat, Eierspeisen, Quark

Gewürz	Wirkung	Verwendung
Knoblauch	stärkend, appetitanregend, blut-drucksenkend, verkalkungs-hemmend, verdauungsfördernd, krampflösend, desinfizierend, harntreibend, galleanregend	Fleisch-, Fischgerichte, Gemüse, Essigmarinaden, Suppen, Saucen, Salate, Teigwaren
Koriander	appetitanregend, blähungs-treibend, verdauungsfördernd	Wurst, Gurken, zum Einmachen, Obstsalate, Backwaren
Kresse	appetitanregend, blutreinigend	(Garten-, Brunnen-, Kapuziner-kresse) Salate, Butterbrot, kalte Platten, Saucen, Suppen
Kümmel	beruhigend, blähungstreibend, verdauungsfördernd, harn-treibend	Fleischgerichte, Quark, Gemüse, Backwaren
Lavendel	beruhigend, appetitanregend, blähungstreibend, verdauungs-fördernd, harntreibend	Süßspeisen, Bowlen
Liebstöckel	appetitanregend, blähungs-treibend, verdauungsfördernd, harntreibend, wirkt normali-sierend auf Leber und Galle	(auch als Maggikraut bezeichnet) Suppen, Saucen, Eintöpfe, Salate, Gemüse, Fleisch, Fisch
Lorbeer	appetitanregend, verdauungs-fördernd	Fleisch-, Fischgerichte, Marinaden, zum Einlegen und Einmachen
Majoran (Oregano)	appetitanregend, blähungs-treibend, verdauungsfördernd, krampflösend	Fleisch, Geflügel, Eintöpfe, Tomatensuppen, Brühen, Kartoffeln, Hülsenfrüchte
Meerrettich	appetitanregend, durchblutungs-fördernd, magenreizend, ver-dauungsfördernd, nierenreizend	Saucen, Suppen, Eintöpfe, Quark
Melisse	schlaffördernd, beruhigend, entspannend, krampflösend, blähungstreibend	(auch Zitronenmelisse) Salat, Rohkost, Saucen, Wildgerichte, Pilzspeisen (nur roh verwenden)
Muskatnuß	verdauungsfördernd	Suppen, Saucen, Blumenkohl, Backwaren

Gewürz	Wirkung	Verwendung
Petersilie	appetitanregend, verdauungs-fördernd, harntreibend. Vorsicht! Bei Überdosierung leberschädigend	(krause ist etwas milder als glatte) Suppen, Saucen, Fleisch, Fisch, Eier, Gemüse, Quark
Pfefferminze	beruhigend, schlaffördernd, appetitanregend, entspannend, herzstärkend, krampflösend, desinfizierend, verdauungs-fördernd, blähungstreibend, magensäuremindernd, harn-treibend	(und grüne Minze) Rohkost, Fleisch- und Fischgerichte, Gelee, Suppen, Saucen
Piment	verdauungsfördernd, harn-treibend	Marinaden, Suppen, Geflügel, Backwaren
Pimpinelle	appetitanregend, blutungs-stillend, blutreinigend, verdau-ungsfördernd, antidiarrhöisch, harntreibend	(auch als Bibernelle bekannt) Kräutersuppen, Eiergerichte, Gemüse
Rosmarin	appetitanregend, stärkend, an-regend, durchblutungsfördernd, blutdruckerhöhend, verdauungs-fördernd, blähungstreibend, antidiarrhöisch, harntreibend	Lamm, Wild, Schwein, Suppen, Saucen, Pilze
Salbei	anregend, stärkend, verdau-ungsfördernd, antidiarrhöisch, harntreibend, wirkt normali-sierend auf Leber und Galle	Fleisch, Fisch, Grillspezialitäten, Erbsen, Bohnen (fein dosieren, da Salbei sonst bitter schmeckt!)
Sauerampfer	appetitanregend, blutreinigend, magenreizend, harntreibend	Kartoffeln, Eier, Fisch, Salate, Suppen
Schnittlauch	appetitanregend, antibakteriell, blutdrucksenkend, antianämisch, blähungstreibend, verdauungs-fördernd, harntreibend	Butterbrot, Saucen, Brühen, Quark, Salate, alle Zwiebel-gerichte
Thymian	appetitanregend, stärkend, beruhigend, krampflösend, verdauungsfördernd, antidiar-rhöisch, desinfizierend	Leber, Lamm, Wild, Rind, Kar-toffeln, Hülsenfrüchte, Marinaden und Grilladen

Gewürz	Wirkung	Verwendung
Wacholder	entschlackend, blähungsvorbeugend, magensäurehemmend, harntreibend, wirkt anregend auf Leber und Galle	Fleisch, Fisch, Marinaden, zum Einmachen, Fleisch- und Fischpasteten und -terrinen, Wild
Weinraute	appetitanregend, beruhigend, schlaffördernd, krampflösend, verdauungsfördernd, harntreibend	Fleischfarcen, Gemüsesuppen, Pilze, Eier, Käse, Essigsud für Fisch (nur als Prise verwenden)
Wermut	appetitanregend, bei hoher Dosierung: krampflösend. Blähungstreibend, verdauungsfördernd, magensäurehemmend, nierenreizend, wirkt anregend auf Leber und Galle	fette Fleisch- und Fischgerichte
Ysop	appetitanregend, wurmtötend, verdauungsfördernd, harntreibend	Kartoffelgerichte, Eierspeisen, Salate, Suppen

Fonds, Gewürze und Chutneys

Für eine exzellente Sauce braucht man einen gehaltvollen Fond; das ist ganz besonders in der salzarmen Küche wichtig. Das französische Wort »Fond« bedeutet eigentlich »Grund« oder »Boden«. In der internationalen Küche verstehen die Köche unter einem Fond die Grundlage, auf der eine gute Sauce aufgebaut ist.

Aus Knochen (Karkassen), Fleischabschnitten, Fischköpfen und Gräten sowie Gemüse entstehen die aromatischen Saucengrundlagen. Eine gelungenere Abfallverwertung gibt es wohl kaum. Im Haushalt ist es sicher etwas schwieriger, weil dort nicht soviel »Abfall« anfällt wie zum Beispiel in Restaurantküchen. Trotzdem sollte man sich einen gewissen Vorrat an Fonds anlegen. Kochen Sie einmal eine größere Menge, und frieren Sie sie portionsweise ein.

Gemüsebrühe

_____ Zutaten _____

1 kg Gemüse (Weißkraut oder Wirsing, Kohlrabi, Möhren, Sellerie, Zwiebeln oder Frühlingszwiebeln, Lauch, grüne Bohnen, Erbsen, Petersilie, Petersilienwurzel)
1 Zweig Thymian
1 Zweig Majoran
1 Lorbeerblatt
3 zerdrückte Pfefferkörner
1 l Wasser

_____ Zubereitung_____

1. Das Gemüse putzen, waschen und grob zerkleinern. Zusammen mit den Kräutern und den Gewürzen in dem Wasser zum Kochen bringen und 45 Minuten bei geöffnetem Topf köcheln.
2. Die Brühe durch ein Sieb geben, dabei das Gemüse leicht auspressen und die Brühe portionsweise einfrieren.

Eine Portion (= 1/4 l) enthält:
15 mg Natrium und 31 kcal/130 kJ

_____**Tip**_____

Diese Brühe eignet sich für Gemüsesuppen oder -eintöpfe oder als Ansatz für helle Saucen.

Heller Kalbsfond

———————— Zutaten ————————

800 g Kalbsknochen mit Fleisch
1 Möhre
1 Stückchen Knollensellerie
3 kleine Zwiebeln
2 Gewürznelken
1 Zweig Rosmarin
1 Zweig Thymian
1 Tomate
10 cl trockener Weißwein
1 1/2 l Wasser
wenig frische Kräuter (Basilikum,
Petersilienstengel, Kerbel, Estragon)
weißer Pfeffer aus der Mühle

———————— Zubereitung ————————

1. Die Knochen kurz unter fließendem kaltem Wasser abbrausen und in einen Bräter geben.
2. Die Möhre, den Sellerie und die Zwiebeln putzen, waschen, grob zerschneiden und auf den Knochen verteilen.
3. Im vorgeheizten Backofen goldgelb anrösten. Wer lieber auf dem Herd anrösten will, braucht etwas Öl dazu.

4. Dann die Gewürze und die geachtelte Tomate hinzufügen, etwas angehen lassen, mit dem Wein ablöschen und einkochen lassen.
5. Das Wasser angießen, die Kräuter hinzufügen, leicht mit Pfeffer bestäuben und offen auf dem Herd oder im Backofen 2 bis 2 1/2 Stunden köcheln lassen. Den Fond durchseihen und portionsweise einfrieren.

Eine Portion (= 1/4 l) enthält:
16 mg Natrium und 21 kcal/88 kJ

————————**Tip**————————

Dieser Fond eignet sich für helle Saucen, zum Angießen von Fleisch- und Fischgerichten, zum Dünsten und Schmoren von Gemüse.

————————**Variation**————————

Übrigens, nach diesem Rezept läßt sich auch ein Geflügelfond zubereiten. Statt der Kalbsknochen nehmen Sie einfach frische oder gebratene, zerhackte Karkassen vom Huhn.

Dunkler Kalbsfond

Zutaten

1,5 kg Kalbsknochen mit Fleisch
1 Möhre
1/2 kleine Knolle Sellerie
3 große Zwiebeln
1 EL Öl, 5 Gewürznelken
2–3 geschälte Knoblauchzehen
3 Lorbeerblätter
je 1 Zweig Rosmarin und Thymian
2 Petersilienstengel
5 Tomaten
2 1/2 l Wasser

Zubereitung

1. Die Knochen kurz unter fließendem kaltem Wasser abbrausen und fein zerhacken. Die Möhre, den Sellerie und die Zwiebeln putzen und grob würfeln.
2. Das Öl in einem Bräter erhitzen und die Knochen und das Gemüse darin kräftig anrösten.
3. Die Gewürze, die Kräuter und die geachtelten Tomaten hinzufügen, das Wasser angießen und im vorgeheizten Backofen bei 200°C 3 bis 3 1/2 Stunden köcheln lassen. Den Fond durchseihen und portionsweise einfrieren.
(siehe Farbtafel 1)

Eine Portion (= 1/4 l) enthält:
30 mg Natrium und 50 kcal/210 kJ

Tip

Dieser Fond eignet sich zum Ansatz für dunkle Saucen, zur Verfeinerung dunkler Suppen und Fleischgerichten. Mit Rehknochen läßt sich ein guter Wildfond herstellen, der sich als Basis für Wild- und Wildgeflügelgerichte eignet.

Fleischbrühe

Zutaten

800 g Rinderfleischknochen
300 g Kalbsknochen
1 Markknochen
300 g Hähnchenmägen
1 geschälte Zwiebel
3 Gewürznelken
2 Bund Suppengrün
2 Lorbeerblätter
1 Stück Schale einer unbehandelten Zitrone
1 Petersilienwurzel
10 schwarze Pfefferkörner
1 Msp. Kümmel
3 Petersilienstengel
1 Zweig Rosmarin
1 Zweig Thymian
2 1/2 l Wasser

Zubereitung

1. Die Knochen und die Mägen kurz unter fließendem kaltem Wasser abbrausen. Die Zwiebel mit den Gewürznelken spicken und zusammen mit allen anderen Zutaten in dem Wasser zum Kochen bringen.
2. Die Suppe abschäumen und bei milder Hitze 2 Stunden köcheln lassen. Anschließend durchseihen und portionsweise einfrieren.

Eine Portion (= 1/4 l) enthält:
16 mg Natrium und 38 kcal/159 kJ

Tip

Diese Fleischbrühe eignet sich für die Zubereitung von Saucen, Suppen, zum Garen von Gemüse, Reis und Nudeln.

Fischfond

Zutaten

800–1000 g Fischabfälle (Köpfe,
Schwänze, Gräten mit Fleischanteil.
Am besten geeignet sind Scholle, Stein-
butt, Rochen, Kabeljau und Schellfisch)
1/2 kleine Knollensellerie
1 Stange Lauch
(nur das Weiße verwenden)
1 große Zwiebel
50 g Champignons
3 Petersilienstengel und 1 -wurzel
1 Zweig Thymian
3 Lorbeerblätter
5 weiße zerdrückte Pfefferkörner
1 Stück Schale einer unbehandelten
Zitrone
1 l Wasser

Zubereitung

1. Die Fischabfälle, die man gut beim
Fischhändler erhalten kann, kurz unter
fließendem kaltem Wasser abspülen und
in einen hohen Topf geben.
2. Das Gemüse und die Pilze putzen,
waschen, grob zerkleinern und zum
Fisch geben. Die Kräuter und die Gewürze hinzufügen, das Wasser angießen und
langsam zum Kochen bringen. 20 Minuten bei geöffnetem Topf köcheln lassen.
3. Ein Sieb mit Küchenkrepp auslegen,
die Brühe durchseihen und einfrieren.

Eine Portion (= 1/4 l) enthält:
24 mg Natrium und 19 kcal/79 kJ

Tip

Dieser Fond ist ideal für Fischsuppen
oder -eintöpfe, zum Garen von Fisch
oder als Ansatz für feine Fischsaucen.

Fleischextrakt

Zutaten

1 kg italienische Eiertomaten
1/2 l Wasser, 1–2 EL Zucker
Paprika, Pfeffer aus der Mühle
2 kg Kalbsknochen
500 g Zwiebeln, 3 Lorbeerblätter
5 l Wasser

Zubereitung

1. Die Tomaten waschen, den Stielansatz entfernen, halbieren und in dem
Wasser zum Kochen bringen. 25 Minuten köcheln lassen.
2. Anschließend durch ein Sieb passieren. Mit dem Zucker, dem Paprika und
dem Pfeffer abschmecken.
3. Die Kalbsknochen kurz unter fließendem kaltem Wasser abbrausen. Die
Zwiebeln schälen und grob zerteilen.
4. Die Knochen und die Zwiebeln in einen Bräter geben und im Backofen ohne
Fett stark bräunen lassen. Das Tomatenpüree und die Lorbeerblätter hinzufügen,
das Wasser angießen und die Brühe 5
bis 8 Stunden auf 1/2 l Flüssigkeit einkochen lassen.

Eine Portion (10 cl) enthält:
21 mg Natrium und 64 kcal/268 kJ

Farbtafel 1
»Dunkler Kalbsfond«,
»Tomatenketchup« und
»Fleischextrakt«
(Rezepte S. 31, 34 und oben)

Pilzmus

_____ Zutaten _____

250 g Mischpilze
2–3 Schalotten oder kleine Zwiebeln
1 EL Diätmargarine
etwas geriebene Schale einer
unbehandelten Zitrone
1 Knoblauchzehe
3 EL Rotwein
6 EL Fleischbrühe (siehe Rezept S. 31)
schwarzer Pfeffer aus der Mühle

_____ Zubereitung _____

1. Die Pilze putzen und klein schneiden. Die Schalotten schälen und würfeln. Die Margarine erhitzen, die Pilze und die Zwiebelwürfel darin dünsten.
2. Etwas Zitronenschale und die zerdrückte Knoblauchzehe hinzufügen und 5 Minuten dünsten.
3. Den Rotwein und die Brühe angießen und offen 5 Minuten einkochen lassen. Mit dem Pürierstab oder im elektrischen Mixer pürieren und mit Pfeffer abschmecken.

Eine Portion (= 20 g = 1 EL) enthält:
1 mg Natrium und 15 kcal/63 kJ

_____ **Tip** _____

Das Mus kann man pur zu kaltem Fleisch oder Gemüse essen, es eignet sich aber auch besonders gut als Würzzutat für dunkle Saucen.

◁ Farbtafel 2
»Gewürzpaste«,
»Currymischung« und
»Zwiebel-Kräuter-Chutney«
(Rezepte S. 37, 38 und 39)

Tomatenmark

_____ Zutat _____

2 kg vollreife Tomaten

_____ Zubereitung _____

1. Die Tomaten waschen, die Stielansätze entfernen und die Früchte grob würfeln. Anschließend im elektrischen Mixer pürieren und durch ein feines Haarsieb streichen.
2. Das Püree über Nacht in einem Tuch oder in einem mit Küchenkrepp ausgelegten Sieb abtropfen lassen.
3. Das gewonnene Mark in vorbereitete Gläser füllen.
4. Die Fettpfanne des Backofens zur Hälfte mit Wasser füllen, die Gläser hineinstellen und bei 150°C 45 Minuten sterilisieren.
5. Den Backofen ausschalten und die Gläser darin abkühlen lassen. Herausnehmen, abtrocknen und kühl und dunkel aufbewahren.

Eine Portion (= 25 g = 1 EL) enthält:
2 mg Natrium und 6 kcal/25 kJ

Tomatenketchup

_____ Zutaten _____

1 kg vollreife Tomaten
500 g Knollensellerie
2 Zwiebeln
2 Knoblauchzehen
1/4 l Weißwein- oder Estragonessig
50 g Zucker oder flüssiger Honig
1/8 l Wasser
Rosenpaprika, schwarzer Pfeffer

_____ Zubereitung _____

1. Die Tomaten brühen, häuten, die Stielansätze entfernen und das Fruchtfleisch würfeln.
2. Den Sellerie schälen und fein würfeln. Den Knoblauch schälen und fein hacken. Das vorbereitete Gemüse in einen hohen Topf geben, mit dem Essig, dem Zucker und dem Wasser vermischen und bei mäßiger Hitze zur Hälfte einkochen.
3. Den Ketchup im elektrischen Mixer pürieren und durch ein feines Haarsieb streichen. Mit den Gewürzen abschmekken und nochmals aufkochen.
4. In vorbereitete Gläser oder Flaschen füllen und in der mit Wasser gefüllten Fettpfanne des Backofens bei 150°C 35 bis 45 Minuten sterilisieren.
(siehe Farbtafel 1)

Eine Portion (= 30 g = 2 EL) enthält:
8 mg Natrium und 13 kcal/55 kJ

_____ **Tip** _____

Statt den Ketchup zu sterilisieren kann man ihn auch portionsweise im Eiswürfelbehälter oder in größeren Mengen in Schüsselchen einfrieren.

Paprikaketchup

_____ Zutaten _____

500 g grüne Paprikaschoten
250 g Tomaten
500 g Zwiebeln, 4 Knoblauchzehen
5 EL Olivenöl
2 Lorbeerblätter, 1/2 Zimtstange
je 1/2 TL Fenchel- und Kümmelkörner
1 TL Pimentkörner
2 Gewürznelken
2 Wacholderbeeren
1 EL Paprika edelsüß
1/2 l Fleischbrühe (siehe Rezept Seite 31)
3 EL Zucker
5 EL Weinessig
Cayennepfeffer

_____ Zubereitung _____

1. Die Paprikaschoten putzen, waschen und in mundgerechte Stücke schneiden. Die Tomaten waschen, die Stielansätze entfernen und die Früchte achteln.
2. Die Zwiebeln und den Knoblauch schälen, die Zwiebeln achteln, den Knoblauch in Scheiben schneiden.
3. Das Öl erhitzen und das Gemüse darin andünsten. Die übrigen Zutaten hinzugeben und offen bei geringer Hitze 60 Minuten einkochen lassen.
4. Den Ketchup im Mixer pürieren und durch ein Haarsieb streichen. Mit dem Zucker, Essig und Cayennepfeffer nochmals abschmecken. In eine Flasche oder ein Glas füllen und dunkel und kühl aufheben.

Eine Portion (= 20 g = 1 EL) enthält:
1 mg Natrium und 10 kcal/42 kJ

Senf

_____ Zutaten _____

8 geh. EL englisches Senfmehl
8 EL Wasser
4 EL Puderzucker
2 EL Sojaöl oder ein anderes
neutrales Öl
4–6 EL Weißweinessig
weißer Pfeffer aus der Mühle

_____ Zubereitung _____

1. Das Senfmehl mit dem Wasser glattrühren und 10 Minuten stehenlassen. Dann den gesiebten Puderzucker hinzufügen und mit dem Öl und dem Essig glattrühren.
2. Mit frischem Pfeffer würzen und in ein Glas mit Schraubverschluß füllen. Gekühlt hält er sich bis zu 6 Monaten.

Eine Portion (= 10 g = 1 TL) enthält:
0 mg Natrium und 36 kcal/151 kJ

_____ **Tip** _____

Senfmehl ist in vielen Feinkostläden erhältlich. Senf eignet sich zur Zubereitung von Senfsaucen, als Gewürzzutat bei Fleischgerichten und Eierspeisen und für Salatmarinaden.

_____ **Variationen** _____

Diesen Senf können Sie beliebig würzen:
mit japanischem Meerrettichpulver,
mit frischen pürierten Kräutern,
mit Knoblauch- und Zwiebelsaft,
mit zerdrücktem grünem Pfeffer,
mit Portwein,
mit zerstoßenem Lorbeer, Wacholder, Piment und Koriander.

Feinschmeckersenf

_____ Zutaten _____

je 50 g schwarze und weiße Senfsamen
oder 100 g englisches Senfmehl
1/8 l Rotweinessig
60 g brauner Kandiszucker
1 EL frisch geriebener Meerrettich
1 Msp. Cayennepfeffer
schwarzer Pfeffer aus der Mühle

_____ Zubereitung _____

1. Die Senfsamen fein mahlen und dann mit 5 bis 6 Eßlöffeln kaltem Wasser anrühren. Die Paste 10 Minuten lang quellen lassen.
2. Den Essig mit dem Kandiszucker und dem Meerrettich aufkochen und bei geringer Hitze so lange köcheln lassen, bis sich der Zucker völlig aufgelöst hat.
3. Die Lösung vom Herd nehmen, durchsieben, mit dem Pfeffer würzen und unter die Senfpaste rühren. In Steinguttöpfchen oder Gläser füllen.

Eine Portion (= 10 g = 1 TL) enthält:
0 mg Natrium und 20 kcal/84 kJ

_____ **Tip** _____

Der Senf hält sich – dunkel und kühl aufbewahrt – mindestens 6 Monate.

_____ **Variation** _____

Rühren Sie etwas fein geschnittenen Dill unter den Senf. Danach sollten Sie ihn allerdings innerhalb von 2 Tagen verbrauchen oder mit etwas Öl abdecken.

Mayonnaise

———————— Zutaten ————————

1 Eigelb (Gew.-Kl. 2)
1/8 l Olivenöl
weißer Pfeffer aus der Mühle
1 EL Zitronensaft
1 Prise Zucker

———————— Zubereitung ————————

1. Das Eigelb in eine kleine Schüssel (am besten aus Metall) geben und mit einem Schneebesen verschlagen.
2. Nun tropfenweise das Öl unterschlagen, bis es eine dickliche Creme ergibt. Diese mit dem Pfeffer, dem Zitronensaft und dem Zucker würzen.
3. Die Mayonnaise in ein Glas mit Schraubverschluß füllen. Sie hält sich im Kühlschrank 3 bis 4 Wochen.

Eine Portion (= 20 g = 1 EL) enthält:
1 mg Natrium und 170 kcal/714 kJ

———————— **Tip** ————————

Olivenöl hat einen sehr eigenartigen, strengen Geschmack. Wer das nicht mag, sollte ein neutrales Öl, zum Beispiel Sonnenblumenöl, verwenden.
Diese Mayonnaise läßt sich auch sehr gut zum Beispiel mit steif geschlagenem Eiweiß oder Magerquark kalorienarm verlängern.

Meerrettichcreme

———————— Zutaten ————————

3 EL Wasser, 2 EL Zitronensaft
1 EL Maisstärke
1 EL Mayonnaise (siehe Rezept links)
4 TL japanisches Meerrettichpulver
1 EL Crème fraîche, 30% Fett i.Tr.
2 EL japanischer Reisessig
1 Prise Zucker und weißer Pfeffer

———————— Zubereitung ————————

1. Das Wasser mit dem Zitronensaft vermischen. Die Maisstärke mit einem Eßlöffel des Zitronenwassers verrühren, den Rest der Flüssigkeit zum Kochen bringen.
2. Die Maisstärke einrühren, einmal aufkochen, vom Herd nehmen und auskühlen lassen.
3. Die Mayonnaise mit dem Meerrettichpulver verrühren. Die Crème fraîche hinzufügen und mit dem Essig, dem Zucker und dem Pfeffer abschmecken.
4. Zum Schluß die Maisstärke unterrühren und die Mayonnaise mit einem Schneebesen oder dem elektrischen Küchenstab glattrühren.
5. Die Creme in ein kleines Glas mit Schraubverschluß füllen. Sie hält sich im Kühlschrank etwa 3 Wochen.

Eine Portion (= 20 g = 1 EL) enthält:
0 mg Natrium und 40 kcal/168 kJ

———————— **Tip** ————————

Japanisches Meerrettichpulver ist in Japan- und Feinkostläden erhältlich. Diese Creme schmeckt gut zu kaltem Fleisch oder Fisch, zu Hummer und Krebsen, zu gekochten Eiern.

Gewürzpaste

──────── Zutaten ────────

6 frische Chilischoten
4 Schalotten
4 Knoblauchzehen
2 TL fein geschnittene Schale einer
unbehandelten Zitrone
2 EL Olivenöl
je 1 TL schwarze und weiße Pfefferkörner
1 Gewürznelke, 1/2 Zimtstange
1 Muskatblüte (Macis)
1 TL Kurkuma
2 EL Korianderkörner
je 2 EL Kreuzkümmel und 2 EL Sesam
1 EL Lebkuchengewürz

──────── Zubereitung ────────

1. Die Chilischoten klein schneiden und entkernen. Die Schalotten und den Knoblauch schälen und fein würfeln. Zusammen mit der Zitronenschale und dem Öl in einer Kräutermühle oder im Mixer pürieren.
2. Alle weiteren Gewürze, außer dem Lebkuchengewürz, und alle Samen in einer Pfanne trocken rösten, bis sie duften. Zu dem Gewürzmus geben und nochmals mixen.
3. Zuletzt das Lebkuchengewürz untermischen und alles zu einer cremigen Paste verrühren, eventuell noch etwas Öl hinzufügen. Die Paste in ein Glas mit Schraubverschluß füllen und dunkel, trocken und kühl aufbewahren.
(siehe Farbtafel 2)

──────────**Tip**──────────

Diese Paste bleibt ohne Berechnung, da man hiervon jeweils nur 1 Messerspitze verwendet.

Scharfes Gewürzpulver

──────── Zutaten ────────

1–3 getrocknete rote Chilischoten
4 EL Korianderkörner
1 EL schwarze Pfefferkörner
2 TL Kardamomkerne
1 kleine Zimtstange
2 TL Gewürznelken
2 TL Kreuzkümmelsamen
1 Muskatblüte (Macis)
1 Muskatnuß

──────── Zubereitung ────────

1. Alle Gewürze – außer der Muskatnuß – in einer Pfanne trocken, ohne Fettzugabe, rösten, bis sie duften.
2. Anschließend alles im Mörser zerstampfen oder im Mixer pulverisieren. Zuletzt die frisch geriebene Muskatnuß hinzufügen.
3. Das Pulver sofort in ein möglichst dunkles, kleines Glas mit Schraubverschluß geben und dunkel und trocken aufbewahren.

──────────**Tip**──────────

Dieses Gewürzpulver braucht nicht berechnet zu werden.

Currymischung

1 TL gemahlener Koriandersamen
1 TL Senfmehl
1 TL fein gemahlener schwarzer Pfeffer
1 TL Chilipulver
1 Msp. Kardamompulver
1 TL gemahlener Ingwer
1 Msp. Knoblauchgranulat (ohne Salz)
1/2 TL gemahlener Zimt
2 TL Kurkuma
1 TL gemahlener Bockshornkleesamen
1 TL gemahlener Mohnsamen
1 TL gemahlener Kümmel

———————— Zubereitung ————————

1. Alle angegebenen Gewürzzutaten gut miteinander vermischen, in ein dunkles Glas füllen und trocken aufbewahren. *(siehe Farbtafel 2)*

————————**Tip**————————

- Dieses Pulver bleibt ohne Berechnung, da man jeweils nur 1 Messerspitze verwendet.
- Gemahlenen Bockshornkleesamen erhält man in der Apotheke.
- Gewürzsamen – sofern Sie diese nicht schon gemahlen im Handel erhalten – lassen sich gut in einer Kaffeemaschine fein mahlen. Zur Neutralisierung sollten Sie hinterher immer etwas trockenes Brot mahlen.

Pastetengewürz

———————— Zutaten ————————

2 TL getrockneter Thymian
7 Lorbeerblätter
1 TL getrockneter Majoran
1 TL getrockneter Rosmarin
1 TL geriebene Muskatblüte (Macis)
1 TL gemahlene Gewürznelken
1/2 TL Cayennepfeffer
1 TL weißer Pfeffer
2 TL Ingwerpulver
2 TL gemahlener Koriander
1 TL getrocknetes Basilikum
1/2 TL Pimentpulver
1 geriebene Muskatnuß

———————— Zubereitung ————————

1. Alle Gewürze durch ein Sieb streichen oder im Mörser sehr fein zerstoßen und gut vermischen.
2. In einem dunklen, gut verschließbaren Glas oder einer Dose aufbewahren.

————————**Tip**————————

Diese Gewürzmischung braucht nicht berechnet zu werden, da man sie nur in geringen Mengen verwendet.

Pflaumenchutney

_____ Zutaten _____

300 g ungeschwefelte Trockenpflaumen
50 g getrocknete Datteln (ohne Stein)
50 g Sultaninen
100 g flüssiger Honig oder Rübensirup
je 30 g gehackte Pistazien und Mandeln
1 TL Ingwerpulver
1 TL Kreuzkümmelsamen
1 EL gelbe Senfkörner
1/2 TL scharfes Gewürzpulver
(siehe Rezept Seite 37)
4–5 EL Obstessig

_____ Zubereitung _____

1. Die Pflaumen, Datteln und Sultaninen über Nacht in 0,7 l Wasser einweichen. Am nächsten Tag mit dem Einweichwasser zum Kochen bringen und 15 bis 20 Minuten weich kochen.
2. Den Honig oder Rübensirup hinzufügen und etwas einkochen lassen. Alle weiteren Zutaten hinzufügen, nochmals aufkochen und bei geringer Hitze 5 Minuten nachziehen lassen.
3. Das Chutney in vorbereitete Gläser füllen, gut verschließen und im Kühlschrank aufbewahren.

Eine Portion (= 20 g = 1 EL) enthält:
2 mg Natrium und 62 kcal/260 kJ

_____ **Tip** _____

Das Chutney hält sich unangebrochen im Kühlschrank bis zu 4 Wochen.
Es eignet sich gut als Würzzutat zu dunklen Saucen, zu Gerichten mit Hülsenfrüchten und Getreide oder zu kaltem Fleisch.

Zwiebel-Kräuter-Chutney

_____ Zutaten _____

500 g weiße Zwiebeln
2–3 Knoblauchzehen
2 EL Sonnenblumenöl
80 g Zucker
1 EL flüssiger Honig
1/2 TL weißer Pfeffer aus der Mühle
2–3 zerstoßene Wacholderbeeren
1/2 Zimtstange
1/8 l Weißwein, 1/8 l Estragonessig
1/2 TL scharfes Gewürzpulver
(siehe Rezept Seite 37)
1 Msp. Piment
1 Bund gemischte frische Kräuter
oder Tiefkühlware

_____ Zubereitung _____

1. Die Zwiebeln und den Knoblauch schälen und fein hacken. Das Öl erhitzen. Die Zwiebeln und den Knoblauch unter Rühren 2 Minuten darin anbraten.
2. Den Zucker, den Honig, den Pfeffer, die Wacholderbeeren und die Zimtstange hinzufügen, gut verrühren und zugedeckt bei geringer Hitze 20 Minuten köcheln. Zwischendurch öfters umrühren. Droht es anzusetzen, fügen Sie 1 bis 2 Eßlöffel Wasser hinzu.
3. Den Wein, den Essig und die restlichen Gewürze dazugeben. Die Kräuter waschen, gut abtropfen lassen und fein hacken. Unter die Masse ziehen und offen einkochen, bis es dicklich wird.
4. Das Chutney in vorbereitete Gläser füllen und gut verschlossen dunkel und kühl lagern.
(siehe Farbtafel 2)

Eine Portion (= 20 g = 1 EL) enthält:
1 mg Natrium und 16 kcal/67 kJ

Suppen

Gazpacho

_____ Zutaten _____

750 g reife Tomaten
300 g grüne Paprikaschoten
1 kleine Salatgurke
2 Zwiebeln
2–3 Knoblauchzehen
1 rote Chilischote
2 EL geschälte Mandeln
2 Scheiben Weißbrot
2 EL Rotweinessig
3 EL Olivenöl
1/4 l Fleischbrühe (siehe Rezept Seite 31)
Peffer aus der Mühle
Cayennepfeffer
Tabasco
gemahlener Oregano
2 Frühlingszwiebeln
1 Bund glatte Petersilie

_____ Zubereitung _____

1. Die Tomaten brühen, häuten und die Stielansätze entfernen. Das Fruchtfleisch in Stücke schneiden.
2. Die Paprikaschoten putzen und waschen. Eine Frucht in feine Würfelchen schneiden, den Rest achteln. Die Gurke schälen. Ein Drittel in feine Würfel, den Rest in Stücke schneiden.

3. Die Zwiebeln und den Knoblauch schälen und grob zerkleinern. Die Chilischote aufschneiden, entkernen und das Fruchtfleisch in Ringe schneiden.
4. Die Tomaten, Paprikaachtel, Gurkenstücke, die Zwiebeln, den Knoblauch, den Chili und die Mandeln im elektrischen Mixer pürieren.
5. Die Weißbrotscheiben in dem Essig und Öl einweichen, mit einer Gabel gut zerdrücken und unter das Gemüsepüree rühren.
6. Mit der Brühe auffüllen, mit den Gewürzen gut abschmecken und mindestens 2 Stunden im Kühlschrank ziehen lassen.
7. Die Frühlingszwiebeln putzen, waschen und mit dem Grün in kleine Würfel schneiden.
8. Die Gazpacho gut gekühlt mit gehackter Petersilie bestreut servieren. Dazu reicht man die fein geschnittenen Frühlingszwiebeln, die Paprika- und Gurkenwürfel.
(siehe Farbtafel 3)

Vier Portionen zu je:
70 mg Natrium und 230 kcal/966 kJ

Gurken-Joghurt-Suppe

Zutaten

2 Salatgurken
2 TL frische, gehackte Minze
1/2 TL geriebene Schale einer
unbehandelten Zitrone
2 TL Zitronensaft
450 g Vollmilchjoghurt
2–3 Knoblauchzehen
Pfeffer aus der Mühle
1 Bund Dill

Zubereitung

1. Die Gurken schälen, längs halbieren
und die Kerne mit einem Löffel herausschaben. Das Fruchtfleisch klein schneiden und zusammen mit der Minze, der
Zitronenschale und dem -saft im elektrischen Mixer pürieren.
2. Den Joghurt mit dem Schneebesen
verschlagen, das Gurkenmus unterrühren und mit dem zerdrückten Knoblauch
und dem Pfeffer abschmecken. Die Suppe kühl stellen.
3. Den Dill waschen und trockentupfen.
Die Dillspitzen abzupfen, grob hacken
und kurz vor dem Servieren über die
Suppe streuen.

Vier Portionen zu je:
67 mg Natrium und 100 kcal/420 kJ

Tip

Dazu schmeckt ofenfrisches, noch war-
mes Brot.

Möhrenkaltschale

Zutaten

500 g Möhren oder 1/4 l naturreiner
Möhrensaft
3 EL Sonnenblumenöl
1/2 TL geriebene Schale einer
unbehandelten Orange
2 EL Orangensaft
1 EL geriebene, geschälte Mandeln
Pfeffer aus der Mühle
Zucker
1 Msp. Ingwerpulver
500 g Kefir oder Dickmilch, 3,5% Fett
1 Handvoll frischer Kerbel oder Kresse

Zubereitung

1. Die Möhren schälen und durch eine
Saftpresse drücken. Mit dem Öl, der
Orangenschale, dem -saft und den Man-
deln verrühren.
2. Mit dem Pfeffer, etwas Zucker und
Ingwer abschmecken. Den gekühlten
Kefir unterziehen und mindestens
1 Stunde im Kühlschrank ruhen lassen.
Mit dem gehackten Kerbel bestreut an-
richten.

Vier Portionen zu je:
57 mg Natrium und 226 kcal/949 kJ

Pikante Apfelsuppe

──────── Zutaten ────────

2 Zwiebeln
1 Knoblauchzehe
200 g Zucchini
300 g säuerliche Äpfel
1 EL Diätmargarine
1/4 l Apfelwein oder Apfelmost
1/4 l Fleischbrühe (siehe Rezept S. 31)
100 g Sauerrahm, 10% Fett
1 Msp. Ingwerpulver
Zucker und Pfeffer aus der Mühle
1 Prise Zimt
Saft von 1/2 Zitrone
1 Bund Schnittlauch

──────── Zubereitung ────────

1. Die Zwiebeln und den Knoblauch schälen und fein würfeln. Die Zucchini waschen, den Blütenansatz entfernen und in Scheiben schneiden.
2. Die Äpfel schälen, entkernen und würfeln. Die Margarine in einem Topf erhitzen, die Zwiebeln, den Knoblauch, die Zucchini und Äpfel darin andünsten.
3. Den Apfelwein und die Brühe angießen und zugedeckt bei geringer Hitze 15 Minuten köcheln lassen.
4. Die Suppe im elektrischen Mixer pürieren, den Sauerrahm unterziehen und mit dem Ingwer, Zucker, frischem Pfeffer, Zimt und Zitronensaft pikant-würzig abschmecken.
5. Den Schnittlauch waschen, trockentupfen, fein schneiden und vor dem Servieren über die Suppe streuen.

Vier Portionen zu je:
5 mg Natrium und 152 kcal/638 kJ

Knoblauchsuppe

──────── Zutaten ────────

12–16 Knoblauchzehen
4 frische Salbeiblätter
1/2 TL getrockneter Thymian
1/2 TL getrockneter Majoran
1/2 l Fleischbrühe (siehe Rezept Seite 31)
schwarzer Pfeffer aus der Mühle
etwas geriebene Schale einer
unbehandelten Zitrone
2 EL Crème fraîche
1 EL Diätmargarine
2 Scheiben Graubrot
1 Bund glatte Petersilie

──────── Zubereitung ────────

1. Die Knoblauchzehen schälen und zusammen mit den Kräutern in die Brühe geben. Mit dem Pfeffer würzen und etwas Zitronenschale hinzufügen.
2. Die Suppe zum Kochen bringen und bei geringer Hitze 30 Minuten köcheln lassen. Durch ein Sieb gießen und mit Crème fraîche binden.
3. Die Margarine erhitzen. Das Brot in Würfel schneiden und in dem Fett von allen Seiten anrösten. Zuletzt über die Suppe verteilen und die gewaschene, grob gehackte Petersilie darüberstreuen.

Vier Portionen zu je:
100 mg Natrium und 138 kcal/579 kJ

──────── **Tip** ────────

Wer streng salzarm essen muß, nimmt statt der Brotwürfel grob zerkrümeltes Diätknäckebrot.

Ochsenschwanzsuppe mit Rettich

Zutaten

15 g getrocknete Steinpilze
1 kg Ochsenschwanz, in Stücke gehackt
1 EL Sonnenblumenöl
1 Lorbeerblatt
1 TL Paprika rosenscharf
5 weiße Pfefferkörner
4 Wacholderbeeren
1 Zweig frischer Thymian
1 große Zwiebel
1 Bund Suppengrün
2 l Fleischbrühe (siehe Rezept Seite 31)
250 g weißer Rettich
1–2 EL japanischer Reisessig
oder Estragonessig
Pfeffer aus der Mühle
Zucker
1 Bund Schnittlauch

Zubereitung

1. Die Pilze in Wasser einweichen. Die Ochsenschwanzstücke von sichtbarem Fett befreien. Das Öl in einem Bräter erhitzen und das vom Fleisch abgelöste Fett darin auslassen.

2. Den Ochsenschwanz, das Lorbeerblatt, den Paprika, die Pfefferkörner, die zerdrückten Wacholderbeeren und den Thymian hinzufügen und zusammen kräftig anbraten.

3. Die Zwiebeln schälen und achteln. Das Suppengrün waschen und zerkleinern, beides zum Fleisch geben und mit anrösten.

4. Das Röstgut nach und nach mit wenig Wasser ablöschen und immer wieder einkochen lassen, bis sich ein goldbrauner Fond gebildet hat.

5. Die Pilze mit dem Einweichwasser und die Brühe hinzugießen und im Backofen bei 180°C 2 bis 2 1/2 Stunden köcheln lassen. Die Suppe durchseihen – die Menge sollte 1 l ergeben – und anschließend wieder erhitzen.

6. Das Fleisch von den Knochen lösen. Den Rettich dünn schälen, grob raspeln und zusammen mit dem Fleisch in die Suppe geben. Mit dem Essig, Pfeffer und Zucker abschmecken. Zum Schluß mit fein geschnittenem Schnittlauch bestreuen.

Vier Portionen zu je:
43 mg Natrium und 90 kcal/378 kJ

Rindfleischtopf mit Grünkern

Zutaten

250 g Grünkern
12 g getrocknete Steinpilze
500 g Rindergulasch
250 g Zwiebeln
1 EL Olivenöl
1 grüne Paprikaschote
1 rote Paprikaschote
2 Möhren
1 Stange Lauch
1 Lorbeerblatt
Pfeffer aus der Mühle
1 EL Paprika edelsüß
1 EL Tomatenmark
(siehe Rezept Seite 33)
3/8 l Fleischbrühe (siehe Rezept Seite 31)
1 Bund Schnittlauch

Zubereitung

1. Den Grünkern mit Wasser bedecken und mindestens 1 Stunde einweichen. Die Pilze ebenfalls einweichen.
2. Die Gulaschstücke in gleich große Würfel schneiden. Die Zwiebeln schälen und würfeln.
3. Das Öl erhitzen, das Fleisch darin kräftig von allen Seiten anbraten und die Zwiebeln hinzufügen.
4. Die Paprika putzen, waschen und in Streifen schneiden. Die Möhren und den Lauch putzen und in Scheiben beziehungsweise Ringe schneiden.
5. Das Gemüse zum Fleisch geben und etwa 5 Minuten dünsten. Das Lorbeerblatt, etwas Pfeffer, Paprika und das Tomatenmark hinzufügen, mit der Brühe angießen und zugedeckt 60 Minuten schmoren lassen.
6. Den Grünkern mit den Pilzen mischen, in dem Einweichwasser zum Kochen bringen und 50 bis 60 Minuten köcheln.
7. Die Gemüse-Fleisch-Mischung mit dem Grünkern und den Pilzen mischen und mit Schnittlauch bestreuen.

Vier Portionen zu je:
98 mg Natrium und 495 kcal/2079 kJ

Linsensuppe mit Steinpilzen

────────── Zutaten ──────────

30 g getrocknete Steinpilze
1 Bund Frühlingszwiebeln
1 EL Diätmargarine
125 g Linsen
3/4 l Fleischbrühe (siehe Rezept Seite 31)
125 g Magerjoghurt
100 g Sahne, 30% Fett
2–3 EL Balsamessig
Zucker
Pfeffer aus der Mühle
1 Bund Schnittlauch

────────── Zubereitung ──────────

1. Die Pilze in 1/4 l lauwarmem Wasser einweichen. Die Zwiebeln putzen, waschen und in sehr feine Ringe schneiden.
2. Die Margarine in einem Topf erhitzen und die Zwiebeln darin andünsten. Die Linsen und die Pilze mit der Einweichflüssigkeit hinzufügen.
3. Die Brühe angießen und zugedeckt 45 Minuten bei mittlerer Hitze garen. Mit einer Schaumkelle etwa 1/8 der Linsen herausnehmen und beiseite stellen, den Rest mit der Flüssigkeit pürieren.
4. Den Joghurt mit der Sahne verquirlen und unter die Suppe heben. Mit dem Essig, Zucker und Pfeffer abschmecken.
5. Den Schnittlauch waschen, fein schneiden und zusammen mit den restlichen Linsen in die Suppe geben.

Vier Portionen zu je:
23 mg Natrium und 260 kcal/1092 kJ

Maronensuppe mit Fenchel

────────── Zutaten ──────────

500 g Maronen (Eßkastanien)
1 Stückchen Knollensellerie
1 kleine Fenchelknolle
1 1/2 l Fleischbrühe
(siehe Rezept Seite 31)
4 EL Sahne, 30% Fett
Saft von 1/2 Zitrone
weißer Pfeffer aus der Mühle
1 Knoblauchzehe
1 Bund glatte Petersilie

────────── Zubereitung ──────────

1. Die Kastanien rundherum einschneiden, in kochendem Wasser 15 Minuten kochen lassen, abgießen und schälen.
2. Den Sellerie und den Fenchel putzen, das Grün klein schneiden und beiseite stellen. Das Gemüse waschen und klein schneiden.
3. Mit den Kastanien in die Brühe geben, 35 Minuten garen und durch ein Sieb passieren. Das Püree mit der Sahne vermischen und nochmals kurz aufkochen lassen.
4. Die Suppe mit dem Zitronensaft, dem Pfeffer und dem zerdrückten Knoblauch abschmecken.
5. Die Petersilie waschen, die Blättchen von den Stengeln zupfen, grob hacken und zusammen mit dem Gemüsegrün über die Suppe streuen.

Vier Portionen zu je:
33 mg Natrium und 300 kcal/1260 kJ

Kerbelsuppe

——————— Zutaten ———————

100 g frischer Kerbel
2 EL Butter oder Diätmargarine
3 EL Weizenmehl Type 405
3/4 l Fleischbrühe (siehe Rezept Seite 31)
Pfeffer aus der Mühle
Saft von 1/2 Zitrone
100 g saure Sahne, 10% Fett
Muskatnuß

——————— Zubereitung ———————

1. Den Kerbel waschen und die Blättchen von den Stengeln zupfen. Die Stengel zusammenbinden.

2. Das Fett in einem Topf schmelzen lassen, das Mehl dazugeben und hell anschwitzen. Mit der Brühe aufgießen und mit dem Schneebesen glattrühren.

3. Die Kerbelstengel 5 Minuten darin ziehen lassen, herausnehmen und mit Pfeffer und Zitronensaft würzen.

4. Den Sauerrahm unterziehen und mit einem Hauch frisch abgeriebener Muskatnuß abschmecken. Die Kerbelblätter grob hacken, zuletzt in die Suppe einrühren und servieren.

(siehe Farbtafel 3)

Vier Portionen zu je:
4 mg Natrium und 102 kcal/428 kJ

——————— **Variation** ———————

Es schmeckt sehr gut, wenn Sie kurz vor dem Servieren noch ein gehacktes hart gekochtes Ei oder kleine gebratene Knoblauchbrotwürfel darüberstreuen.

Graupensuppe

——————— Zutaten ———————

250 g Gerstengraupen
3 Schalotten
30 g frischer Rückenspeck
1 EL Diätmargarine
1 P. Suppengrün, tiefgekühlt
1/2 l Fleischbrühe (siehe Rezept Seite 31)
3/4 l Milch
Pfeffer aus der Mühle
Muskatnuß
1 Bund glatte Petersilie
1 Bund Schnittlauch

——————— Zubereitung ———————

1. Die Graupen in eine Schüssel geben, mit Wasser bedecken und einige Stunden einweichen.

2. Die Schalotten schälen und fein hacken. Den Speck in kleine Würfel schneiden. Die Margarine in einem Topf erhitzen und den Speck darin auslassen. Die Zwiebeln hinzufügen und glasig dünsten, das Suppengrün daruntermischen.

3. Die Graupen mit dem Einweichwasser dazugeben, einmal aufkochen und mit der Brühe und der Milch auffüllen. Nun 25 Minuten bei kleiner Hitze ausquellen lassen und mit Pfeffer und Muskatnuß würzen.

4. Die Petersilie und den Schnittlauch waschen, trockentupfen. Die Petersilienblättchen von den Stengeln zupfen, grob hacken und 5 Minuten vor Ende der Garzeit unter die Suppe rühren. Den Schnittlauch fein schneiden und kurz vor dem Servieren darüberstreuen.

Vier Portionen zu je:
102 mg Natrium und 434 kcal/1822 kJ

Fisch-Rahm-Suppe

3/4 l Fleischbrühe oder Fischfond
(siehe Rezepte Seite 31 oder 32)
1 Zwiebel und 2 Gewürznelken
1 Lorbeerblatt
etwas geriebene Schale einer
unbehandelten Zitrone
10 schwarze Pfefferkörner
2 TL Anissamen
400 g Seefischfilet
(Schellfisch, Kabeljau, Rotbarsch)
1 Becher Vollmilchjoghurt (150 g)
100 g Sahne, 30% Fett
weißer Pfeffer und Muskatnuß
1 Bund glatte Petersilie

Zubereitung

1. Die Brühe zum Kochen bringen. Die Zwiebel mit den Gewürznelken spicken und mit dem Lorbeerblatt, etwas Zitronenschale, den Pfefferkörnern und 1 Teelöffel des Anissamens hineingeben, 5 Minuten köcheln lassen.

2. Den Fisch hinzufügen und etwa 5 Minuten ziehen lassen. Den Fisch aus der Brühe heben und im Mixer pürieren.

3. Die Brühe durchseihen, das Fischpüree unterrühren und wieder erhitzen. Den Joghurt mit der Sahne verquirlen und in die Suppe einrühren. Mit dem Pfeffer, dem restlichen Anissamen und einem Hauch abgeriebener Muskatnuß abschmecken.

4. Die Petersilie waschen, trockentupfen und die Blättchen von den Stengeln zupfen. Grob hacken und zuletzt in die Suppe geben.

Vier Portionen zu je:
105 mg Natrium und 184 kcal/772 kJ

Putenconsommé

Zutaten

400 g Putenklein, zum Beispiel Flügel
300 g Putenmägen
1 l Wasser
1 geschälte Zwiebel
2 Gewürznelken
1 Lorbeerblatt
5 schwarze Pfefferkörner
1 Stückchen Schale einer
unbehandelten Zitrone
5 Wacholderbeeren
1 Bund Suppengrün und 1 Möhre
1 EL Butter
1/2 Bund glatte Petersilie
Pfeffer und Muskatnuß

Zubereitung

1. Die Putenflügel zerhacken, die Putenmägen von der dicken Lederhaut befreien. Beides zusammen in dem kalten Wasser aufsetzen.

2. Die Zwiebel mit den Gewürznelken spicken und mit den Gewürzen und dem gewaschenen Suppengrün hinzufügen und aufkochen. Bei geringer Hitze 90 Minuten bei geöffnetem Topf köcheln.

3. Die Möhre schälen, waschen und in hauchdünne Stifte schneiden. Die Butter erhitzen, die Möhren darin etwa 5 Minuten dünsten.

4. Die Petersilie waschen, trockentupfen und fein hacken. Die Brühe durch ein Sieb gießen, mit dem Pfeffer und einem Hauch geriebener Muskatnuß würzen.

5. Die Möhren auf vier Tassen oder Teller verteilen, mit der heißen Brühe übergießen und mit der Petersilie bestreuen.

Vier Portionen zu je:
12 mg Natrium und 35 kcal/147 kJ

Fischsuppe
mit Knoblauchcroûtons

Zutaten

3/4 l Fischfond (siehe Rezept Seite 32)
1/8 l trockener Weißwein
500 g Knollensellerie
300 g Tomaten
250 g Rotbarschfilet
Saft von 1 Zitrone
weißer Pfeffer aus der Mühle
1 Schuß trockener Sherry
etwas frischer Kerbel
1 Bund Schnittlauch

Für die Croûtons

4–5 Knoblauchzehen
3 schwarze Pfefferkörner
2 EL Butter
1 EL frisch geriebener Emmentaler,
45% Fett i.Tr.
8 Scheiben Kaviarbrot (Baguette)

Zubereitung

1. Die Fischbrühe mit dem Wein mischen und zum Kochen bringen.

2. Den Sellerie schälen, waschen, in kleine Stücke schneiden, in die Brühe geben und 10 Minuten köcheln lassen.

3. Die Tomaten brühen, häuten, längs halbieren, die Kerne herausdrücken und das Fruchtfleisch würfeln.

4. Das Fischfilet in mundgerechte Stücke teilen, mit etwas Zitronensaft beträufeln und pfeffern. Zusammen mit den Tomaten in die Brühe geben und zugedeckt 7–10 Minuten ziehen lassen.

5. Mit Pfeffer, Zitronensaft und dem Sherry abschmecken. Den Kerbel waschen, gut abtropfen lassen und fein hacken. Unter die Suppe rühren und mit fein geschnittenem Schnittlauch bestreuen.

6. Für die Croûtons den Knoblauch schälen, zerkleinern und zusammen mit den Pfefferkörnern im Mörser (oder mit dem breiten Rücken eines Messers) zerquetschen.

7. Mit der Butter und dem Käse vermischen. Auf die Weißbrotscheiben streichen und unter dem Grill kurz gratinieren. Die Croûtons separat zur Suppe reichen.

Vier Portionen zu je:
151 mg Natrium und 160 kcal/672 kJ

Farbtafel 3 ▷
»Gazpacho«, »Kerbelsuppe« und
»Fischsuppe mit Knoblauchcroûtons«
(Rezepte S. 40, 46 und oben)

Saucen

Senfsauce

Zutaten

1 TL Butter oder Diätmargarine
1 EL Senfmehl, 1 EL Mehl, Type 405
1/4 l Fleisch- oder Gemüsebrühe
(siehe Rezepte Seite 31 oder 29)
1 TL Zucker
2–3 EL Weißweinessig, weißer Pfeffer

Zubereitung

1. Das Fett erhitzen und das Senfmehl kurz darin anschwitzen.
2. Das Mehl darüberstreuen, mit der Brühe ablöschen und 5 Minuten köcheln lassen. Zuletzt mit Zucker, Essig und Pfeffer abschmecken.

Vier Portionen zu je:
4 mg Natrium und 43 kcal/180 kJ

Variation

Verfeinern läßt sich die Sauce noch durch 1 Eßlöffel Crème fraîche. Sie wird schärfer durch Zugabe von selbstgemachtem Senf (siehe Rezept 35).

◁ Farbtafel 4
»Safransauce, »Rote Bohnensauce«
und »Avocadosauce«
(Rezepte S. 50, 51 und 54)

Kerbelsauce

Zutaten

1 TL Butter oder Diätmargarine
1 EL Weizenmehl, Type 405
3/8 l Fleischbrühe (siehe Rezept Seite 31)
100 g frischer Kerbel
1 Eigelb (Gew.-Kl. 2)
1/2 Zitrone
weißer Pfeffer aus der Mühle
Muskatnuß

Zubereitung

1. Das Fett erhitzen, das Mehl hinzufügen und darin hell anschwitzen. Die Brühe angießen und mit einem Schneebesen so lange schlagen, bis keine Klümpchen mehr zu sehen sind.
2. Den Kerbel waschen, abtropfen lassen und hacken. In die Sauce geben und etwa 1 Minute ziehen lassen.
3. Das Eigelb mit 2 Eßlöffeln Sauce in einer Tasse verrühren und mit der restlichen Sauce mischen. Nicht mehr kochen lassen.
4. Mit dem Zitronensaft, Pfeffer und einem Hauch geriebener Muskatnuß würzen.

Vier Portionen zu je:
11 mg Natrium und 64 kcal/273 kJ

Safransauce

_____ Zutaten _____

1 Schalotte, 1 TL Diätmargarine
1 Tasse trockener Weißwein
3 EL Gemüsebrühe
(siehe Rezept Seite 29)
je 1 Zweig Thymian und Estragon
2 Petersilienstengel
1 Msp. Fenchelsamen
1–2 Briefchen Safran
1 Eigelb (Gew.-Kl. 2)
weißer Pfeffer aus der Mühle
Saft von 1/2 Zitrone

_____ Zubereitung _____

1. Die Schalotte schälen und fein würfeln. Die Margarine erhitzen und die Schalottenwürfel darin glasig dünsten.
2. Den Weißwein und die Brühe angießen, die Kräuter und den Safran hinzufügen und bei geringer Hitze 10 Minuten köcheln lassen und durchsieben.
3. Das Eigelb in eine Schüssel geben, mit dem Schneebesen verrühren und den Zwiebelfond – es sollten 3 bis 5 Eßlöffel sein – dazugeben.
4. Alle Zutaten in einem Wasserbad zu einer cremigen Sauce aufschlagen und mit Pfeffer und etwas Zitronensaft leicht würzen.
(siehe Farbtafel 4)

Vier Portionen zu je:
4 mg Natrium und 55 kcal/231 kJ

_____**Tip**_____

Eine feine Sauce zu Gemüseflans (zum Beispiel dem Lauch-Zwiebel-Flan auf Seite 80), zu zartem pochiertem Fisch oder Jacobsmuscheln.

Feine Tomatensauce

_____ Zutaten _____

1 TL Diätmargarine
1 Schalotte
50 g frische Champignons
250 g reife Tomaten
1 Zweig Thymian
1 Zweig Majoran
1/4 l Fleisch- oder Gemüsebrühe
(siehe Rezepte Seite 31 oder 29)
2 EL Crème fraîche, 30% Fett i.Tr.
weißer Pfeffer aus der Mühle
1 Prise Zucker
1 Msp. gemahlener Oregano

_____ Zubereitung _____

1. Die Margarine in einem Topf erhitzen. Die Schalotten schälen, klein hacken und in dem Fett glasig dünsten.
2. Die Champignons putzen, waschen, grob hacken, hinzufügen und kurz mitdünsten. Die Tomaten waschen, den Stielansatz entfernen, halbieren und im elektrischen Mixer pürieren. Das Püree zu den Pilzen geben.
3. Die Kräuterzweige hinzufügen und die Brühe angießen. Bei kleiner Hitze 15 bis 20 Minuten einkochen lassen. Die Kräuter entfernen und die Sauce durch ein Sieb passieren.
4. Wieder in den Topf geben und auf den Herd stellen. Mit Crème fraîche binden und abschmecken.

Vier Portionen zu je:
11 mg Natrium und 77 kcal/323 kJ

_____**Tip**_____

Diese Sauce paßt gut zu Nudeln und Fleischgerichten.

Koriandersauce

———————— Zutaten ————————

1 Schalotte
1 TL Olivenöl
100 g Crème fraîche, 30% Fett i.Tr.
125 g Magerjoghurt
2 TL Korianderkörner
Saft von 1/2 Zitrone
weißer Pfeffer aus der Mühle
1 Prise Diätwürze
1 Prise Zucker

———————— Zubereitung ————————

1. Die Schalotte schälen und fein würfeln. Das Öl erhitzen und die Schalotte darin glasig dünsten.
2. Die Crème fraîche mit dem Joghurt verquirlen, zu der Schalotte geben und etwas einkochen lassen. Die Korianderkörner in einem Mörser fein zerstoßen, hinzufügen und 3 Minuten ziehen lassen.
3. Die Sauce zuletzt mit dem Zitronensaft, Pfeffer, Diätwürze und Zucker abschmecken.

Vier Portionen zu je:
13 mg Natrium und 138 kcal/579 kJ

————————**Tip**————————

Diese Sauce schmeckt gut zu zarten Gemüseflans, wie dem Tomatenflan auf Seite 80, zu Gemüse- und Fleischpfannen.

Rote Bohnensauce

———————— Zutaten ————————

100 g rote Kidneybohnen
1 EL salzfreier Hefeextrakt
1/2 TL gerebeltes Bohnenkraut
1 Chilischote, 500 g Tomaten
3 Frühlingszwiebeln
2 EL Olivenöl
Pfeffer und 1 Prise Koriander
Essig
1–2 EL Diättomatenketchup

———————— Zubereitung ————————

1. Die Bohnen über Nacht einweichen und am nächsten Tag in 3/4 l Wasser zum Kochen bringen.
2. Den Hefeextrakt, das Bohnenkraut und die fein geschnittene Chilischote hinzufügen und etwa 60 Minuten köcheln lassen. Vom Herd nehmen, im Mixer pürieren oder durch ein Sieb streichen.
3. Die Tomaten brühen, häuten, längs halbieren, die Kerne entfernen und das Fruchtfleisch würfeln.
4. Die Zwiebeln putzen, waschen, die Knollen und das Grün in sehr feine Würfel schneiden und in dem Öl andünsten.
5. Die Tomaten hinzufügen, 5 Minuten köcheln lassen und mit dem Bohnenpüree vermischen. Mit dem Pfeffer, Koriander, einem Schuß Essig und dem Ketchup abschmecken.
(siehe Farbtafel 4)

Vier Portionen zu je:
17 mg Natrium und 158 kcal/663 kJ

————————**Tip**————————

Diese Sauce paßt gut zu Knoblauchnudeln oder Buchweizenplätzchen.

Sauce Béchamel

──────── Zutaten ────────

2 EL Weizenmehl, Type 1050
1/2 l Fleisch- oder Gemüsebrühe
(siehe Rezepte Seite 31 oder 29)
1/8 l Sahne, 30% Fett
1 Lorbeerblatt
1 Zwiebel
weißer Pfeffer und Muskatnuß
1 EL Butter

──────── Zubereitung ────────

1. Das Mehl in einer Pfanne ohne Fettzugabe anrösten – es darf dabei nicht dunkel werden – und auskühlen lassen.
2. Mit der warmen Brühe verrühren und zum Kochen bringen. Die Sahne und das Lorbeerblatt hinzufügen und 5 Minuten köcheln lassen.
3. Die Zwiebel schälen, fein reiben, auspressen und die Sauce mit dem Saft würzen. Mit Pfeffer und geriebener Muskatnuß abschmecken.
4. Zuletzt die eiskalte Butter unterrühren und das Lorbeerblatt entfernen.

Vier Portionen zu je:
9 mg Natrium und 148 kcal/621 kJ

────────**Tip**────────

Diese Sauce mischt man mit gekochten Kartoffelscheiben und würzt nur noch mit grob gehackter, glatter Petersilie. Sie läßt sich aber auch vielseitig variieren: so zum Beispiel mit Curry und eingeweichten Rosinen, mit verschiedenen gehackten Kräutern, mit frisch geriebenem Meerrettich, mit Tomatenpüree und -ketchup.

Orangensauce

──────── Zutaten ────────

3 unbehandelte Orangen
1/4 l Kalbsfond (siehe Rezept Seite 30)
1 Zwiebel
1 Msp. gemahlener Oregano
2 EL Orangenlikör
1 EL Cognac
1 TL Fleischextrakt
(siehe Rezept Seite 32)
1 TL Maisstärke
3 EL Sahne, 30% Fett
Cayennepfeffer

──────── Zubereitung ────────

1. Die Schale der Orangen abreiben und die Früchte auspressen. Den Kalbsfond mit dem Orangensaft aufkochen.
2. Die Zwiebel schälen, zerkleinern und den Saft auspressen. Die Orangenschale, den Zwiebelsaft, Oregano, Likör, Cognac und Fleischextrakt zu dem Kalbsfond geben.
3. Die Maisstärke mit der Sahne anrühren, die Sauce damit leicht andicken und 5 bis 7 Minuten bei geringer Hitze köcheln. Zuletzt mit Cayennepfeffer abschmecken.

Vier Portionen zu je:
5 mg Natrium und 110 kcal/462 kJ

────────**Tip**────────

Diese Sauce paßt zu Geflügel und hellen Fleischgerichten.

Irische Meerettichsauce

Zutaten

1 Stück Meerettichwurzel
(etwa 7 cm lang)
2–3 Schalotten
100 g schwarzes Johannisbeergelee
1 unbehandelte Orange
1 TL Senf (siehe Rezept Seite 35)
oder Senfmehl
1 Msp. Ingwerpulver
2–3 Tropfen Tabasco
Cayennepfeffer
2 EL Cognac oder roter Port

Zubereitung

1. Den Meerettich und die Schalotten schälen, im elektrischen Mixer pürieren oder auf einer Rohkostreibe fein reiben.
2. Mit dem Johannisbeergelee verrühren. Mit 1/2 Teelöffel geriebener Orangenschale und 2 Eßlöffeln Orangensaft, Senf, Ingwer, Tabasco und Cayennepfeffer würzen und mit dem Cognac abrunden.

Eine Portion (= 20 g = 1 EL) enthält:
2 mg Natrium und 38 kcal/159 kJ

Tip

Diese Sauce schmeckt sehr gut zu Lammgerichten, Tauben, Wachteln, Fasanen, Hase und Kaninchen.

Aïoli

Zutaten

5–6 Knoblauchzehen
1 Eigelb (Gew.-Kl. 2)
1 EL Diätsenf
1–2 EL Estragon- oder Weinessig
1 TL Zucker
1/8 l Olivenöl
Cayennepfeffer
Saft von 1/2 Zitrone

Zubereitung

1. Die Knoblauchzehen schälen und im Mörser fein zerdrücken.
2. Das Eigelb mit dem Senf, Essig und Zucker zu einer dicklichen Creme verrühren und nach und nach das Öl darunterschlagen.
3. Das Knoblauchmus dazugeben und mit dem Cayennepfeffer und dem Zitronensaft abschmecken.

Eine Portion (= 10 g = 1 TL) enthält:
2 mg Natrium und 123 kcal/516 kJ

Tip

Diese Sauce reicht man zu kaltem Fisch oder Fleisch und zu Fondues. Sie läßt sich aber auch gut als Geschmacksträger bei Suppen, Saucen und Eintöpfen verwenden. In einem gut verschlossenen Gefäß hält sie sich bis zu 2 Wochen im Kühlschrank.

Avocadosauce

———————— Zutaten ————————

1 reife Avocado
2 EL Zitronensaft
2 EL Mayonnaise (siehe Rezept Seite 36)
1 Becher Magerjoghurt (150 g)
1 Knoblauchzehe
Pfeffer aus der Mühle
1 Schalotte
1/2 Bund glatte Petersilie
2 Stengel Zitronenmelisse
1 Prise Cayennepfeffer

———————— Zubereitung ————————

1. Die Avocado halbieren, den Kern herauslösen und das Fruchtfleisch mit einem Löffel herausnehmen.
2. Mit einer Gabel zerdrücken, mit Zitronensaft mischen und Mayonnaise verrühren.
3. Den Joghurt hinzufügen und mit der zerdrückten Knoblauchzehe und dem Pfeffer würzen. Die Schalotte schälen, fein würfeln und hinzufügen.
4. Die Kräuter waschen, trockenschwenken, die Blättchen von den Stielen zupfen und fein hacken. Unter die Sauce ziehen und diese mit dem Cayennepfeffer abschmecken.
(siehe Farbtafel 4)

Vier Portionen zu je:
25 mg Natrium und 160 kcal/672 kJ

———————— **Tip** ————————

Die Avocadosauce schmeckt besonders gut zu Spargel und Steaks. Läßt man den Joghurt weg, ist diese Creme ein leckerer Brotaufstrich.

Frankfurter Grüne Sauce

———————— Zutaten ————————

2 Becher Magermilchjoghurt (à 150 g)
100 g Crème fraîche, 30% Fett i. Tr.
2 hart gekochte Eier (Gew.-Kl. 2)
1 Zwiebel
1 EL Diätsenf
1 Bund Kräuter für Grüne Sauce
(gibt es fertig gebunden)
Saft von 1 Zitrone oder 2 EL Essig
Pfeffer aus der Mühle

———————— Zubereitung ————————

1. Den Joghurt mit der Crème fraîche verrühren. Die hart gekochten Eier pellen, grob hacken und unterrühren.
2. Die Zwiebel fein reiben, auspressen und die Sauce mit dem Zwiebelsaft und dem Senf würzen.
3. Die Kräuter waschen, gut trockenschwenken, fein hacken und unter die Sauce ziehen. Mit dem Zitronensaft und dem frisch gemahlenen Pfeffer abschmecken.

Vier Portionen zu je:
82 mg Natrium und 160 kcal/672 kJ

———————— **Tip** ————————

Diese Sauce wird traditionell zu Pellkartoffeln gegessen. Sie schmeckt aber auch zu gekochtem Rindfleisch (warm oder kalt) und zu Gemüsepies, wie dem Spinatpie (siehe Rezept Seite 79).

Sauce vinaigrette

———————— Zutaten ————————

2–3 EL Weißweinessig
Pfeffer aus der Mühle
1/2 TL Diätsenf
1 Prise Zucker
6 EL Olivenöl
1 zerdrückte Knoblauchzehe
3 EL verschiedene gehackte Kräuter
(Dill, Schnittlauch, Petersilie, Liebstöckl,
Estragon, Pimpinelle, Zitronenmelisse)

———————— Zubereitung ————————

1. Den Essig mit allen Zutaten gut verrühren und abschmecken.

Vier Portionen zu je:
2 mg Natrium und 113 kcal/474 kJ

————————**Variationen**————————

Statt Weißweinessig können Sie auch
Rotweinessig und statt der Kräuter Tomatenmark verwenden und die Sauce
mit Paprika, Tabasco und Cayennepfeffer würzen.
Oder eine fein gewürfelte Schalotte hinzufügen.
Oder ein hart gekochtes, gehacktes Ei in
die Sauce mischen.

Pesto

———————— Zutaten ————————

2 EL gehackte Petersilie
2 EL gehacktes Basilikum
3 EL Pinienkerne
5 Knoblauchzehen
schwarzer Pfeffer aus der Mühle
6 EL Olivenöl
3 EL Mascarpone (italienischer Doppel-
rahm-Frischkäse), 60–70% Fett i.Tr.
2–3 Tropfen Zitronensaft

———————— Zubereitung ————————

1. Die Kräuter mit den Pinienkernen
in einem Mörser zerstampfen. Die
Knoblauchzehen schälen, klein hacken
und dazugeben.
2. Alles zu einem feinen Mus quetschen,
mit Pfeffer würzen und langsam das Öl
unterrühren.
3. Zuletzt die Mascarpone unterziehen
und die Sauce mit dem Zitronensaft abschmecken.

Vier Portionen zu je:
1 mg Natrium und 220 kcal/924 kJ

————————**Tip**————————

Diese italienische grüne Sauce wird kalt
unter Nudelgerichte gemischt. Man kann
sie noch mit etwas salzarmer Brühe »verlängern«.

Tomaten-Estragon-Sauce

1 frische rote Chilischote
2 Fleischtomaten
2–4 Knoblauchzehen
4 EL Estragonessig
2–3 frische Zweige Estragon
schwarzer Pfeffer aus der Mühle
Paprika edelsüß
Cayennepfeffer
8 EL Sonnenblumenöl

Zubereitung

1. Die Chilischote waschen und in sehr feine Streifen schneiden (wer es nicht gern so scharf mag, sollte die Kerne entfernen).
2. Die Tomaten brühen, häuten, längs halbieren, den Stielansatz entfernen und entkernen. Das Fruchtfleisch in kleine Würfel schneiden.
3. Den Knoblauch schälen, zerkleinern und im Mörser zerdrücken. Den Essig mit den grob gehackten Estragonblättchen, etwas Pfeffer, Paprika und Cayennepfeffer verrühren.
4. Das Öl untermischen und mit der Chilischote, dem Knoblauch und den Tomaten vermischen.

Vier Portionen zu je:
5 mg Natrium und 136 kcal/571 kJ

Tip

Diese Sauce paßt gut zu Eiergerichten, zu pochiertem Fisch und Pilzsalaten.

Cumberlandsauce

Zutaten

250 g rote Johannisbeeren
10 EL Rotwein
1/2 unbehandelte Zitrone
1/2 unbehandelte Orange
2 Schalotten oder 2 kleine Zwiebeln
1/2 TL Senfmehl
1–2 Tropfen Tabasco
1 TL frisch geriebener Ingwer
weißer Pfeffer aus der Mühle
100 g Gelierzucker

Zubereitung

1. Die Johannisbeeren waschen, von den Stielen zupfen, mit einer Gabel leicht zerdrücken und mit dem Rotwein übergießen.
2. Die Zitrone und Orange spiralförmig, dünn schälen – es sollte keine weiße Haut mehr daran sein – und die Schalen sorgfältig in sehr feine Streifen (Julienne) schneiden.
3. Die Schalotten schälen, fein würfeln und beides zu den Beeren geben. Die Gewürze und den Zucker hinzufügen und zum Kochen bringen.
4. Die Sauce 5 Minuten köcheln lassen, vom Herd nehmen, durch ein Sieb streichen und kühl stellen.

Eine Portion (= 50 g oder 2 EL) enthält:
1 mg Natrium und 62 kcal/260 kJ

Tip

Diese Sauce ist köstlich zu kaltem Braten, Geflügel und Wild, aber auch ideal als Würzkomponente für dunkle Saucen zu allen Wild- und Wildgeflügelgerichten.

Gemüseduxelles

1 große Zwiebel
1 grüne Paprikaschote
1 rote Paprikaschote
100 g Zucchini
1 Chilischote
2 Fleischtomaten
50 g frische Champignons
2 Knoblauchzehen
1 Bund Basilikum
weißer Pfeffer aus der Mühle
Saft von 1/2 Zitrone
5 EL Fleischbrühe
(siehe Rezept Seite 31)
3 EL Sonnenblumenöl

Zubereitung

1. Das Gemüse und die Pilze putzen, waschen und klein schneiden. Den Knoblauch schälen und fein hacken.
2. Das Basilikum waschen, die Blättchen von den Stengeln zupfen und alles zusammen in einen Topf geben.
3. Mit Pfeffer bestäuben, mit dem Zitronensaft würzen und die Brühe angießen. Zugedeckt bei kleiner Hitze solange einkochen, bis ein Gemüsemus entsteht.
4. Das Mus vom Herd nehmen, auskühlen lassen und in ein Schraubverschlußglas füllen. Mit dem Öl bedecken, verschließen und im Kühlschrank aufheben.

Eine Portion (= 20 g oder 1 gehäufter EL) enthält:
4 mg Natrium und 40 kcal/168 kJ

Tip

Dieses Gemüsemus ist ideal als Bindemittel für dunkle Saucen oder man streicht es statt einer Sauce auf Steaks oder Fisch.
Das Mus läßt sich sehr gut einfrieren. Dies am besten portionsweise im Eiswürfelbehälter. Je nach Bedarf verwendet man dann die einzelnen Würfel.

Zitronensauce

Zutaten

2 Eigelb (Gew.-Kl. 2)
3 EL Zitronensaft
70 g eiskalte Butter
Pfeffer aus der Mühle

Zubereitung

1. Die Eigelbe mit dem Zitronensaft verquirlen und in einem Wasserbad schaumig aufschlagen.
2. Die Butter flöckchenweise unterrühren und weiterschlagen, bis eine schöne cremige Sauce entsteht. Mit frischem Pfeffer leicht würzen.

Vier Portionen zu je:
5 mg Natrium und 170 kcal/714 kJ

Salate und Frischkost

Sprossensalat

_____ Zutaten _____

250 g grüne Paprikaschoten
200 g Tomaten
1 kleine Stange Lauch
oder 1 Frühlingszwiebel
100 g Sojabohnensprossen
100 g Weizenkeime
1 Staude Chicorée
2 Schalotten
4–5 EL Nußöl
3–4 EL Apfel-Honig-Essig
oder Obstessig
Pfeffer aus der Mühle
1/2 TL Senf (siehe Rezept Seite 35)
1 Bund Schnittlauch
2 EL grob gehackte Walnußkerne

_____ Zubereitung _____

1. Den Paprika putzen, waschen und fein würfeln. Die Tomaten brühen, häuten, längs halbieren, die Kerne herausdrücken und das Fruchtfleisch in feine Würfel schneiden.
2. Den Lauch putzen, waschen und schräg in 1 cm lange Stücke schneiden. Die Sojabohnensprossen waschen, abtrocknen lassen und mit den Weizenkeimen mischen.

3. Den Chicorée putzen, die Blätter ablösen, waschen und gut trockenschwenken. Vier Teller mit den Blättern auslegen und die vorbereiteten Salatzutaten darauf verteilen.
4. Die Schalotten schälen und fein würfeln. Mit dem Öl und dem Essig vermischen, mit Pfeffer, Senf und fein geschnittenem Schnittlauch verrühren. Über die Salatblätter träufeln und zuletzt mit den Walnüssen bestreuen.

Vier Portionen zu je:
9 mg Natrium und 250 kcal/1050 kJ

_____**Tip**_____

Senf-, Linsen- oder Weizenkörner können Sie ganz leicht zum Keimen bringen, wenn Sie sie mit Wasser bedeckt über Nacht stehen lassen, morgens abgießen, trocken stehen lassen und über Nacht wieder mit Wasser bedecken. Sie sollten das Keimgut täglich abspülen, um Schimmelbildung zu vermeiden. Nach 3 bis 4 Tagen keimen die Körner. Kleinere Mengen kann man auch auf feuchter Watte keimen lassen.

Eiersalat

_____ Zutaten _____

5 hart gekochte Eier (Gew.-Kl. 3)
200 g säuerliche Äpfel
150 g Ananas aus der Dose
100 g frische Champignons
150 g Sahnedickmilch
50 g Crème fraîche, 30% Fett i.Tr.
1 EL Zitronensaft
Pfeffer aus der Mühle, Koriander,
Senfmehl, Chilipulver
gemahlener Kardamom, Ingwer,
Kurkuma, Zimt, Muskatnuß
10 Walnußkerne

_____ Zubereitung _____

1. Die Eier pellen und in mundgerechte Stücke teilen. Die Äpfel schälen, entkernen und würfeln.
2. Die Ananas abtropfen lassen und klein schneiden. Die Champignons putzen, waschen und blättrig schneiden. Alle vorbereiteten Zutaten in einer Schüssel vermischen.
3. Die Dickmilch mit der Crème fraîche und dem Zitronensaft verrühren, mit den Gewürzen pikant abschmecken und den Salat damit mischen.
4. Zugedeckt im Kühlschrank 10 Minuten ziehen lassen. Die Walnußkerne grob hacken und über den Salat geben.

Vier Portionen zu je:
92 mg Natrium und 220 kcal/924 kJ

_____**Tip**_____

Zu kernigem Vollkornbrot und Butter schmeckt dieser Salat besonders gut. Ist er zu trocken, geben Sie etwas Ananassaft aus der Dose hinzu.

Fruchtiger Hähnchensalat

_____ Zutaten _____

1 Hähnchen (900 g)
Paprika edelsüß, Pfeffer
2 EL Sonnenblumenöl
1 Ogen- oder Netzmelone
200 g frische Champignons
3 EL Mayonnaise (siehe Rezept Seite 36)
2 EL Sahne, 30% Fett
Saft von 1/2 Zitrone
1/2 TL englisches Currypulver oder selbstgemachte Mischung
(siehe Rezept Seite 38)
weißer Pfeffer, Zucker oder Honig

_____ Zubereitung _____

1. Das Hähnchen kurz unter fließendem kaltem Wasser abspülen, trockentupfen und von allen Seiten kräftig mit dem Paprika und dem Pfeffer einreiben.
2. Mit dem Öl bepinseln und im Backofen oder unter dem Grill knusprig braten. Hähnchen abkühlen lassen, entbeinen und das Fleisch in mundgerechte Stücke teilen.
3. Die Melone halbieren, die Kerne herauslösen und das Fleisch in feine Scheibchen oder Würfel schneiden. Die Champignons putzen, waschen und blättrig schneiden.
4. Alle vorbereiteten Salatzutaten in eine große Schüssel geben. Die Mayonnaise mit der Sahne verrühren, mit dem Zitronensaft, Curry, Pfeffer und Zucker abschmecken.
5. Über den Salat geben und vorsichtig vermischen, 10 Minuten kühl stellen, nochmals mischen und abschmecken.

Vier Portionen zu je:
108 mg Natrium und 490 kcal/2058 kJ

Bunter Bohnensalat mit Roastbeef

———————— Zutaten ————————

125 g Keniabohnen
300 g dicke Bohnen, tiefgekühlt
300 g Brechbohnen, tiefgekühlt
Bohnenkraut
1 Bund Frühlingszwiebeln
1–2 Knoblauchzehen
3 EL Sonnenblumenöl
2 EL Balsamessig
1 EL Diätsenf
Pfeffer aus der Mühle
1 Prise Zucker
etwas frischer Meerrettich
100 g Roastbeef, in Scheiben

———————— Zubereitung ————————

1. Die Keniabohnen putzen, waschen und halbieren. Alle Bohnensorten getrennt mit etwas Bohnenkraut in Alufolie verpacken und in kochendem Wasser 12 Minuten garen. Aus der Folie nehmen, das Bohnenkraut entfernen und abkühlen lassen.
2. Die Frühlingszwiebeln putzen, waschen und schräg in Ringe schneiden. Den Knoblauch schälen und sehr fein würfeln. Alle vorbereiteten Zutaten in eine Schüssel geben.
3. Das Öl mit dem Essig und dem Senf verrühren. Mit den übrigen Gewürzen fein abschmecken und über den Salat träufeln. Mischen und durchziehen lassen. Die Roastbeefscheiben in feine Streifen schneiden und auf dem Salat anrichten.

Vier Portionen zu je:
25 mg Natrium und 235 kcal/987 kJ

Schotensalat mit Garnelen

———————— Zutaten ————————

100 g Tiefseegarnelen oder Krabben
(Tiefkühlprodukt)
500 g Zuckerschoten
1 Bund Brunnenkresse oder
Zuchtkresse
1 Knoblauchzehe
2–3 EL Schalotten- oder Weißweinessig
schwarzer Pfeffer aus der Mühle
1 Prise Zucker
4 EL Olivenöl
1 Schalotte

———————— Zubereitung ————————

1. Die Garnelen auftauen lassen. Die Zuckerschoten entfädeln, waschen, in Alufolie einpacken und in kochendem Wasser 10 Minuten ziehen lassen. Anschließend herausnehmen und abtropfen lassen.
2. Die Kresse kalt abbrausen, abtropfen lassen und die Blättchen von den Stengeln zupfen. Den Knoblauch schälen, halbieren und eine Salatschüssel damit ausreiben.
3. Die Schoten und die Kresse hineingeben und die Garnelen darüber verteilen. Den Essig mit Pfeffer, Zucker und Öl verrühren.
4. Die Schalotte schälen und sehr fein würfeln, in die Marinade geben und alles über den Salat träufeln.
(siehe Farbtafel 5)

Vier Portionen zu je:
38 mg Natrium und 165 kcal/693 kJ

Rindfleischsalat

100 g gekochtes Rindfleisch
100 g grüne Paprikaschote
100 g frische Champignons
1/2 kleine Salatgurke
100 g Tomaten
100 g Apfel
1 Bund Radieschen
1 Kopfsalat
1 Knoblauchzehe
1 EL Senf (siehe Rezept Seite 35)
1 EL Schnittlauch, geschnitten
1 EL gehackte Petersilie
1 EL gehackte Schalotten
3 EL Sonnenblumenöl
2 EL Weinessig
1 TL Balsamessig
3 EL salzarme Fleischbrühe
(siehe Rezept Seite 31)
Pfeffer aus der Mühle
1 Prise Zucker
1 EL Kresse oder Alfalfasprossen

1. Das Rindfleisch in feine Würfel schneiden. Den Paprika und die Champignons putzen, waschen und in Streifen schneiden. Die Gurke dünn schälen, längs halbieren, die Kerne herausschaben und das Fruchtfleisch würfeln. Ebenso die Tomaten in Würfel schneiden.
2. Den Apfel gut waschen, halbieren, entkernen und das Fruchtfleisch in feine Scheiben schneiden. Die Radieschen putzen, waschen und grob hobeln.
3. Den Kopfsalat verlesen, waschen und gut trockenschwenken. Die Knoblauchzehe schälen, halbieren und eine Salatschüssel damit ausreiben.
4. Die Schüssel mit den Salatblättern auslegen und die vorbereiteten Zutaten mischen und darauf verteilen. Die restlichen Zutaten zu einer Marinade verrühren und über den Salat träufeln.
(siehe Farbtafel 5)

Vier Portionen zu je:
35 mg Natrium und 140 kcal/588 kJ

Tip

Zu diesem Salat schmeckt kerniges Roggenvollkornbrot mit Butter sehr gut.

Weißkrautsalat

──────── Zutaten ────────

400 g Weißkohl
250 g grüne Paprikaschoten
3 EL Mayonnaise (siehe Rezept Seite 36)
Pfeffer aus der Mühle
Tabasco
Saft von 1/2 Zitrone
Diätwürze
1 Msp. gemahlener Kümmel
Estragonessig
1–2 Knoblauchzehen
1 Prise Zucker
30 g grüner Speck (fetter Rückenspeck)
50 g Weizenschrotbrot

──────── Zubereitung ────────

1. Den Kohl waschen, putzen und hobeln. Kurz in kochendem Wasser blanchieren und in einem Durchschlagsieb gut abtropfen lassen.
2. Die Paprikaschote halbieren, die Kerngehäuse entfernen, die Früchte in feine Streifen schneiden und mit dem Kohl vermischen.
3. Die Mayonnaise mit etwas Pfeffer, Tabasco, Zitronensaft und Diätwürze abschmecken und darunterziehen. Den Salat mit Kümmel, einem Schuß Essig, zerdrücktem Knoblauch und Zucker abrunden.
4. Den Speck würfeln, in einer Pfanne knusprig braten. Das Brot ebenfalls klein würfeln und in dem Speckfett anrösten. Beides zuletzt gleichmäßig über den Salat streuen.

Vier Portionen zu je:
85 mg Natrium und 225 kcal/945 kJ

Bunte Vitaminschüssel

──────── Zutaten ────────

300 g Salatgurken
250 g Fleischtomaten
2 Bund Radieschen
1 kleiner Kopfsalat
100 g Sahnedickmilch
1 kleine Zwiebel
Pfeffer aus der Mühle
1 Knoblauchzehe
1 Prise Zucker
Himbeeressig
1 Bund Schnittlauch
1 Bund Dill

──────── Zubereitung ────────

1. Die Gurke schälen, entkernen und würfeln. Die Tomaten brühen, häuten, entkernen und würfeln.
2. Die Radieschen putzen, waschen und in Scheiben hobeln. Den Salat waschen, etwas zerkleinern und gut trockenschwenken. Alle Salatzutaten vorsichtig miteinander vermischen.
3. Die Dickmilch mit der fein gehackten Zwiebel, etwas Pfeffer, dem zerdrückten Knoblauch, dem Zucker und einem Schuß Essig verschlagen.
4. Die Kräuter waschen, trockenschwenken und fein hacken. In die Marinade rühren und diese unter den Salat ziehen, durchmischen und nochmals abschmecken.

Vier Portionen zu je:
21 mg Natrium und 70 kcal/294 kJ

Spargelsalat

Zutaten

250 g grüner Spargel
500 g weißer Spargel
2 Stück Würfelzucker
1 TL Butter
125 g frische Champignons
250 g Tomaten
300 g Joghurt, 3,5% Fett
1 EL Sonnenblumenöl
Saft von 1 Zitrone
Pfeffer aus der Mühle
1 Msp. salzfreier Hefeextrakt
1–2 Knoblauchzehen
1 Bund Dill

Zubereitung

1. Den Spargel waschen. Beim grünen nur das untere Drittel abschneiden, den weißen dünn schälen.
2. Beide Sorten in 5 cm lange Stücke schneiden und in wenig kochendem Wasser mit dem Würfelzucker und der Butter 15 Minuten garen und abgießen.
3. Die Champignons waschen, putzen, blättrig schneiden und mit dem Spargel vermengen. Die Tomaten brühen, häuten, entkernen und klein schneiden.
4. Den Joghurt mit dem Öl und dem Zitronensaft verquirlen. Mit Pfeffer, Hefeextrakt, zerdrücktem Knoblauch und dem fein geschnittenen Dill abschmecken und diese Sauce über den Salat gießen. Vorsichtig vermischen und mit den Tomatenwürfeln bestreuen.

Vier Portionen zu je:
51 mg Natrium und 143 kcal/600 kJ

Kräutersalat mit Pinienkernen

Zutaten

125 g Löwenzahn- oder Spinatblätter
125 g Eichblattsalat
2 Bund Basilikum
1 Bund Zitronenmelisse
1 Bund Frühlingszwiebeln
1 hart gekochtes Ei (Gew.-Kl. 2)
2 EL Olivenöl
1–2 EL Balsamessig
Saft von 1/2 Zitrone
1 Msp. Senfpulver oder 1 TL Diätsenf
Pfeffer aus der Mühle
1–2 Knoblauchzehen
2 EL geröstete Pinienkerne

Zubereitung

1. Die Salate putzen, waschen, trockenschwenken und in mundgerechte Stükke teilen.
2. Die Kräuter waschen, ebenfalls trockenschwenken, die Blättchen von den Stengeln zupfen und zum Salat geben. Die Zwiebeln putzen, waschen, in feine Röllchen schneiden und hinzufügen.
3. Das Ei pellen, das Eiweiß fein hacken, das Eigelb mit einer Gabel zerdrücken und mit dem Öl, dem Zitronensaft und dem Essig verrühren.
4. Mit den Gewürzen und dem zerdrückten Knoblauch pikant abschmekken, über den Salat geben und gut durchmischen. Die Pinienkerne zusammen mit dem Eiweiß zuletzt über den Salat streuen.

Vier Portionen zu je:
44 mg Natrium und 123 kcal/516 kJ

Radieschensalat mit Sesam

2 Bund Radieschen
2 Kohlrabi
1 großer säuerlicher Apfel
Saft von 1/2 Zitrone
3 Frühlingszwiebeln
1 Knoblauchzehe
3 EL Olivenöl
2 EL japanischer Reisessig
Pfeffer aus der Mühle
Zucker
1 TL Diättomatenketchup
1 Msp. Senfpulver oder 1/2 TL Diätsenf
3 EL ungeschälter Sesamsamen

——————— Zubereitung ———————

1. Die Radieschen putzen und in Scheiben schneiden. Die Kohlrabi schälen und in Stifte schneiden.
2. Den Apfel dünn schälen, entkernen und das Fruchtfleisch in feine Scheibchen schneiden, gleich mit etwas Zitronensaft beträufeln, damit sie sich nicht verfärben.
3. Die Zwiebeln putzen, waschen und schräg in Ringe schneiden. Die Knoblauchzehe schälen, halbieren und eine Salatschüssel damit ausreiben. Die vorbereiteten Salatzutaten hineingeben.
4. Das Öl mit Essig und den Gewürzen verrühren und die Sauce pikant abschmecken, über den Salat träufeln, mischen und nochmals abschmecken.
5. Den Sesamsamen in einer Pfanne ohne Fettzugabe goldbraun rösten und zum Schluß über den Salat streuen.

Vier Portionen zu je:
15 mg Natrium und 157 kcal/659 kJ

Rettichsalat mit Kresse

——————— Zutaten ———————

500 g weißer Rettich
125 g roter Rettich
1 großer Bund Brunnenkresse oder
2–3 Kästchen Zuchtkresse
3 EL Sonnenblumenöl
1–2 EL Balsamessig
1 Msp. Senfpulver oder
1 TL Senf (siehe Rezept Seite 35)
Pfeffer aus der Mühle
1 Prise Ingwer
1–2 Tropfen Tabasco
2 EL Sonnenblumenkerne

——————— Zubereitung ———————

1. Den Rettich dünn schälen und in Scheiben schneiden. Die Kresse waschen, gut abtropfen lassen und die Blättchen von den Stengeln zupfen. Den Rettich und die Kresse auf vier Tellern anrichten.
2. Das Öl mit dem Essig, Senfpulver oder Senf, Pfeffer, Ingwer und Tabasco verrühren, über die Salatzutaten träufeln und zuletzt mit den Sonnenblumenkernen bestreuen.

Vier Portionen zu je:
30 mg Natrium und 110 kcal/462 kJ

Farbtafel 5 ▷
»Schotensalat mit Garnelen«,
»Rindfleischsalat«
und »Bunte Frischkost«
(Rezepte S. 60, 61 und 65)

Tomaten-Grapefruit-Salat

———————— Zutaten ————————

4 Fleischtomaten
2 rote Grapefruits
grüner und roter Pfeffer aus der Mühle
Saft von 1/2 Zitrone
1 EL Balsamessig
1 Msp. Diätsenf
2 EL Sonnenblumenöl
1 Bund Basilikum

———————— Zubereitung ————————

1. Die Tomaten waschen, den Stielansatz entfernen und das Fruchtfleisch in Scheiben schneiden. Die Grapefruits schälen und filieren.
Tomaten und Grapefruitfilets auf vier Tellern anrichten.
2. Mit dem gemischten Pfeffer überstreuen. Den Zitronensaft mit Essig, Senf und Öl verrühren und darüberträufeln. Den Salat zuletzt mit dem grob gehackten Basilikum bestreuen.

Vier Portionen zu je:
9 mg Natrium und 100 kcal/420 kJ

◁ Farbtafel 6
»Linsensalat mit Kresse«
und »Nudelsalat«
(Rezepte S. 67 und 68)

Bunte Frischkost

———————— Zutaten ————————

1 kleine Endivie
1 Möhre
100 g frische Champignons
1 kleine Salatgurke
100 g Sojabohnensprossen
1/2 Bund Zitronenmelisse
1/2 Bund Schnittlauch
Saft von 1 Zitrone
1 Msp. gemahlener Koriander
weißer Pfeffer aus der Mühle
1 TL Diätsenf
4 EL Olivenöl

———————— Zubereitung ————————

1. Die Endivie putzen, waschen, abtropfen lassen und die Blätter etwas zerkleinern. Die Möhre schälen und grob raspeln. Die Champignons putzen, waschen und blättrig schneiden.
2. Die Gurke dünn schälen, längs halbieren, die Kerne herausschaben und das Fruchtfleisch in Scheiben schneiden. Die Sojabohnensprossen waschen und gut abtropfen lassen.
3. Die Kräuter waschen, die Zitronenmelisse von den Stengeln zupfen, den Schnittlauch in Röllchen schneiden. Alle vorbereiteten Zutaten in eine Schüssel geben.
4. Den Zitronensaft mit Koriander, Pfeffer, Senf und Öl verrühren und über den Salat träufeln.
(siehe Farbtafel 5)

Vier Portionen zu je:
34 mg Natrium und 116 kcal/487 kJ

Linsen-Zwiebel-Salat

————————— Zutaten —————————

170 g Linsen
1/4 l Fleischbrühe (siehe Rezept Seite 31)
1 Lorbeerblatt
1 Knoblauchzehe
1 Zweig frischer Thymian
2 große rote Zwiebeln
1/2 kleine Salatgurke
1 großer säuerlicher Apfel
Saft von 1/2 Zitrone
100 g Kalbsbraten, in Scheiben
3 EL Olivenöl
2–3 EL Balsamessig
1–2 EL scharfer Senf
Pfeffer aus der Mühle
1 Prise Zucker
1 Bund glatte Petersilie
1 Bund Schnittlauch

————————— Zubereitung —————————

1. Die Linsen in eine Schüssel geben, mit Wasser bedecken und einige Stunden einweichen. Dann abgießen und in der Brühe zum Kochen bringen.

2. Das Lorbeerblatt, die geschälte Knoblauchzehe und den Thymian hinzufügen und 45 Minuten garen. Danach abgießen, die Gewürze entfernen und die Linsen abkühlen lassen.

3. Die Zwiebeln schälen und in Ringe schneiden. Die Gurke dünn schälen und würfeln. Den Apfel schälen, entkernen und das Fruchtfleisch in feine Stifte schneiden. Sofort mit etwas Zitronensaft beträufeln, damit sie sich nicht verfärben.

4. Den Kalbsbraten in feine Streifen schneiden. Alle vorbereiteten Salatzutaten mit den Linsen vermischen.

5. Das Öl mit dem Essig und dem Senf verrühren, mit Pfeffer und Zucker pikant abschmecken. Die Petersilie und den Schnittlauch waschen und trockenschwenken. Die Petersilienblättchen von den Stengeln zupfen, anschließend zum Salat geben.

6. Die Marinade ebenfalls darunter mischen. Den Schnittlauch in Röllchen schneiden und zum Schluß darüberstreuen.

Vier Portionen zu je:
31 mg Natrium und 250 kcal/1050 kJ

Linsensalat mit Kresse

_____ Zutaten _____

150 g Linsen
1 dünne Stange Lauch
1–2 Knoblauchzehen
1 TL Diätmargarine
1 Zweig Thymian
5 EL Rotwein, 3 EL Rotweinessig
1/2 gerebeltes Lorbeerblatt
1/4 l Wasser oder Fleischbrühe
(siehe Rezept Seite 31)
100 g Brunnenkresse
1 Rezept Sauce vinaigrette
(siehe Rezept Seite 55)

_____ Zubereitung _____

1. Die Linsen 1 bis 2 Stunden einweichen. Den Lauch putzen, waschen und nur den hellen Teil fein schneiden. Den Knoblauch schälen und fein hacken.
2. Die Margarine erhitzen, den Lauch und den Knoblauch darin andünsten. Die abgegossenen Linsen und den Thymian hinzugeben und 5 Minuten dünsten.
3. Den Rotwein, den Essig und das Wasser angießen, das Lorbeerblatt dazugeben und zugedeckt 20 Minuten köcheln. Die Linsen sollten nicht zu weich werden und die Flüssigkeit verdampft sein.
4. Die Brunnenkresse waschen und gut abtropfen lassen. Die Vinaigrette nach Rezept zubereiten, unter die warmen Linsen geben und 15 Minuten ziehen lassen. Zum Schluß die Brunnenkresse untermischen.
(siehe Farbtafel 6)

Vier Portionen zu je:
6 mg Natrium und 190 kcal/798 kJ

Scharfer Reissalat

_____ Zutaten _____

200 g Vollkornreis
3 Zwiebeln
1 Lorbeerblatt
4 EL Olivenöl
Pfeffer aus der Mühle
1 Knoblauchzehe
2 EL Estragonessig
Saft von 1 Zitrone
200 g frische Champignons
250 g rote und grüne Paprikaschoten
1 Peperoni
2 Bund Radieschen
1 Bund Kräuter
(Mischung wie für Grüne Sauce)
50 g geröstete Pinienkerne

_____ Zubereitung _____

1. Den Reis nach Packungsanweisung mit einer geschälten Zwiebel und dem Lorbeerblatt garen, dann die Gewürze entfernen.
2. Das Öl mit dem Pfeffer, dem zerdrückten Knoblauch, Essig und Zitronensaft verrühren. Die restlichen Zwiebeln schälen, fein würfeln, dazugeben und alles mit dem Reis vermischen.
3. Die Champignons putzen, waschen und blättrig schneiden. Den Paprika putzen, waschen und würfeln. Den Peperoni in feine Ringe schneiden. Die Radieschen putzen und achteln.
4. Die Kräuter waschen, hacken und alles unter den Reis mischen. Nochmals abschmecken und mit den Pinienkernen bestreuen.

Vier Portionen zu je:
15 mg Natrium und 358 kcal/1617 kJ

Nudelsalat

Zutaten

1 Zwiebel
2 Gewürznelken
150 g grüne Nudeln
150 g gelbe Nudeln
100 g gekochtes Rindfleisch
oder Roastbeef, in Scheiben
1/2 kleine Salatgurke
1 säuerlicher Apfel
1 rote Zwiebel
1 Bund Radieschen
2 hartgekochte Eier (Gew.-Kl. 4)
3 EL Majonnaise (siehe Rezept Seite 36)
100 g Sahnejoghurt
2 EL Crème fraîche, 30% Fett i.Tr.
Saft von 1/2 Zitrone
2 EL Balsamessig
Pfeffer aus der Mühle
2 EL Diättomatenketchup
Paprika edelsüß
1 TL frisch geriebener Meerrettich
oder Meerrettichchreme
(siehe Rezept Seite 36)
1 Bund Basilikum
1 Bund glatte Petersilie

Zubereitung

1. Die Zwiebel mit den Nelken spicken und ins Kochwasser der Nudeln geben. Diese »al dente«, das heißt bißfest, kochen (siehe Anmerkungen auf Seite 90) und abgießen. Die Zwiebel entfernen und die Nudeln auskühlen lassen.

2. Das Rindfleisch würfeln. Die Gurke dünn schälen, längs halbieren, die Kerne herausschaben und das Fruchtfleisch ebenfalls würfeln.

3. Den Apfel gut waschen, halbieren, entkernen, das Fruchtfleisch würfeln. Die Zwiebel schälen und fein schneiden. Die Radieschen putzen, waschen und in Scheiben hobeln.

4. Alle vorbereiteten Salatzutaten in eine Schüssel geben. Die Eier pellen und achteln. Die Majonnaise mit dem Joghurt und der Crème fraîche verrühren. Mit Zitronensaft, Essig, Pfeffer, Ketchup, Paprika und Meerrettich abschmecken und über den Salat geben.

5. Die Kräuter waschen, abtropfen lassen und hacken. Über den Salat streuen, gut mischen und 20 Minuten ziehen lassen. Nochmals abschmecken und mit den Eiachteln garnieren.
(siehe Farbtafel 6)

Vier Portionen zu je:
80 mg Natrium und 553 kcal/2322 kJ

Warme Gemüsegerichte und eingelegtes Gemüse

Zuckerschotengemüse

Zutaten

800 g Zuckerschoten
1 EL Diätmargarine
weißer Pfeffer aus der Mühle
2–3 EL geschälter Sesamsamen
1 Bund Basilikum

Zubereitung

1. Von den Schoten die Enden abschneiden und dabei entfädeln. Anschließend waschen und gut abtropfen lassen.
2. Die Margarine erhitzen, die Schoten 5 Minuten darin dünsten, dabei den Topf öfters schütteln oder mit einem Holzlöffel vorsichtig umrühren. Mit Pfeffer würzen.
3. Die Sesamsamen in einer Pfanne ohne Fettzugabe goldbraun rösten. Das Basilikum waschen, abtropfen lassen, die Blättchen von den Stengeln zupfen und grob hacken. Mit den Schoten vermischen und zum Schluß den Sesam darüberstreuen.

Vier Portionen zu je:
16 mg Natrium und 170 kcal/714 kJ

Rosenkohlgemüse

Zutaten

750 g Rosenkohl
Saft von 1 Zitrone
100 g Sahne, 30% Fett
Muskatnuß
Pfeffer aus der Mühle

Zubereitung

1. Den Rosenkohl putzen, waschen, die Köpfe halbieren und mit etwas Zitronensaft in wenig kochendem Wasser 15 Minuten garen.
2. Das Gemüse abgießen und mit einem Messer grob hacken. Wieder in den Topf geben, die Sahne unterrühren, erhitzen und mit Zitronensaft, frisch geriebener Muskatnuß und Pfeffer würzen.

Vier Portionen zu je:
16 mg Natrium und 155 kcal/651 kJ

Wildkräuterratatouille

————— Zutaten —————

400 g Brunnenkresse oder Zuchtkresse
400 g Spinatblätter
250 g junge Brennesseln
oder Löwenzahn
4–6 Blatt Bärlauch
oder 1 Knoblauchzehe
100 g frische Champignons
1 TL Diätmargarine
250 g Tomaten
50 g Mascarpone
(italienischer Doppelrahmfrischkäse
mit 60–70% Fett i.Tr.)
oder Crème double
schwarzer Pfeffer, Muskatnuß

————— Zubereitung —————

1. Die Blätter waschen, gut abtropfen lassen und den Bärlauch klein schneiden. Die Champignons putzen, waschen und blättrig schneiden.
2. Die Margarine in einem großen flachen Topf erhitzen und den Bärlauch darin andünsten. Die Champignons dazugeben und 5 Minuten dünsten. Dann die Gemüseblätter hinzufügen und bei geringer Hitze zusammenfallen lassen.
3. Die Tomaten brühen, häuten, längs halbieren, die Kerne herausdrücken und das Fruchtfleisch fein würfeln.
4. Zusammen mit der Mascarpone unter das Gemüse mischen und kurz ziehen lassen. Mit Pfeffer und abgeriebener Muskatnuß würzen.

Vier Portionen zu je:
88 mg Natrium und 148 kcal/621 kJ

Würziger Lauch

————— Zutaten —————

750 g Lauch
2 EL Diätmargarine
1 TL gemahlener Kreuzkümmel
1 TL Kurkumapulver
oder englischer Curry
1 TL fein gehackte Ingwerwurzel
1 TL Gewürzpulver
(siehe Rezept Seite 37)
Saft von 1/2 Zitrone

————— Zubereitung —————

1. Den Lauch putzen, gut waschen und schräg in 3 cm lange Stücke schneiden. Die Margarine in einer Pfanne erhitzen, den Kümmel, Kurkuma und Ingwer hineingeben und kurz anrösten.
2. Den Lauch zufügen und die Pfanne kräftig schütteln. Mit dem Gewürzpulver bestreuen und alles gut vermischen.
3. Zugedeckt etwa 5 Minuten schmoren lassen. Zuletzt mit dem Zitronensaft abschmecken.

Vier Portionen zu je:
9 mg Natrium und 95 kcal/399 kJ

—————**Tip**—————

Dieses Gericht ist der asiatischen Küche entliehen, harmoniert aber auch mit Rezepten aus unseren Breiten. Es paßt besonders gut zu gebratenem Putenfleisch und Meeresfrüchten.

Lecso

_____ Zutaten _____

1 kg rote, grüne und gelbe
Paprikaschoten
250 g Zwiebeln
3 EL Olivenöl
250 g vollreife Tomaten
3–6 EL Essig
1–2 EL Zucker
Diätwürze
Cayennepfeffer

_____ Zubereitung _____

1. Die Paprikaschoten putzen, waschen und in 2 cm große Stücke schneiden. Die Zwiebeln schälen und grob würfeln.
2. Das Öl erhitzen, das Gemüse darin kurz anbraten und zugedeckt 20 Minuten dünsten, eventuell einige Eßlöffel Wasser hinzufügen.
3. Die Tomaten brühen, häuten, längs halbieren, entkernen und das Fruchtfleisch würfeln. Zu dem Gemüse geben und 5 bis 7 Minuten dünsten.
4. Mild oder kräftig würzen. Wenn es kalt als Salat gegessen werden soll, geben Sie mehr Essig hinzu.
(siehe Farbtafel 7)

Vier Portionen zu je:
11 mg Natrium und 170 kcal/714 kJ

_____**Tip**_____

Lecso ist ein ungarisches Paprikagemüse, das warm oder kalt als Salat gegessen wird. Es kann nach Belieben mehr oder weniger scharf und sauer zubereitet werden, läßt sich gut aufheben, einmachen oder einfrieren.

Auberginenfrikassee

_____ Zutaten _____

1 kg Auberginen
300 g Tomaten
2 Zwiebeln
6 EL Olivenöl
100 g Sahne, 30% Fett
schwarzer Pfeffer aus der Mühle
1 TL getrockneter Rosmarin
1 Bund glatte Petersilie

_____ Zubereitung _____

1. Die Auberginen waschen und würfeln. Die Tomaten brühen, häuten, längs halbieren und die Kerne herausdrücken. Das Fruchtfleisch würfeln. Die Zwiebeln schälen und ebenfalls fein würfeln.
2. Das Öl erhitzen, die Zwiebeln und die Auberginen darin andünsten. Die Tomaten hinzufügen und zugedeckt 15 Minuten bei mittlerer Hitze schmoren lassen.
3. Die Sahne angießen und weitere 5 Minuten ziehen lassen. Mit Pfeffer und Rosmarin würzen und mit der grob gehackten Petersilie anrichten.

Vier Portionen zu je:
29,5 mg Natrium und 260 kcal/1092 kJ

_____**Tip**_____

Das Auberginenfrikassee paßt zu Lammfleisch und Schweinekoteletts.

Glasierte Möhren

─────── Zutaten ───────

750 g Möhren
etwas geriebene Schale und Saft
einer unbehandelten Zitrone
2–3 EL Zucker
1 EL Fleischextrakt
(siehe Rezept Seite 32)
oder salzfreier Hefeextrakt
1 EL Butter
weißer Pfeffer aus der Mühle
1 Bund Zitronenmelisse

─────── Zubereitung ───────

1. Die Möhren schälen, in feine Stifte
schneiden und in einen flachen Topf geben. Mit etwas Zitronenschale bestreuen
und mit -saft beträufeln.
2. Den Zucker und den Fleischextrakt
darübergeben. Soviel Wasser angießen,
bis die Möhren eben bedeckt sind.
3. Ein entsprechend großes Stück Alufolie mit der Butter bestreichen, und diese Seite fest auf die Möhren legen. An
den Seiten andrücken, damit alles gut
verschlossen ist. Bei mittlerer Hitze
15 Minuten köcheln, bis alle Flüssigkeit
verkocht ist.
4. Mit Pfeffer würzen. Die Zitronenmelisse waschen, trockenschwenken, die
Blättchen von den Stielen zupfen, fein
zerschneiden und unter die Möhren mischen.

Vier Portionen zu je:
76 mg Natrium und 100 kcal/420 kJ

─────── **Tip** ───────

Glasierte Möhren schmecken lecker zu
Lamm, Kalbfleisch und Geflügel.

Rettichgemüse mit Ingwer

─────── Zutaten ───────

250 g weißer Rettich
250 g roter Rettich
2 Schalotten
1 Stückchen frischer Ingwer
1 TL Diätmargarine
125 g Magerjoghurt
100 g Crème fraîche, 30% Fett i.Tr.
Pfeffer aus der Mühle
1 Prise Zucker
1 TL japanischer Reisessig
oder Zitronensaft
Currymischung (englische oder
selbstgemacht, siehe Rezept Seite 38)
1–2 Tropfen Tabasco

─────── Zubereitung ───────

1. Den Rettich dünn schälen, erst in
Scheiben, dann in Stifte schneiden. Die
Schalotten schälen und würfeln. Den
Ingwer schälen und fein raspeln.
2. Die Margarine in einem Topf erhitzen,
die Schalotten darin glasig dünsten und
den Rettich hinzufügen.
3. Den Joghurt mit der Crème fraîche
verrühren und unter das Gemüse ziehen.
Mit Ingwer, Pfeffer, Zucker, Essig oder
etwas Zitronensaft, einem Hauch Curry
und Tabasco abschmecken.

Vier Portionen zu je:
41 mg Natrium und 140 kcal/588 kJ

─────── **Tip** ───────

Probieren Sie dieses Gemüse mal zu kaltem Fisch oder zu pochierten Eiern.

Feines Rote-Bete-Gemüse

_____ Zutaten _____

750 g rote Bete
1 Bund Frühlingszwiebeln
1 EL Diätmargarine
5 EL Fleisch- oder Gemüsebrühe
(siehe Rezepte Seite 31 oder 29)
Pfeffer aus der Mühle
1 Prise gemahlener Kümmel
1 TL Zucker
3 EL Crème fraîche, 30% Fett i.Tr.
1 EL frisch geriebener Meerrettich
etwas Zitronensaft
1/2 Bund glatte Petersilie

_____ Zubereitung _____

1. Die roten Bete waschen, schälen und würfeln. Anschließend die Frühlingszwiebeln putzen, waschen und in feine Ringe schneiden.
2. Die Margarine erhitzen, das Gemüse darin andünsten und mit der Brühe ablöschen. Mit Pfeffer, Kümmel und Zucker würzen und das Ganze zugedeckt 20 Minuten garen.
3. Die Crème fraîche mit dem Meerrettich und etwas Zitronensaft verrühren und unter das Gemüse ziehen. Nochmals abschmecken und mit der grob gehackten Petersilie bestreuen.

Vier Portionen zu je:
93 mg Natrium und 145 kcal/609 kJ

_____**Variation**_____

Geben Sie das Gemüse in eine feuerfeste Form, bestreuen es mit etwas fein geriebenem Gouda oder Emmentaler und gratinieren es kurz im Ofen oder unter dem Grill.

Rübenmus mit Zwiebeln

_____ Zutaten _____

800 g Steckrüben
1 Zwiebel
2 Gewürznelken
1 Lorbeerblatt
1 Bund Suppengrün
1 l Gemüsebrühe (siehe Rezept Seite 29)
100 g Crème fraîche, 30% Fett i.Tr.
weißer Pfeffer aus der Mühle
Diätwürze, 1 große Zwiebel
1 EL Diätmargarine

_____ Zubereitung _____

1. Die Steckrüben schälen und würfeln. Die Zwiebel mit den Nelken spicken, mit dem Lorbeerblatt und dem gewaschenen Suppengrün zur Brühe geben und diese zum Kochen bringen. Die Rüben hinzufügen und bei mittlerer Hitze 30 Minuten garen.
2. Die Rüben und das Suppengrün aus der Brühe nehmen. Das Garn vom Suppengrün entfernen und das Gemüse mit 5 Eßlöffeln Brühe pürieren.
3. Das Püree wieder in den Topf geben und mit Crème fraîche vermischen, einmal aufkochen lassen und mit Pfeffer und Diätwürze abschmecken.
4. Die Zwiebel schälen, fein würfeln und in der erhitzten Margarine goldbraun rösten und auf dem Rübenmus anrichten.
(siehe Farbtafel 7)

Vier Portionen zu je:
16 mg Natrium und 185 kcal/777 kJ

_____**Tip**_____

Dieses Mus schmeckt besonders lecker zu Lamm- oder Schweinefleisch.

Chinesisches Pilzgemüse

———————— Zutaten ————————

350 g frische Champignons
350 g Austernpilze
1 Bund Frühlingszwiebeln
2 EL Sonnenblumenöl
1 Stückchen frischer Ingwer
oder 1/2 TL Ingwerpulver
1–2 Knoblauchzehen
Saft von 1/2 Zitrone
Pfeffer aus der Mühle

———————— Zubereitung ————————

1. Die Champignons putzen, waschen und achteln. Die Austernpilze in mundgerechte Stücke schneiden.
2. Die Frühlingszwiebeln putzen, waschen, halbieren und in 4 cm lange Stücke schneiden.
3. Das Öl in einer Pfanne erhitzen, die Zwiebeln und die Pilze darin 4 bis 6 Minuten braten. Mit dem geschälten und geraspelten Ingwer, dem zerdrückten Knoblauch, etwas Zitronensaft und Pfeffer würzen.

Vier Portionen zu je:
23 mg Natrium und 90 kcal/378 kJ

———————— **Variation** ————————

Aus diesem Gemüse läßt sich unter Zugabe von Hähnchenfleischstreifen und gekochtem Reis im Nu ein vollwertiges Mittagessen zaubern.

Wirsinggemüse mit Steinpilzen

———————— Zutaten ————————

800 g junger Wirsingkohl
300 g frische oder 30 g getrocknete
Steinpilze
4 EL Sonnenblumenöl
4 Knoblauchzehen
1 Zweig frischer Rosmarin
1 frisches Salbeiblatt
1/2 l Hühnerfond (siehe Tip zu hellem
Kalbsfond, Rezept Seite 30) oder
Instanthühnerbrühe, natriumarm
Pfeffer aus der Mühle
1 Msp. gemahlener Kümmel
Saft von 1/2 Zitrone

———————— Zubereitung ————————

1. Die Wirsingblätter waschen, die Mittelrippen herausschneiden und die Blätter in breite Streifen zerteilen. Die Pilze putzen und in Stücke schneiden.
2. Das Öl in einem Topf erhitzen, die geschälten Knoblauchzehen, den Rosmarin und den Salbei kurz darin andünsten. Der Knoblauch darf keine Farbe nehmen. Die Gewürze aus dem Öl nehmen und die Pilze darin andünsten.
3. Den Wirsing hinzufügen, die Brühe angießen und zugedeckt 40 Minuten bei schwacher Hitze köcheln lassen.
4. Mit Pfeffer, etwas Kümmel und Zitronensaft pikant abschmecken.
(siehe Farbtafel 7)

Vier Portionen zu je:
5 mg Natrium und 150 kcal/630 kJ

Spargel mit Kräutercreme

1 kg Spargel
2 l Wasser
2 Stückchen Zucker
1 TL Butter
1 kräftiger Schuß Estragonessig
2 hart gekochte Eier (Gew.-Kl. 4)
2 EL Sonnenblumenöl
100 g Crème fraîche, 30% Fett i.Tr.
3 EL Magerquark
2 EL glatte Petersilie
2 EL Kerbel
1 EL Dillspitzen
1 EL Zitronenmelisse
1 EL Basilikum
1 EL frischer Estragon
2 Schalotten
Pfeffer aus der Mühle
1 Knoblauchzehe
Saft von 1/2 Zitrone

1. Den Spargel dünn schälen, das untere Ende abschneiden und die Stangen in einen Drahtsiebeinsatz geben.
2. Das Wasser mit dem Zucker, der Butter und dem Essig zum Kochen bringen, den Spargel einhängen und 15 Minuten garen. Herausnehmen und abtropfen lassen.
3. Die Eier pellen, halbieren, das Eigelb mit einer Gabel zerdrücken und mit dem Öl verrühren. Crème fraîche und Quark hinzugeben, verrühren und die gehackten Kräuter unterziehen.
4. Die Schalotten schälen, fein hacken und dazugeben. Die Kräutercreme mit Pfeffer, zerdrücktem Knoblauch und Zitronensaft abschmecken.
5. Das hart gekochte Eiweiß grob hacken. Den Spargel mit der Creme überziehen und mit dem Eiweiß bestreuen.

Vier Portionen zu je:
41 mg Natrium und 230 kcal/966 kJ

_____**Tip**_____

Hierzu passen und schmecken am besten frische Pellkartoffeln.

Fruchtiges Mischgemüse

—————— Zutaten ——————

350 g Keniabohnen
250 g Möhren
1 große Zwiebel
1 TL Diätmargarine
1/5 l Gemüsebrühe
(siehe Rezept Seite 29)
Pfeffer aus der Mühle
1 Prise Zucker
200 g Äpfel
1 Handvoll Kerbel oder
1 Bund glatte Petersilie
Muskatnuß
Saft von 1 Zitrone

—————— Zubereitung ——————

1. Die Bohnen putzen, waschen und 5 Minuten in Wasser garen, abgießen und abtropfen lassen.
2. Die Möhren schälen und auf einer Rohkostreibe grob raspeln. Die Zwiebel schälen und fein würfeln.
3. Die Margarine erhitzen, die Zwiebeln darin glasig dünsten, die Möhren hinzufügen und 2 Minuten schmoren.
4. Die Bohnen dazugeben, die Brühe angießen und mit Pfeffer und Zucker würzen. Zugedeckt bei mäßiger Hitze 12 Minuten garen.
5. Die Äpfel schälen, entkernen, in feine Streifen schneiden, unter das Gemüse geben und 2 Minuten mitdünsten.
6. Die Kräuter waschen und hacken. Das Gemüse mit Muskatnuß und etwas Zitronensaft abschmecken und mit den Kräutern bestreuen.

Vier Portionen zu je:
25 mg Natrium und 105 kcal/441 kJ

Scharfes Gurkengemüse

—————— Zutaten ——————

50 g frischer Rückenspeck (ungesalzen)
2 Zwiebeln
1 TL Diätmargarine
1 EL Senfkörner
1 Stückchen frischer Ingwer
2 Salatgurken
1/5 l Fleisch- oder Gemüsebrühe
(siehe Rezept Seite 31 oder 29)
Zucker
Cayennepfeffer
Essig
1 Bund Dill

—————— Zubereitung ——————

1. Den Speck würfeln. Die Zwiebeln schälen und hacken. Die Margarine erhitzen, erst den Speck darin anbraten und dann die Zwiebeln hinzufügen.
2. Die Senfkörner unterrühren und weiter braten, bis sie anfangen zu springen. Den Ingwer schälen, fein raspeln und dazugeben.
3. Die Gurken dünn schälen, längs halbieren, die Kerne mit einem Löffel herauskratzen und die Gurkenhälften in Scheiben schneiden.
4. Die Gurken zu der Speck-Zwiebel-Masse geben, 5 Minuten dünsten und die Brühe angießen. Mit Zucker, Pfeffer und Essig abschmecken. Zugedeckt 5 Minuten schmoren lassen. Den Dill waschen, die Spitzen abzupfen und zum Gemüse geben.

Vier Portionen zu je:
16 mg Natrium und 55 kcal/231 kJ

Sellerie-Mark-Scheiben auf Gemüse

_____ Zutaten _____

350 g Knollensellerie
1/2 l salzarme Instant-Gemüsebrühe
2 große Markknochen
250 g Zwiebeln
1 EL Crème fraîche, 30% Fett i.Tr.
weißer Pfeffer aus der Mühle
4 TL Sesamsamen
350 g Fenchel
350 g Möhren
Diätwürze
1 Bund glatte Petersilie

_____ Zubereitung _____

1. Den Sellerie waschen, schälen und in fingerdicke Scheiben schneiden. In der Brühe 15 Minuten garen.
2. Die Markknochen in ein Sieb geben und kurz über der kochenden Brühe erwärmen. Den Sellerie abtropfen lassen und die Brühe auffangen.
3. Die Zwiebeln schälen, achteln und in der Brühe 10 Minuten garen. Mit einem Schaumlöffel herausheben und pürieren. Die Crème fraîche unterziehen und mit dem Pfeffer würzen.

4. Die Selleriescheiben mit dem Zwiebelpüree bestreichen, das Mark in die Mitte setzen und mit dem Sesam bestreuen.
5. Den Fenchel und die Möhren putzen, in mundgerechte Stücke teilen und getrennt in Alufolie einwickeln. In kochendem Wasser 15 bis 20 Minuten garen.
6. Die Selleriescheiben unter dem Grill 5 Minuten überbacken. Das Gemüse aus der Folie nehmen, würzen, mit der grob gehackten Petersilie bestreuen und die Sellerie-Mark-Scheiben darauf anrichten.

Vier Portionen zu je:
97 mg Natrium und 263 kcal/1104 kJ

_____**Tip**_____

Bei diesem Gericht kann man gut auf eine Fleisch-, Fisch- oder Eierbeilage verzichten. Am besten reicht man nur gebratenen Vollkornreis, Hülsenfrüchte oder gekochten Dinkel dazu.

Zucchini und Champignons in Vinaigrette

―――――――― Zutaten ――――――――

500 g Zucchini
300 g frische Champignons
3 Knoblauchzehen
3 EL Olivenöl
grober schwarzer Pfeffer
0,1 l trockener Weißwein
Saft von 1 Zitrone
1–2 Bund frischer Majoran

―――――――― Zubereitung ――――――――

1. Die Zucchini waschen, den Blütenansatz entfernen und die Früchte in feine Stifte oder Scheiben schneiden.
2. Die Champignons putzen, waschen und in Scheiben schneiden. Den Knoblauch schälen und ebenfalls in dünne Scheibchen teilen.
3. Das Öl in einer Pfanne erhitzen, zuerst die Zucchini kurz von allen Seiten darin anbraten und herausnehmen, dann die Champignons anbraten, herausnehmen und mit den Zucchini auf einer Platte anrichten. Mit grobem Pfeffer bestreuen.
4. Die Knoblauchscheiben in dem Bratenfett kurz erhitzen, mit dem Wein und der ausgepreßten Zitrone ablöschen. Den Majoran waschen, trockenschwenken und die abgezupften Blättchen über das Gemüse streuen und den Weinsud darübergießen.

Vier Portionen zu je:
10 mg Natrium und 127 kcal/533 kJ

―――――――――**Variation**――――――――

Geben Sie noch etwas frischen, fein gehobelten Parmesan über das Gemüse.

Gebackene Tomaten mit Rosmarin

―――――――― Zutaten ――――――――

4 Fleischtomaten (etwa 1 kg)
1 TL Butter oder Diätmargarine
3 frische Zweige Rosmarin
2–3 Knoblauchzehen
2 EL Olivenöl
1 Bund glatte Petersilie
1 EL Pinienkerne
oder Sonnenblumenkerne
1 TL grüne Pfefferkörner

―――――――― Zubereitung ――――――――

1. Die Tomaten waschen, den Stielansatz entfernen und die Oberflächen kreuzweise etwa 1 cm tief einschneiden. Eine flache Auflaufform mit dem Fett auspinseln und die Tomaten hineinsetzen.
2. Die Nadeln von den Rosmarinzweigen zupfen und hacken. Den Knoblauch schälen, klein schneiden und auspressen, mit dem Rosmarin vermischen und dem Öl verrühren.
3. Die Petersilie waschen, fein hacken und hinzufügen. Die Pinienkerne und die Pfefferkörner mit einem breiten Messerrücken zerquetschen und alles unter die Kräutercreme mischen.
4. Die Tomateneinschnitte etwas auseinanderdrücken, mit der Creme füllen und im vorgeheizten Backofen bei 180° C 20 Minuten backen.
(siehe Farbtafel 8)

Vier Portionen zu je:
11 mg Natrium und 127 kcal/533 kJ

Spinatpie

_____ Zutaten _____

375 g Weizenmehl, Type 405
1 TL Puderzucker
130 g Butter oder Diätmargarine
1/8 l Wasser
700 g Spinat oder Mangold
400 g Tomaten
3 Schalotten
3 EL Olivenöl
3 Knoblauchzehen
3 EL Crème fraîche, 30% Fett i.Tr.
Pfeffer aus der Mühle
Muskatnuß
Piment
frischer Majoran
2–3 EL Milch

_____ Zubereitung _____

1. Das Mehl mit dem Puderzucker in eine Schüssel sieben und in die Mitte eine Mulde drücken.
2. Das Fett mit dem Wasser aufkochen und die heiße Flüssigkeit in die Mehlmulde gießen. Alles zu einem glatten Teig verarbeiten und zugedeckt an einem warmen Ort 15 Minuten ruhen lassen.
3. Den Spinat verlesen, waschen und in kochendem Wasser kurz blanchieren. Unter kaltem Wasser abschrecken, gut abtropfen lassen und grob hacken.
4. Die Tomaten brühen, häuten, längs halbieren, die Kerne herausdrücken und das Fruchtfleisch klein würfeln.
5. Die Schalotten schälen und fein würfeln. Das Öl in einer Pfanne erhitzen, die Schalotten darin glasig dünsten und die Tomaten und den Spinat hinzufügen. Den Knoblauch schälen und in das Gemüse pressen.

6. Unter Rühren alles 2 Minuten schmoren, die Crème fraîche unterrühren, würzen und abkühlen lassen.
7. Den Teig in zwei Hälften teilen. Jedes Teil auf einer bemehlten Arbeitsfläche zu einer runden Platte – entsprechend der Größe Ihrer Auflaufform – ausrollen.
8. Den Boden einer gefetteten Auflaufform mit dem Teig auslegen, das Gemüse darauf verteilen und mit der zweiten Teigplatte abdecken. Mit der Milch bestreichen und im vorgeheizten Backofen bei 200°C auf der mittleren Schiene 40 bis 45 Minuten goldbraun backen und warm servieren.
(siehe Farbtafel 8)

Zwölf Stücke zu je:
27 mg Natrium und 255 kcal/1071 kJ

_____ **Tip** _____

Dazu schmeckt besonders gut eine Kräutersauce, wie die Frankfurter Grüne Sauce (siehe Rezept Seite 54).

Tomatenflan

──────── Zutaten ────────

350 g reife Tomaten
1 Schalotte
1 TL Butter oder Diätmargarine
1 Bund Basilikum, Diätwürze
weißer Pfeffer aus der Mühle
2 Eiweiß (Gew.-Kl. 2)
3 EL Sahnequark, 40% Fett i.Tr.
Fett für die Form

──────── Zubereitung ────────

1. Die Tomaten brühen, häuten, den Stielansatz entfernen und das Tomatenfleisch achteln. Die Schalotte schälen und fein würfeln.

2. Das Fett erhitzen und die Schalottenwürfel darin andünsten. Die Tomaten hinzufügen und kurz köcheln lassen.

3. Das Basilikum waschen, die Blättchen von den Stielen zupfen, zusammen mit den Tomaten pürieren und mit den Gewürzen abschmecken.

4. Die Eiweiße und den Quark unterrühren. Vier kleine feuerfeste Förmchen einfetten und die Gemüsecreme bis knapp unter den Rand einfüllen.

5. Eine Auflaufform oder die Fettpfanne des Backofens halbvoll mit Wasser füllen und die Förmchen hineinstellen. Im vorgeheizten Backofen bei 180°C 20 bis 25 Minuten garen. Die Flans sind gut, wenn sie sich beim Antippen mit den Fingern elastisch fest anfühlen.

6. Auf vorgewärmte Teller stürzen und mit einer Koriandersauce (siehe Rezept Seite 51) anrichten.

Vier Portionen zu je:
30 mg Natrium und 45 kcal/189 kJ

Lauch-Zwiebel-Flan

──────── Zutaten ────────

250 g Lauch
1 TL klare Instant-Hühnerbrühe,
natriumarm
1 TL Butter oder Diätmargarine
3 Frühlingszwiebeln
4 EL Sahne, 30% Fett
Muskatnuß, weißer Pfeffer
1 Ei und 1 Eigelb (Gew.-Kl. 2)
Fett für die Form

──────── Zubereitung ────────

1. Den Lauch putzen, waschen und in 1 cm lange Stücke schneiden. Mit 1 Tasse Wasser und der Brühe in einen Topf geben und 5 Minuten darin köcheln.

2. Das Fett erhitzen, die Zwiebeln klein schneiden und darin andünsten.

3. Den Lauch aus der Brühe heben, die Brühe durchsieben und auffangen. Den Lauch zu den Zwiebeln geben. Mit der Sahne ablöschen aufkochen lassen.

4. Das Gemüse pürieren, mit Muskatnuß und Pfeffer würzen. Das Ei mit dem Eigelb verquirlen und darunterziehen.

5. Vier kleine feuerfeste Förmchen leicht ausfetten und die Gemüsemasse bis knapp unter den Rand einfüllen. In die mit Wasser gefüllte Fettpfanne des Backofens stellen und im vorgeheizten Backofen bei 180°C 25 bis 30 Minuten garen.

Vier Portionen zu je:
27 mg Natrium und 128 kcal/537 kJ

Farbtafel 7
»Lecso«, »Rübenmus mit Zwiebeln«,
»Wirsinggemüse mit Steinpilzen«
(Rezepte S. 71, 73 und 74)

Gratinierter Rosenkohl

Zutaten

*500 g Rosenkohl, 250 g Tomaten
1 EL Butter oder Diätmargarine
Muskatnuß, Pfeffer
Saft von 1/2 Zitrone
100 g Crème fraîche, 30% Fett i.Tr.
100 g Magerjoghurt
1 Bund glatte Petersilie
3 EL frisch geriebener Emmentaler*

Zubereitung

1. Den Rosenkohl putzen, waschen und in wenig kochendem Wasser oder in Alufolie verpackt in kochendem Wasser 15 bis 20 Minuten garen. Abgießen und abtropfen lassen.

2. Die Tomaten brühen, häuten, längs halbieren, die Kerne herausdrücken und das Fruchtfleisch würfeln.

3. Eine Auflaufform mit dem Fett ausstreichen. Den Rosenkohl und die Tomaten hineingeben und mit geriebener Muskatnuß, Pfeffer und Zitronensaft würzen.

4. Die Crème fraîche mit dem Joghurt verrühren. Die Petersilie fein hacken, unter die Creme geben und über das Gemüse ziehen.

5. Zuletzt mit dem Käse bestreuen, im vorgeheizten Backofen bei 180°C 15 bis 20 Minuten gratinieren. Das Gemüse zu Geflügel oder Schweinenacken reichen.

Vier Portionen zu je:
22 mg Natrium und 168 kcal/705 kJ

◁ *Farbtafel 8
»Gebackene Tomaten mit Rosmarin«,
»Spinatpie« und »Sauerampfersoufflé«
(Rezepte S. 78, 79 und 82)*

Überbackene Sahne-Käse-Zwiebeln

Zutaten

*750 g Zwiebeln
2 EL Diätmargarine
Pfeffer aus der Mühle
1 Prise geriebene Muskatnuß
frischer Thymian
100 g Crème fraîche, 30% Fett i.Tr.
100 g Sahne, 30% fett
50 g geriebener Emmentaler,
45% Fett i.Tr.
4 EL Sesamsamen*

Zubereitung

1. Die Zwiebeln schälen und in Ringe schneiden. Die Margarine erhitzen und die Zwiebeln darin glasig dünsten. Mit Pfeffer, Muskatnuß und einigen Thymianblättchen würzen.

2. Vier feuerfeste Förmchen mit der Zwiebelmasse füllen. Die Crème fraîche mit der Sahne verquirlen und über die Zwiebeln verteilen.

3. Zuerst mit dem Käse, dann mit dem Sesam bestreuen und im vorgeheizten Backofen bei 200°C 20 bis 25 Minuten überbacken.

Vier Portionen zu je:
94 mg Natrium und 380 kcal/1596 kJ

Tip

Sahne-Käse-Zwiebeln sind eine leckere, aber gehaltvolle Vorspeise, der nur ein leichter Hauptgang folgen sollte.

Kerbel-Zwiebel-Gratin

2 Frühlingszwiebeln
1 TL Diätmargarine
500 g gekochte Pellkartoffeln
(mehlige Sorte)
1/4 l Milch
1 EL Crème fraîche, 30% Fett i.Tr.
weißer Pfeffer aus der Mühle
Muskatnuß
1 EL Butter
2 Eier (Gew.-Kl. 3)
50 g frischer Kerbel
2 EL frisch geriebener Parmesan (10 g)

———————— Zubereitung ————————

1. Die Zwiebeln putzen, waschen und mit dem Grün in sehr feine Würfelchen schneiden. Die Margarine erhitzen, die Zwiebeln 5 Minuten darin dünsten und vom Herd nehmen.
2. Die Kartoffeln pellen und durch eine Kartoffelpresse drücken. Die Milch leicht erwärmen, zu den Kartoffeln gießen und zu einem cremigen Püree verschlagen.
3. Die Crème fraîche mit Pfeffer und einem Hauch Muskatnuß würzen und mit der Butter und den Eiern schaumig schlagen. Den Kerbel waschen, abtropfen lassen, fein hacken und hinzufügen.
4. Zusammen mit den Zwiebeln unter den Kartoffelbrei mischen. In eine gefettete Auflaufform geben, glattstreichen, mit dem Käse bestreuen und im vorgeheizten Backofen bei 200°C 20 Minuten gratinieren.

Vier Portionen zu je:
88 mg Natrium und 250 kcal/1050 kJ

Sauerampfersoufflé

———————— Zutaten ————————

400 g Sauerampfer oder Spinat
2 Zwiebeln
40 g Butter oder Diätmargarine
30 g Mehl, Type 405
1/4 l Vollmilch
1 Gewürznelke, Pfeffer
3 Eier (Gew.-Kl. 3)
1 Spritzer Zitronensaft

———————— Zubereitung ————————

1. Den Sauerampfer waschen, verlesen und gut abtropfen lassen.
2. Eine Zwiebel schälen, fein hacken und in 10 g Fett glasig dünsten. Den Sauerampfer hinzufügen, 3 Minuten mitdünsten und alles im elektrischen Mixer pürieren.
3. Das restliche Fett in einem Topf schmelzen, Mehl dazugeben und sofort mit der Milch ablöschen. Die zweite Zwiebel schälen und klein schneiden, zusammen mit der Gewürznelke zur Mehlschwitze geben und cremig einkochen.
4. Die Sauce durch ein Sieb streichen und mit etwas Pfeffer und einem Spritzer Zitronensaft würzen. Das Gemüsepüree und die getrennten Eigelbe unterrühren.
5. Die Eiweiße schnittfest schlagen und vorsichtig unter die Masse ziehen. In eine gefettete Auflaufform füllen und im vorgeheizten Backofen bei 200°C 20 bis 25 Minuten backen.
(siehe Farbtafel 8)

Vier Portionen zu je:
77 mg Natrium und 230 kcal/966 kJ

Kohlrouladen

───────── Zutaten ─────────

600 g Weißkohl
2 TL Kümmel
150 g Vollkornreis
100 g Zwiebeln
100 g frische Champignons
100 g Tomaten
100 g Emmentaler, 45% Fett i.Tr.
Pfeffer aus der Mühle
1 P. Kräuter der Provence, tiefgekühlt
2 EL Sonnenblumenöl
1/4 l Fleischbrühe (siehe Rezept
Seite 31) oder Wasser
1–2 EL Tomatenmark (siehe Rezept
Seite 33) oder Diättomatenketchup
1 Beutel Instant-Bratensauce,
natriumarm
1/2 TL Senf (siehe Rezept Seite 35)
1 Prise Zucker
100 g Sauerrahm, 10% Fett

─────── Zubereitung ───────

1. Den Strunk des Kohlkopfes keilförmig herausschneiden. Den Kohl zusammen mit dem Kümmel in Wasser kochen, bis sich die äußeren Blätter abziehen lassen.
2. Abgießen, abtropfen lassen und die Blätter lösen. Die Mittelrippe flach schneiden.
3. Den Reis nach Packungsanweisung kochen. Die Zwiebeln schälen und fein würfeln. Die Champignons putzen, waschen, grob hacken und fein würfeln.
4. Die Tomaten brühen, häuten, die Kerne herausdrücken und das Fruchtfleisch würfeln. Die Zwiebeln, Pilze, Tomaten und den Käse unter den Reis mischen, die Kräuter hinzufügen und mit Pfeffer abschmecken.
5. Jeweils 2 bis 3 Kohlblätter ineinanderlegen, etwas von der Reisfüllung daraufhäufeln und zu einer Roulade zusammenrollen. Mit Zwirn umwickeln. Den restlichen Kohl fein hacken und mit den Rouladen schmoren.
6. Das Öl in einem Bräter erhitzen und die Rouladen von allen Seiten kräftig darin anbraten. Mit der Brühe oder dem Wasser angießen und zugedeckt 40 bis 45 Minuten schmoren. Herausnehmen und warm stellen.
7. Den Bratenfond mit dem Tomatenmark verrühren, eventuell noch etwas Flüssigkeit hinzugeben und mit dem Saucenpulver binden. Mit Senf, Pfeffer und Zucker abschmecken und mit Sauerrahm abrunden.

Vier Portionen zu je:
172 mg Natrium und 290 kcal/1218 kJ

83

Gemüsestew

────────── Zutaten ──────────

700 g Weißkohl
250 g Möhren
je 300 g Lauch, Knollensellerie
und Kartoffeln
1 EL Kümmel
3 Eier (Gew.-Kl. 3)
1/4 l Milch
weißer Pfeffer, Muskatnuß
1 Bund gemischte Kräuter
3 EL geriebener Emmentaler,
45% Fett i.Tr.
2 EL Sesamsamen

────────── Zubereitung ──────────

1. Das Gemüse putzen, waschen, klein schneiden und blanchieren. Die Kartoffeln waschen, schälen, würzen und zusammen mit dem Kümmel im Dampf bißfest garen.
2. Die Eier mit der Milch verquirlen, mit dem Pfeffer und etwas geriebener Muskatnuß würzen. Die Kräuter waschen, trockenschwenken, hacken und in die Eiermilch geben.
3. Das Gemüse und die Kartoffeln in eine Auflaufform schichten und mit der Kräutermilch übergießen. Mit dem Käse und dem Sesam bestreuen und im vorgeheizten Backofen bei 175°C 45 Minuten backen.

Vier Portionen zu je:
150 mg Natrium und 280 kcal/1176 kJ

──────────Tip──────────

Dazu schmeckt eine Kerbelsauce (siehe Rezept Seite 49).

Italienisches Bohnengemüse

────────── Zutaten ──────────

500 g grüne Bohnen
200 g Tomaten
125 g frische Champignons
1 Zwiebel
3 EL Olivenöl
weißer Pfeffer aus der Mühle
1/2 TL getrockneter Oregano
1 Bund Basilikum

────────── Zubereitung ──────────

1. Die Bohnen putzen, waschen und einmal durchbrechen. Die Tomaten brühen, häuten, die Stielansätze entfernen und achteln.
2. Die Champignons putzen, waschen und blättrig schneiden. Die Zwiebel schälen und fein hacken. Das Öl erhitzen und die Zwiebel, Bohnen und Champignons darin andünsten. Die Tomaten hinzufügen, 10 Minuten köcheln und Pfeffer und Oregano dazugeben.
3. Das Basilikum waschen, abtropfen lassen, die Blättchen von den Stengeln zupfen, fein schneiden und unter das fertige Gemüse geben.

Vier Portionen zu je:
7 mg Natrium und 115 kcal/483 kJ

──────────Tip──────────

Das Bohnengemüse paßt zu Schnitzeln, Steaks und gebratenem Geflügel.

Kichererbsentopf

Zutaten

200 g Kichererbsen
1 l Gemüsebrühe (siehe Rezept Seite 29)
1 P. Kräutermischung, tiefgekühlt
250 g mageres Lammfleisch
1 EL Olivenöl
1 große Zwiebel
2 Möhren
200 g Kartoffeln
1 Fenchelknolle
2 Zweige Rosmarin
1 Zweig Thymian
2 Salbeiblättchen
1 Lorbeerblatt
250 g Tomaten
Pfeffer aus der Mühle
gemahlener Majoran
1–2 Knoblauchzehen
1 Bund glatte Petersilie

Zubereitung

1. Die Kichererbsen über Nacht einweichen. Am nächsten Tag abgießen und in 3/4 l Brühe zusammen mit den Kräutern 50 bis 60 Minuten kochen.
2. Das Fleisch würfeln. Das Öl erhitzen und das Fleisch darin kräftig anbraten. Die Zwiebel schälen, würfeln und hinzufügen.
3. Die Möhren und die Kartoffeln schälen und würfeln. Den Fenchel putzen und klein schneiden, das zarte Grün fein hakken und beiseite stellen. Das Gemüse und die Kartoffeln zum Fleisch geben und 5 Minuten dünsten.
4. Die Kräuter und Gewürze hinzufügen, mit der restlichen Brühe ablöschen und zugedeckt 45 Minuten garen.
5. Die Tomaten brühen, häuten, entkernen und achteln. Die Fleisch-Gemüse-Mischung unter die Kichererbsen geben, die Tomaten hinzufügen und mit Pfeffer, Majoran und zerdrücktem Knoblauch abschmecken.
6. Zum Schluß mit der grob gehackten Petersilie bestreuen.

Vier Portionen zu je:
100 mg Natrium und 420 kcal/1764 kJ

Linsen-Meerrettich-Topf

Zutaten

300 g Linsen
1 P. Kräutermischung, tiefgekühlt
2 Zwiebeln
30 g frischer Rückenspeck, ungesalzen
1 EL Diätmargarine
1 Bund Suppengrün
250 g Kartoffeln
250 g Lauch
Pfeffer aus der Mühle
1 Lorbeerblatt
1 Knoblauchzehe
1 großer säuerlicher Apfel
3/4 l Fleischbrühe (siehe Rezept Seite 31)
Zucker
Essig
Senf (siehe Rezept Seite 35)
Diätketchup
100 g Sahne, 30% Fett
Saft von 1/2 Zitrone
1 Stück frische Meerrettichwurzel
(ca. 5 cm lang)
1 Bund Schnittlauch

Zubereitung

1. Die Linsen zusammen mit den Kräutern einige Stunden einweichen. Die Zwiebeln schälen und würfeln. Den Speck klein schneiden.

2. Die Margarine erhitzen, den Speck darin auslassen, die Zwiebeln hinzufügen und andünsten.

3. Das Suppengrün, die Kartoffeln und den Lauch putzen beziehungsweise schälen, waschen und in Würfel schneiden, zu den Zwiebeln geben und 5 Minuten dünsten.

4. Die Linsen mit dem Einweichwasser hinzufügen, mit Pfeffer, dem fein zerriebenen Lorbeerblatt und dem zerdrückten Knoblauch würzen.

5. Den Apfel schälen, entkernen, würfeln und zu den Linsen geben. Die Brühe angießen und zugedeckt 40 bis 45 Minuten garen.

6. Die Suppe mit Zucker, Essig, Senf und Ketchup pikant abschmecken. Die Sahne steif schlagen, mit einer Prise Zucker und einigen Tropfen Zitronensaft würzen.

7. Den Meerrettich schälen, reiben und sofort unter die Sahne ziehen. Das Linsengericht auf vier Teller geben und die Meerrettichsahne darauf verteilen. Mit Schnittlauchröllchen bestreuen.

Vier Portionen zu je:
10 mg Natrium und 415 kcal/1743 kJ

Tip

Dazu schmecken Knoblauchwürstchen gut. Wer streng salzarm essen muß, sollte ein Diätwürstchen bevorzugen.

Eingelegtes Schmorgemüse

———————— Zutaten ————————

250 g Zwiebeln
400 g rote Paprikaschoten
500 g Zucchini
9 EL Olivenöl
Pfeffer aus der Mühle
2–3 frische Zweige Thymian
2–3 frische Zweige Majoran
2–3 frische Zweige Rosmarin
1 Flasche Tomatenketchup
(siehe Rezept Seite 34)
5 EL Rotweinessig
5 Knoblauchzehen

———————— Zubereitung ————————

1. Die Zwiebeln schälen und achteln. Den Paprika putzen, waschen und in breite Streifen schneiden. Die Zucchini waschen, den Blütenansatz entfernen und das Gemüse in 1 cm dicke Scheiben schneiden.
2. 6 Eßlöffel Öl in einem Topf erhitzen und die Zwiebeln darin glasig dünsten. Das übrige Gemüse hinzufügen und mit dem Pfeffer würzen. Die Gewürzkräuter hinzugeben und zugedeckt 5 bis 7 Minuten leise köcheln lassen. Mit dem Ketchup und dem Essig aromatisieren.
3. Den Knoblauch schälen, fein hacken und zum Gemüse geben. Weitere 5 Minuten dünsten lassen.
4. Das Gemüse abschmecken und ausgekühlt in vorbereitete Gläser füllen. Mit dem restlichen Öl bedecken und kühl und dunkel bis zu 4 Tagen aufbewahren.

Eine Portion (= 100 g) enthält:
3 mg Natrium und 98 kcal/411 kJ

——————————**Tip**——————————

Dieses Gemüse kann auch warm – also gleich vom Herd – gegessen werden und paßt dann zu pochiertem oder gebratenem Kalbsbries und Leber.
Kalt schmeckt es gut zu Fisch und Eiern oder als Belag auf kernigem Vollkornbrot.

Eingelegte Gurken

Zutaten

6 Einlegegurken oder 1 kg Salatgurken
250 g Schalotten oder kleine Zwiebeln
50 g frischer Ingwer
3 Lorbeerblätter
2–3 EL Senfkörner
1–2 TL Pfefferkörner
1/2 l Estragonessig
1/8 l Wasser
100 g Zucker
2 Bund Dill

Zubereitung

1. Die Gurken sorgfältig unter heißem Wasser abspülen und in fingerdicke Scheiben schneiden. Die Schalotten und den Ingwer schälen und beides in feine Scheiben schneiden.

2. Die restlichen Zutaten, bis auf den Dill, in einen Topf geben und zum Kochen bringen. Die Gurken, den Ingwer und die Schalotten hinzufügen und bei geringer Hitze 15 Minuten ziehen lassen.

3. Das Gemüse mit einem Schaumlöffel herausnehmen und in zwei vorbereitete Gläser (3/4 l Fassungsvermögen) füllen.

4. Den Dill waschen, die Dillspitzen von den Stengeln zupfen und auf das Füllgut legen.

5. Den Sud nochmals aufkochen lassen und heiß auf die Gläser verteilen. Diese verschließen und kühl stellen.

Eine Portion (= 100 g) enthält:
6 mg Natrium und 20 kcal/84 kJ

Schalotten in Portwein

Zutaten

600 g Schalotten
2 l Wasser
1/4 l Rotweinessig
250 g Zucker
1 TL Senfkörner
2 Lorbeerblätter und 6 Salbeiblätter
1 Stückchen frische Ingwerwurzel, geraspelt
5 Gewürznelken
10 grüne Pfefferkörner
1/2 Stange Zimt
5 Korianderkörner
Schale von 1 unbehandelten Zitrone
Cayennepfeffer
1 Chilischote
1/8 l roter Portwein

Zubereitung

1. Die Schalotten schälen und in kochendem Wasser 10 Minuten garen. Herausnehmen und in eiskaltem Wasser 5 Minuten abschrecken und danach abtropfen lassen.

2. Den Essig mit 100 g Zucker und den Senfkörnern aufkochen und durchseihen. Den restlichen Zucker karamelisieren lassen und mit dem Essig ablöschen.

3. Alle Gewürze und die Schalotten hinzufügen, einmal aufkochen und 5 Minuten bei milder Hitze ziehen lassen.

4. Den Portwein hinzufügen und vom Herd nehmen. Alles in vorbereitete Gläser füllen, gut verschließen und kühl aufbewahren. Zu kurzgebratenem Fleisch oder Geflügel reichen.

Eine Portion (= 50 g) enthält:
3 mg Natrium und 80 kcal/336 kJ

Eingelegte Champignons

1 kg möglichst kleine Egerlinge
(braune Champignons) ·
1/4 l Zitronensaft
1/8 l Wasser
1/2 Tasse Estragonessig
1/8 l Sonnenblumenöl
1 TL Zucker
Diätsenf
15 schwarze Pfefferkörner
6 Lorbeerblätter
5 Korianderkörner
6 Pimentkörner
1 Stückchen frischer Ingwer, geschält
2 rote Chilischoten

_____ Zubereitung _____

1. Die Pilze waschen und je nach Größe ganz lassen oder halbieren. Die übrigen Zutaten in einen Topf geben, aufkochen lassen, die Pilze hinzufügen und 5 bis 7 Minuten bei milder Hitze darin ziehen lassen.
2. Die Pilze mit dem Sud noch warm in vorbereitete Gläser füllen und gut verschließen. Kühl und dunkel aufbewahrt sind die Champignons etwa 5 Tage lang haltbar.

Eine Portion (= 50 g) enthält:
5 mg Natrium und 35 kcal/147 kJ

_____**Tip**_____

Diese Champignons eignen sich gut als Beigabe zu Salaten, zum pur essen oder fein gehackt als Brotbelag.

Saure Tomaten

_____ Zutaten _____

je 500 g rote und grüne Tomaten
100 g Schalotten
1/4 l Weißweinessig
3/8 l Wasser
100 g Zucker
1 Zimtstange
6 Gewürznelken
2 EL Senf-, 1 TL Korianderkörner
1 EL Pfefferkörner
2 rote Chilischoten
50 g geschälte Mandeln

_____ Zubereitung _____

1. Die Tomaten (nach Möglichkeit sollten es kleine sein) waschen und rundherum mit einer Nadel einstechen. Die Schalotten schälen und in feine Ringe schneiden.
2. Den Essig mit dem Wasser vermischen und mit Zucker, Zimt, Nelken, Gewürzkörnern und Chilischoten zum Kochen bringen und 5 Minuten bei kleiner Hitze ziehen lassen.
3. Die Schalotten und die Tomaten hinzufügen und weitere 5 Minuten köcheln lassen. Mit einer Schöpfkelle in vorbereitete Gläser füllen, die Mandeln darüber verteilen und mit dem Sud bedecken. Die Gläser verschließen und kühl und dunkel aufbewahren. Nach 3 Tagen sind die Tomaten genießbar.

Eine Portion (= 100 g) enthält:
5 mg Natrium und 96 kcal/403 kJ

_____**Tip**_____

Saure Tomaten halten sich im Kühlschrank etwa 3 Wochen.

Nudeln, Reis, Kartoffeln als Beilagen und Hauptgerichte

Nudeln richtig kochen

- Normalerweise kocht man Nudeln in Salzwasser. Das sollten Sie künftig nicht mehr tun. Auch mit Gewürzen und Kräutern läßt sich ein guter Geschmack erzielen: geben Sie zum Beispiel eine geschälte, mit 2 bis 3 Gewürznelken gespickte Zwiebel ins Kochwasser oder ein Lorbeerblatt. Oder halbieren Sie eine ungeschälte, aber gewaschene Zwiebel und legen sie mit der Schnittfläche kurz auf die Herdplatte, rösten sie an und geben sie dann mit ins kochende Wasser. Oder geben Sie zwei Stengel glatte Petersilie und ein Liebstöcklblättchen mit ins Kochwasser.
- Nudeln kocht man immer »al dente«, das heißt, sie sollten noch »bißfest« und nicht matschig weich sein.
- Zum Nudelnkochen brauchen Sie einen großen Topf und reichlich Wasser, das Sie statt mit Salz mit entsprechenden Gewürzen abschmecken. Die Nudeln werden ins kochende Wasser gegeben, mit einem Holzlöffel kurz umgerührt und ohne Deckel 7 bis 10 Minuten sprudelnd gekocht.

Dann prüfen Sie, ob die Nudeln den gewünschten Garzustand erreicht haben.
- Manche Spaghetti, zum Beispiel italienische, sind besonders lang. Keine Angst, sie passen in jeden größeren Topf. Man stellt die Spaghetti aufrecht in einen Topf mit kochendem Wasser und schiebt sie langsam nach, bis alle untergetaucht sind. Jetzt können sie gleichmäßig garen.
- Die Nudeln in ein Sieb abgießen und in wenig Kochwasser warm halten – so können sie nicht verkleben. Sie sollten Nudeln nicht unter kaltem Wasser »abschrecken«, und auch Aufbraten in Öl oder anderem Fett erübrigt sich, wenn Sie die Nudeln in wenig eigenem Kochwasser warm halten.
- Pro Person rechnet man etwa 100 g Nudeln (= 300 g gekocht), wenn man sie als Hauptgericht nur mit Sauce oder Gemüse essen will. Als Beilage zu Fleisch, Fisch oder Eiern genügen 50 g (= 150 g gekocht).
- Vollkornnudeln haben eine etwas längere Garzeit. Sie enthalten mehr Vitamine, Mineralien und vor allem Ballaststoffe als die üblichen Teigwaren.

Reis richtig kochen

Für viele ist das Kochen von Reis immer noch ein Glücksspiel: wird er schön locker körnig oder unansehnlich matschig?
Wenn Sie ein paar Regeln beachten, wird Ihnen Reis immer zur vollen Zufriedenheit gelingen.

- Sie sollten Reis grundsätzlich nicht vor dem Kochen waschen.
- Rechnen Sie pro Person gut 1/2 Tasse Reis und rechnen Sie pro Tasse Reiskörner 1 1/2 Tassen Wasser.
- Verwenden Sie zum Kochen einen Topf mit gut schließendem Deckel.
- Sie sollten den Reis vor dem Kochen im Topf ohne weitere Zutat trocken anrösten, bis alle Reiskörner gut heiß sind.
Löschen Sie dann mit der entsprechenden Menge an Flüssigkeit ab – es kann statt Wasser auch Brühe sein –, würzen, zum Beispiel mit Diätwürze, Kräutern, Safran, Curry und anderen, schließen den Topf und schalten die Hitze auf kleinste Einstellung herunter. Den Reis 20 Minuten ausquellen lassen. Den Topf öffnen, den Inhalt mit einer Gabel leicht auflockern und auf der ausgeschalteten Herdplatte 5 Minuten ausdampfen lassen.

Unter den verschiedenen Reissorten, die es im Handel zu kaufen gibt, werden fünf am häufigsten verwendet:
Langkornreis (auch Patna) ist eine weiße, polierte Sorte und wird lose oder im Kochbeutel angeboten. Dieser Reis ist auch Grundlage für den Schnellkochreis, der vorgekocht und gefriergetrocknet in 5 Minuten tischfertig ist.

Vollkornreis (auch Naturreis, Braun- oder Cargoreis) hat eine wesentlich längere Garzeit – etwa 45 bis 50 Minuten. Vollkornreis besitzt noch die wertvollen Schalen und Randschichten und damit alle Vitamine, Mineralien und Spurenelemente. Er ist also nicht poliert.
Parboiled Reis ist poliert, das heißt von Randschichten befreit, jedoch werden durch ein Spezialverfahren alle wertvollen Inhaltsstoffe der Schalen ins Innere des Korns gepreßt und gehen nicht, wie sonst üblich, beim Schälen (Polieren) verloren. So bleiben bei diesem Reis bis zu 80% der wertvollen Wirkstoffe erhalten, er enthält jedoch wesentlich weniger Ballaststoffe als der Vollkornreis.
Rundkornreis – weiße und polierte kleine, nahezu runde Körner, die beim Kochen quellen und verkleben. Er eignet sich gut für japanische und spanische Spezialitäten und ist bei uns für süße Reisgerichte beliebt.
Wilder Reis ist streng genommen kein Reis, sondern der Samen einer nordamerikanischen Grasart. Da er selten und entsprechend teuer ist, wird er heute gerne mit anderen Reissorten gemischt angeboten. Er ist sehr würzig und gibt dem »normalen« Reis eine besondere Geschmacksnote. Er braucht beim Kochen die dreifache Wassermenge.

Selbstgemachte Nudeln

_____ Zutaten _____

400 g Weizenmehl, Type 405
1 Prise Diätwürze
1 Prise Zucker
4 Eier (Gew.-Kl. 3)
1–2 EL Olivenöl

_____ Zubereitung _____

1. Das Mehl in eine Schüssel sieben und in die Mitte eine Mulde drücken. Mit der Diätwürze und dem Zucker bestreuen und nacheinander die Eier hineingeben.

2. Mit etwas Mehl vermischen und dann mit den Händen von innen nach außen einen glatten Teig kneten. Nehmen Sie kein elektrisches Gerät für diese Arbeit, denn der Nudelteig gelingt nur dann wirklich, wenn er von Hand geknetet wird.

3. Den Teig zur Kugel formen, mit Öl bestreichen, auf ein bemehltes Brett legen, eine Schüssel darüberdecken und mindestens 25 Minuten ruhen lassen.

4. Den Teig messerrückendick ausrollen und nach Belieben Platten oder Formen ausschneiden. Sollen es Nudeln werden, rollen Sie den Teig papierdünn aus und schneiden die Teigrollen in Scheiben.

Vier Portionen zu je:
72 mg Natrium und 450 kcal/1890 kJ

_____ **Variation** _____

Für Spinatnudeln lassen Sie zwei Eier vom Grundrezept weg und arbeiten dafür 350 g blanchierten, pürierten, fest ausgedrückten Spinat unter den Teig. Wer streng natriumarm essen muß, sollte die eifreie Handelsware nehmen.

Zitronennudeln

_____ Zutaten _____

1 Rezept selbstgemachte Nudeln
(siehe Rezept links)
1 Bund frische Zitronenmelisse
geriebene Schale von 1 unbehandelten
Zitrone
Pfeffer aus der Mühle

_____ Zubereitung _____

1. Den Nudelteig auf ein mit Mehl bestreutes Brett legen und dünn ausrollen. Die Zitronenmelisse waschen, trockenschwenken, die Blättchen von den Stengeln zupfen und fein hacken.

2. Auf dem Teig verteilen und gut miteinander verkneten, 20 Minuten kühl stellen und den Teig dann wieder dünn ausrollen.

3. Mit einem Teigrädchen kleine Rhomben ausradeln, kurz antrocknen lassen und in kochendem Wasser »al dente« kochen.

4. Die Nudeln abtropfen lassen und mit der Zitronenschale, dem -saft und dem Pfeffer abschmecken.

Vier Portionen zu je:
72 mg Natrium und 455 kcal/1911 kJ

_____ **Variationen** _____

Nach dem gleichen Rezept können Sie Basilikum- oder Petersiliennudeln zubereiten. Geschmacklich abrunden können Sie die Nudeln noch mit etwas Fleischbrühe (siehe Rezept Seite 31), Fleischextrakt (siehe Rezept Seite 32), Diätmargarine oder Sahne.

Bunte Nudelpfanne

Zutaten

1 Zwiebel

2 Gewürznelken

250 g besonders dünne Spaghetti oder Glasnudeln

300 g Hühnerbrustfilet

etwas Zitronensaft

Pfeffer aus der Mühle

1 EL Olivenöl

500 g Austernpilze oder braune Champignons

500 g Brokkoli oder 300 g Tiefkühlware

1–2 Knoblauchzehen

1 Stückchen frischer Ingwer

1 EL Diätmargarine

1/4 l Fleischbrühe (siehe Rezept Seite 31)

1 Bund glatte Petersilie

Zubereitung

1. Die Zwiebel mit den Nelken spicken, zusammen mit den Nudeln in kochendes Wasser geben und diese »al dente«, nicht zu weich, kochen. Abgießen, die Zwiebel entfernen und die Nudeln in wenigem Wasser warm halten.

2. Das Hühnerfleisch in schmale Streifen schneiden, mit etwas Zitronensaft beträufeln und mit dem Pfeffer bestreuen.

3. Das Öl in einer Pfanne erhitzen, das Fleisch 5 Minuten darin anbraten und vom Herd nehmen. Die Pilze klein schneiden.

4. Den Brokkoli putzen, waschen, in Röschen zerteilen und die Stiele schräg in Scheiben schneiden. Den Knoblauch und den Ingwer schälen und fein hacken.

5. Die Margarine erhitzen und Knoblauch sowie Ingwer darin andünsten. Die Pilze und den Brokkoli hinzufügen.

6. Das Gemüse 10 Minuten dünsten, mit frischem Pfeffer bestäuben und die Brühe angießen. Mit dem Fleisch und den abgetropften Nudeln vermischen.

7. Eventuell noch etwas Brühe hinzugeben. Mit der grob gehackten Petersilie bestreut servieren.

(siehe Farbtafel 9)

Vier Portionen zu je:
86 mg Natrium und 435 kcal/1827 kJ

Sesamspätzle

———————— Zutaten ————————

400 g Weizenmehl, Type 405
3 EL gerösteter Sesamsamen
4 Eier (Gew.-Kl. 3)
1/8 l lauwarmes Wasser

———————— Zubereitung ————————

1. Das Mehl in eine Schüssel geben. Die Sesamsamen in einem Mörser zerquetschen und unter das Mehl mischen. Eine Mulde drücken und die Eier hineingeben.
2. Das warme Wasser hinzufügen und alles zu einem glatten Teig solange verschlagen, bis er Blasen wirft.
3. Den Teig entweder mit einer Spätzlepresse in reichlich kochendes Wasser drücken oder ihn portionsweise auf ein heiß abgespültes Brett streichen, und die Spätzle mit einem Messer ins Kochwasser schaben.
4. Die Spätzle sind gar, wenn sie an der Oberfläche schwimmen. Am besten schmecken sie, wenn man zum Schluß braune Butter und Semmelbrösel darübergibt.

Vier Portionen zu je:
72 mg Natrium und 470 kcal/1974 kJ

Risotto

———————— Zutaten ————————

3 EL Olivenöl
1 Zwiebel, 1 Knoblauchzehe
350 g Vollkornreis
3/8 l Gemüse- oder Fleischbrühe
(siehe Rezepte Seite 29 oder 31)

———————— Zubereitung ————————

1. Das Öl in einem schweren, möglichst gußeisernen Topf erhitzen. Die Zwiebel und den Knoblauch schälen, fein hacken und in dem Fett andünsten, ohne daß sie Farbe annehmen.
2. Die trockenen Reiskörner hinzufügen und mit einem Holzlöffel solange rühren, bis alle Reiskörner von einem Fettfilm überzogen sind.
3. Die Energiezufuhr auf Mittelhitze herunterschalten und unter ständigem Rühren etwas Brühe angießen.
4. Immer erst dann nachfüllen, wenn der Reis die Flüssigkeit aufgesogen hat; eventuell noch mehr Flüssigkeit verwenden. Nach knapp 20 Minuten steten Rührens ist das Risotto fertig.

Vier Portionen zu je:
16 mg Natrium und 395 kcal/1659 kJ

———————— **Variationen** ————————

Dieses Risotto läßt sich nach Belieben abwandeln und verfeinern, zum Beispiel mit Kräutern, geriebenem Käse, frischen Perlerbsen, Suppengrün, klein geschnittenen Pilzen und Trüffeln, mit Meeresfrüchten, Hühnerfleisch und Gemüse.

Sushi
(japanische Reishäppchen)

―――――――― *Zutaten* ―――――――――

350 g japanischer oder handelsüblicher
Rundkornreis
1/2 l Wasser
4–5 EL japanischer Reisessig
oder Weinessig
2 EL Zucker
200 g frisches Forellenfilet
200 g frischer Lachs
200 g frischer Thunfisch
100 g Rinderfilet
grüner japanischer Meerrettich
(Pulver zum Anrühren)
1–2 Knoblauchzehen

――――――――― *Zubereitung* ――――――――

1. Den Reis in ein Sieb geben, unter fließendem kalten Wasser klarspülen und
60 Minuten ruhen lassen.
2. Den Reis anschließend in einen
schweren Topf geben, mit dem Wasser
übergießen und aufkochen. Etwa 3 Minuten sprudelnd kochen und dann bei
geringer Hitze zugedeckt 20 Minuten
quellen lassen.
3. Alle Flüssigkeit sollte aufgenommen
sein. Vom Herd nehmen, ausdampfen
lassen und in eine Schüssel geben.
4. Den Essig mit dem Zucker aufkochen
und etwas abgekühlt tropfenweise unter
den Reis mischen.
5. Den Fisch und das Fleisch (beides
sollte sehr frisch sein) in sehr dünne, etwa
4 Zentimeter lange Scheiben schneiden.
Dies geht leichter, wenn Sie das Fleisch
vorher kurz anfrieren.

6. Mit angefeuchteten Händen aus dem
Reis längliche Häppchen formen. Den
Meerrettich nach Anweisung anrühren,
jeweils wenig davon auf die Reishäpp-
chen streichen und diese mit dem Fisch
oder Fleisch belegen.
7. Unter die Fleischhäppchen gibt man
noch hauchdünn geschnittene Knoblauchscheiben.
(siehe Farbtafel 9)

Vier Portionen zu je:
87 mg Natrium und 557 kcal/2339 kJ

―――――――――**Tip**――――――――

Da die Japaner zu den Sushi eine
Marinade aus Sojasauce essen – zum
Dippen – diese aber sehr gesalzen ist,
versuchen Sie es mal mit einer Ei-
Limonen-Sauce, die auch sehr gut
schmeckt. Dafür werden 1 bis 2 Eigelbe
mit dem Saft einer Limone verquirlt und
mit 1 Prise Zucker und etwas grünem
Meerrettich gewürzt.

Indischer Curryreis

———————— Zutaten ————————

1 EL Diätmargarine
1 Zwiebel
350 g Langkornreis
1 EL englisches oder selbstgemachtes
Currypulver (siehe Rezept Seite 38)
1/2 l Fleischbrühe (siehe Rezept Seite 31)
100 g Rosinen ohne Kerne
1 EL Kokosnußcreme aus der Dose
oder die Milch von eingeweichten
und ausgedrückten Kokosflocken

———————— Zubereitung ————————

1. Das Fett in einem schweren Topf
erhitzen. Die Zwiebel fein schälen, fein
würfeln und in dem Fett glasig dünsten.
Die Reiskörner hinzufügen und alles gut
umrühren. Dann das Currypulver dar-
überstäuben.
2. Die Brühe angießen und 10 Minuten
bei geöffnetem Topf kochen lassen, die
Hitze herunterschalten und die Rosinen
und die Kokoscreme darauf verteilen –
nicht unterrühren.
3. Zugedeckt 25 Minuten quellen lassen, vom Herd nehmen und 5 Minuten
nachziehen lassen. Öffnen und mischen.

Vier Portionen zu je:
37 mg Natrium und 433 kcal/1818 kJ

————————**Variationen**————————

Statt Curry, Rosinen und Kokoscreme
geben Sie 1 bis 2 Briefchen Safran an
den Reis. In diesem Fall verringern sich
die Kalorienwerte um 70 und die
Natriumwerte um 19 mg pro Person.

Pellkartoffeln

———————— Zutaten ————————

700 g fest-kochende Kartoffeln
1/2 l Wasser
1 TL Kümmel

———————— Zubereitung ————————

1. Die Kartoffeln sorgfältig waschen,
eventuell bürsten.
2. 1/2 l Wasser mit dem Kümmel in
einen Topf geben und die Kartoffeln darin
25 Minuten garen.

Vier Portionen zu je:
5 mg Natrium und 126 kcal/529 kJ

Bouillonkartoffeln

———————— Zutaten ————————

600 g mehlig-kochende Kartoffeln
3/8 l Gemüse- oder Fleischbrühe
(siehe Rezept Seite 29)
1 P. Suppengrün, tiefgekühlt
Pfeffer, Muskatnuß
1 Bund grob gehackte Petersilie

———————— Zubereitung ————————

1. Die Kartoffeln waschen, dünn schälen und würfeln. In die kochende Brühe
geben und zugedeckt 10 Minuten köcheln lassen.
2. Das Gemüse hinzufügen und fertig
garen. Mit den Gewürzen abschmecken
und mit der Petersilie abrunden.

Vier Portionen zu je:
14 mg Natrium und 125 kcal/525 kJ

Dillkartoffeln

_____ *Zutaten* _____

800 g mehlig-kochende Kartoffeln
1 Bund Dill

_____ *Zubereitung* _____

1. Die Kartoffeln dünn schälen, waschen, vierteln, 1/2 gewaschenen Bund Dill hinzufügen und in wenig Wasser garen.
2. Den restlichen Dill fein schneiden und über die fertigen Kartoffeln streuen.

Vier Portionen zu je:
5,5 mg Natrium und 153 kcal/642 kJ

_____**Tip**_____

Im Schnellkochtopf können Sie Kartoffeln schnell und schonend garen. Geben Sie sie dazu in den Siebeinsatz, füllen 3 Tassen Wasser in den Topf und fügen den Dill hinzu. Die Flüssigkeit sollte aufkochen bevor Sie den Topf verschließen. Garen Sie nun die Kartoffeln 10 Minuten auf der Biostufe.

Lorbeerkartoffeln

_____ *Zutaten* _____

50 g frischer Rückenspeck, ungesalzen
4 Schalotten oder kleine Zwiebeln
5–6 frische oder 2–3 getrocknete
Lorbeerblätter
500 g fest-kochende Kartoffeln
3/8 l Fleischbrühe (siehe Rezept Seite 31)
1 Schuß Essig
(zum Beispiel Balsamessig)
schwarzer Pfeffer aus der Mühle

_____ *Zubereitung* _____

1. Den Speck fein würfeln und in einer schweren Pfanne bei mittlerer Hitze auslassen. Die Schalotten schälen, fein würfeln und dazugeben.
2. Die Lorbeerblätter darauf verteilen. Die Kartoffeln waschen, dünn schälen, in 1 Zentimeter dicke Scheiben schneiden und auf den Lorbeerblättern verteilen.
3. Die Brühe angießen, mit dem Essig und dem Pfeffer würzen und zugedeckt bei geringer Hitze 10 bis 20 Minuten garen.

Vier Portionen zu je:
14 mg Natrium und 210 kcal/882 kJ

◁◁ *Farbtafel 9*
»Bunte Nudelpfanne«, »Sushi«
und »Kartoffelplätzchen«
(Rezepte S. 93, 95 und 99)

◁ *Farbtafel 10*
»Gebackene Schaumeier«,
»Buchweizenblinis mit Ei«
und »Pikante Eier auf Knoblauchbrot«
(Rezepte S. 104, 105 und 108)

Kümmelkartoffeln

_____ Zutaten _____

600 g fest-kochende Kartoffeln
5 EL Sonnenblumenöl
6 EL Kümmel

_____ Zubereitung _____

1. Die Kartoffeln unter fließendem kaltem Wasser waschen oder bürsten. Der Länge nach halbieren und die Schnittflächen trockentupfen.
2. Mit der Schnittfläche nach oben auf ein gefettetes Backblech legen, diese mit Öl bepinseln und dick mit Kümmel bestreuen.
3. Das Blech in den vorgeheizten Backofen schieben und bei 220°C 45 Minuten backen.

Vier Portionen zu je:
4 mg Natrium und 198 kcal/831 kJ

_____**Tip**_____

Diese Kartoffeln schmecken auch sehr gut, wenn sie mit Koriander oder Sesam bestreut werden.

Béchamelkartoffeln

_____ Zutaten _____

500 g gekochte fest-kochende
Kartoffeln
1 Rezept Sauce Béchamel
(siehe Rezept Seite 52)
50 g Diätjagdwurst oder gekochtes
und gebratenes Fleisch
1 Bund glatte Petersilie
Muskatnuß
Pfeffer aus der Mühle

_____ Zubereitung _____

1. Die Kartoffeln pellen, in Scheiben schneiden und in die heiße Sauce geben. Das Fleisch in kleine Würfel schneiden.
2. Die Petersilie waschen, trockenschwenken und grob hacken. Alles zu den Kartoffeln geben, umrühren und eventuell mit den Gewürzen nach Belieben abrunden.

Vier Portionen zu je:
63 mg Natrium und 265 kcal/1113 kJ

_____**Tip**_____

Diese Kartoffeln schmecken ausgezeichnet zu frischem oder geräuchertem Lachs, zu gekochtem Rindfleisch oder Geflügel. Sie sind, nur mit einem gemischten Salat als Begleiter, ein hervorragendes Hauptgericht, wenn man einfach die doppelte Menge zubereitet.

Schupfnudeln mit Sesambutter

_____ Zutaten _____

250 g gekochte mehlige Kartoffeln
250 g Magerquark
130 g Weizenmehl, Type 1050
1 Eigelb (Gew.-Kl. 4)
Muskatnuß
Pfeffer aus der Mühle
1 Zwiebel
1 Lorbeerblatt
2 EL Butter
4 EL Sesamsamen

_____ Zubereitung _____

1. Die Kartoffeln pellen und durch eine Kartoffelpresse drücken. Den Quark durch ein Tuch drücken, damit er ganz trocken ist.
2. Die Kartoffeln mit dem Mehl, dem Quark, dem Eigelb, etwas geriebener Muskatnuß und frischem Pfeffer zu einem geschmeidigen Teig verarbeiten.
3. Zu einer Rolle von 2 Zentimetern Durchmesser formen und in diese 1 Zentimeter dicke Scheiben schneiden. Daraus jeweils kleine Würstchen rollen und kühl stellen.
4. Einen großen Topf mit reichlich Wasser, der geschälten Zwiebel und dem Lorbeerblatt zum Kochen bringen und die Schupfnudeln darin ziehen lassen.
5. Wenn sie an der Oberfläche schwimmen, mit einem Schaumlöffel herausnehmen. Mit brauner Butter übergießen und mit dem Sesam bestreuen.

Vier Portionen zu je:
30 mg Natrium und 335 kcal/1407 kJ

Kartoffelplätzchen

_____ Zutaten _____

600 g fest-kochende Kartoffeln
1 Ei (Gew.-Kl. 3)
Pfeffer aus der Mühle
Muskatnuß
4 EL Sonnenblumen- oder Maiskeimöl

_____ Zubereitung _____

1. Die Kartoffeln waschen, schälen und auf einer Rohkostreibe mittelfein raspeln.
2. Mit dem Ei, etwas Pfeffer und einer Prise geriebener Muskatnuß gut vermischen.
3. Das Öl in einer Pfanne erhitzen, jeweils 1 Eßlöffel des Kartoffelteiges hineingeben und kleine Küchlein von jeder Seite goldbraun backen.
(siehe Farbtafel 9)

Vier Portionen zu je:
22 mg Natrium und 200 kcal/840 kJ

_____ Variationen _____

Diese Kartoffelplätzchen lassen sich beliebig verändern und aufwerten, zum Beispiel mit gehackten Kräutern, geraspelten Möhren, klein geschnittenen Frühlingszwiebeln oder grob gehackten frischen Pilzen.

Gebackene Folienkartoffeln

————— *Zutaten* —————

4 große mehlig-kochende Kartoffeln
(à 250 g)
starke Alufolie

————— *Zubereitung* —————

1. Die Kartoffeln gut waschen, in Alufolie einwickeln – die glänzende Seite nach innen – und im Backofen bei 200° C 60 bis 90 Minuten garen.
2. Dann die Folie öffnen, die Kartoffeloberfläche etwas auseinanderbrechen und mit frischem Rahm, Diätmargarine, Crème fraîche oder Quark, mit Kräutern oder Knoblauch abgeschmeckt verfeinern und auslöffeln.

Vier Portionen zu je:
7 mg Natrium und 175 kcal/735 kJ

—————**Tip**—————

Die lange Garzeit läßt sich verkürzen, wenn Sie die Kartoffeln im Dampf »vorgaren«. Schneller geht es auch in der Mikrowelle, dann müssen Sie allerdings die Alufolie weglassen und – weil es hübscher aussieht – hinterher ins Folienbett setzen. Für diese Art der Kartoffelzubereitung eignen sich am besten die holländische Sorte »Bintje«, die süddeutsche »Irmgard« und die mehr im Norden bekannte »Aula« sowie die rosafarbene »Désirée«.

Gekochte Kartoffelklöße

————— *Zutaten* —————

1 kg mehlig-kochende Kartoffeln
2 Zwiebeln
2 EL Diätmargarine
1 Bund glatte Petersilie
4 Scheiben Vollkorntoast
3 Eier (Gew.-Kl. 4)
3 geh. EL Weizenmehl, Type 405
weißer Pfeffer aus der Mühle

————— *Zubereitung* —————

1. Die Kartoffeln waschen, schälen und halbieren. Im Dampf oder mit Wasser bedeckt garen und durch eine Kartoffelpresse drücken.
2. Die Zwiebeln schälen und fein würfeln. 1 Eßlöffel der Margarine erhitzen und die Zwiebeln darin glasig dünsten.
3. Die Petersilie waschen, trockenschwenken und fein hacken, zu den Zwiebeln geben, umrühren und vom Herd nehmen.
4. Die Brotscheiben entrinden, das Brot würfeln und in dem restlichen erhitzten Fett knusprig rösten.
5. Die Kartoffeln mit den Zwiebeln, den Eiern und dem Mehl zu einem Teig verarbeiten und mit dem Pfeffer würzen.
6. Mit angefeuchteten Händen Klöße formen, jeweils in die Mitte einige Brotwürfel drücken und wieder gut verschließen. Einen Topf mit reichlich Wasser zum Kochen bringen, die Klöße hineinlegen und 15 Minuten ziehen lassen.

Vier Portionen zu je:
142 mg Natrium und 380 kcal/1596 kJ

Kräuter-Kartoffel-Püree

_____ Zutaten _____

600 g mehlig-kochende Kartoffeln
20 g Diätmargarine
1/8 l Vollmilch
1 Bund gemischte Kräuter
(zum Beispiel Kräuter für Grüne Sauce)

_____ Zubereitung _____

1. Die Kartoffeln waschen und mit Wasser bedeckt garen. Abgießen, kurz ausdämpfen lassen, pellen und durch eine Kartoffelpresse drücken. Das Fett unterrühren.
2. Die Milch zum Kochen bringen und sofort mit einem Holzlöffel unter den Kartoffelschnee unterrühren.
3. Die Kräuter waschen, trockenschwenken und sehr fein hacken. Zum Schluß unter das Püree ziehen.

Vier Portionen zu je:
20 mg Natrium und 168 kcal/705 kJ

_____**Variationen**_____

Dieses Püree läßt sich vielseitig verändern, zum Beispiel mit braunem Salbeifett. Dazu erhitzt man noch zusätzlich 20 g Diätmargarine und röstet 7 bis 12 frische Salbeiblättchen darin, bis sie braun sind. Das Fett durch ein Sieb über das Püree geben und gut untermischen.
Oder schmecken Sie das Püree mit Knoblauch ab. Dazu kocht man 1 bis 2 geschälte Knoblauchzehen in der Milch weich, gibt sie dann unter das Püree und würzt mit Pfeffer und Muskat.

Kartoffelgratin

_____ Zutaten _____

600 g fest-kochende Kartoffeln
Pfeffer
1–2 Knoblauchzehen
2–3 Frühlingszwiebeln
60 g Diätmargarine
3 EL geriebener Emmentaler,
45% Fett i. Tr.
oder geriebener junger Parmesan

_____ Zubereitung _____

1. Die Kartoffeln waschen, schälen, in sehr dünne Scheiben schneiden und fächerförmig in eine flache feuerfeste Auflaufform schichten.
2. Die Kartoffeln mit dem Pfeffer bestreuen und mit dem zerdrückten Knoblauch nach Geschmack würzen.
3. Die Zwiebeln mit dem Grün waschen, putzen, fein würfeln und über die Kartoffeln streuen.
4. Die Margarine schmelzen, darübergießen und mit dem Käse bestreuen. Im vorgeheizten Backofen bei 200°C 25 bis 30 Minuten goldbraun backen.

Vier Portionen zu je:
98 mg Natrium und 285 kcal/1197 kJ

_____**Variationen**_____

Sie können dieses Gratin beliebig abwandeln, zum Beispiel mit frischen Rosmarinspitzen oder frischen Wildkräutern (Bärlauch, Bärenklau, Barbarakraut, Herzkraut [Hirtentäschel], Löwenzahn, Geißfuß) würzen.
Sesam statt Käse verringert den Natriumgehalt beträchtlich.

Eiergerichte

Pochierte Eier im Pilzbett

Zutaten

4 Eier (Gew.-Kl. 3)
1/8 l Essig oder 1 EL Essigessenz
1 Zwiebel, 2 Gewürznelken
250 g frische Champignons
2 Zwiebeln
2 EL Olivenöl
1 Bund glatte Petersilie
200 g gekochte Nudeln
1–2 Knoblauchzehen, Pfeffer
1 Rezept feine Tomatensauce
(siehe Seite 50)

Zubereitung

1. Die Eier in vier Tassen aufschlagen. Den Essig mit 1 l Wasser zum Kochen bringen. Die Zwiebel mit den Nelken spicken und hineingeben. Die Hitzezufuhr drosseln und die Eier nacheinander ins Wasser gleiten lassen.

2. Dabei mit einem Löffel immer wieder das Eiweiß über das Dotter löffeln, bis es sich wie eine Haube um das Gelbe schließt. 4 Minuten ziehen lassen, dann mit einem Schaumlöffel herausheben und warm stellen.

3. Die Pilze putzen, waschen und blättrig schneiden. Die Zwiebeln schälen und fein würfeln. Das Öl erhitzen und die Pilze mit den Zwiebeln darin dünsten.

4. Die Petersilie waschen, trockenschwenken, grob hacken und mit der Pilzmasse unter die Nudeln mischen. Wer es mag, gibt noch etwas zerdrückten Knoblauch dazu. Mit Pfeffer würzen.

5. Das Gemüse in eine flache Auflaufform geben, vier Mulden drücken, die Eier hineinsetzen, mit der Tomatensauce überziehen und kurz überbacken.

Vier Portionen zu je:
83 mg Natrium und 225 kcal/945 kJ

Überbackenes Eibrot

_____ Zutaten _____

4 Eier (Gew.-Kl. 3)
4 EL Vollmilch
Pfeffer aus der Mühle
1 Prise Piment
Muskatnuß
1 Knoblauchzehe
3 EL gehackte Kräuter
(Estragon, Petersilie, Kerbel)
2 EL Olivenöl
4 Scheiben Weizenmischbrot

_____ Zubereitung _____

1. Die Eier mit der Milch verschlagen und mit Pfeffer, Piment, einem Hauch geriebener Muskatnuß und – nach Geschmack – dem zerdrückten Knoblauch würzen. Zum Schluß die Kräuter unterziehen.
2. Das Öl in einer großen Pfanne erhitzen, die Brotscheiben hineingeben und rösten. Wenden, die Hälfte der Eimasse darübergießen und stocken lassen.
3. Nochmals wenden und die restliche Eiermilch darüber verteilen, so daß die Brotscheiben wie in einem Omelett liegen. Auf vorgewärmte Teller geben.

Vier Portionen zu je:
173 mg Natrium und 198 kcal/831 kJ

_____**Tip**_____

Man reicht zu diesen Eiern nur noch einen frischen Salat oder eine Gemüseplatte.

Eierpfannkuchen

_____ Zutaten _____

125 g Weizenmehl, Type 405
3 Eier (Gew.-Kl. 3)
1/4 l Milch (oder halb Milch, halb Wasser)
3 EL Diätmargarine

_____ Zubereitung _____

1. Das Mehl mit den Eiern und der Milch verrühren und 30 Minuten ruhen lassen.
2. Die Margarine in einer Pfanne erhitzen und aus dem Teig nacheinander dünne Pfannkuchen backen.

Vier Portionen zu je:
83 mg Natrium und 277 kcal/1163 kJ

_____**Variationen**_____

Pfannkuchen können Sie immer wieder anders anbieten, denn es gibt viele Möglichkeiten, sie zu füllen. Ob mit Gemüse, Früchten, Käse, Quark, Fleisch oder Fisch – immer sind sie eine sättigende Mahlzeit. Zusammengerollt und in feine Streifen geschnitten sind sie darüber hinaus eine feine Einlage für klare Suppen oder Brühen.
Statt dem hellen Mehl können Sie auch Vollkornmehl verwenden.

Rührei im Wasserbad

———————— Zutaten ————————

8 Eier (Gew.-Kl. 3)
Pfeffer aus der Mühle
Paprika edelsüß
Muskatnuß
2 EL Sahne, 30% Fett
1 EL Diätmargarine

———————— Zubereitung ————————

1. Die Eier ganz leicht mit einer Gabel verschlagen und würzen. In eine Kasserolle oder Auflaufform gießen und im Wasserbad stocken lassen. Dabei mit einem Holzlöffel stetig rühren.
2. Zum Schluß die Sahne und die Margarine untermischen. So wird das Rührei besonders zart und cremig.

Vier Portionen zu je:
120 mg Natrium und 215 kcal/903 kJ

———————— **Variationen** ————————

Rührei läßt sich auf viele Weisen variieren, zum Beispiel:
– mit Kräutern
– mit Pilzen
– mit geschnetzelter Leber
– mit Äpfeln und Schnittlauch
– mit Lammnierchen
– mit frischem Krabbenfleisch und Dill
– mit Tomaten und Zwiebeln.

Gebackene Schaumeier

———————— Zutaten ————————

6 Eier (Gew.-Kl. 3)
1 EL Diätmargarine
Pfeffer aus der Mühle
Muskatnuß
4 EL Sauerrahm oder Crème fraîche,
30% Fett
3 EL grob geriebener Käse
1 TL Paprika, rosenscharf
1 Bund oder 2 Kästchen Brunnenkresse

———————— Zubereitung ————————

1. Die Eier trennen. Die Eiweiße sehr steif schlagen. Eine runde flache Backform ausfetten und den Eischnee hineingeben.
2. Sechs Mulden hineindrücken, mit etwas Pfeffer bestäuben und die Eigelbe hineinsetzen. Mit der geriebenen Muskatnuß würzen.
3. Mit Rahm umkränzen, mit dem Käse und dem Paprika bestreuen und im vorgeheizten Backofen kurz überbacken, bis sich der Käse leicht bräunt.
4. Die Kresse waschen, trockenschwenken und die Eier damit garnieren.
(siehe Farbtafel 10)

Vier Portionen zu je:
175 mg Natrium und 250 kcal/1050 kJ

———————— **Tip** ————————

Dazu kann man Kräuter-Kartoffel-Püree (siehe Rezept Seite 101) und scharfes Gurkengemüse (siehe Rezept Seite 76) reichen.

Bauernomelett

_____ Zutaten _____

500 g gekochte Pellkartoffeln
250 g Zwiebeln
1–2 Knoblauchzehen
4 EL Sonnenblumenöl
6 Eier (Gew.-Kl. 2)
1 P. Kräuter der Provence, tiefgekühlt
Pfeffer aus der Mühle
Muskatnuß

_____ Zubereitung _____

1. Die Kartoffeln pellen und würfeln. Die Zwiebeln schälen und würfeln. Den Knoblauch schälen.
2. Das Öl in einer großen Pfanne erhitzen. Die Kartoffeln und die Zwiebeln hineingeben und braten. Den Knoblauch zerdrücken und zufügen.
3. Die Eier mit den Kräutern verquirlen. Die Kartoffeln mit dem Pfeffer und etwas geriebener Muskatnuß würzen, die verschlagenen Eier darüberziehen und stocken lassen.

Vier Portionen zu je:
111 mg Natrium und 325 kcal/1365 kJ

_____**Tip**_____

Zum Bauernomelett schmeckt am besten ein großer bunter Salat.

Buchweizenblinis mit Ei

_____ Zutaten _____

50 g Buchweizenmehl
50 g Weizenmehl, Type 405
1 Msp. Diätwürze
1/2 Tasse Milch, 1/2 Tasse Wasser
10 g frische Hefe
5 Eier (Gew.-Kl. 4)
1 EL Diätmargarine
1 EL Sonnenblumenöl
1 Bund Frühlingszwiebeln
1 Becher Sauerrahm, 10% Fett (200 g)

_____ Zubereitung _____

1. Das Mehl in eine Schüssel geben und mit der Diätwürze vermischen. Die Milch mit dem Wasser mischen und erwärmen. Die Hefe darin auflösen und das Mehl damit glattrühren.
2. An einem warmen Ort gehen lassen, bis sich das Teigvolumen verdoppelt hat. Anschließend durchkneten.
3. Ein Ei trennen, die restlichen Eier hart kochen. Das Eigelb und die zerlassene Margarine unter den Teig kneten, zum Schluß das steif geschlagene Eiweiß unterziehen.
4. Das Öl in einer Pfanne erhitzen und nacheinander kleine goldgelbe Pfannküchlein aus dem Teig darin backen.
5. Die Frühlingszwiebeln gut putzen, waschen und klein schneiden. Die Eier abschrecken, pellen und grob hacken. Den Sauerrahm verschlagen.
6. Die Blinis mit den Eiern, den Zwiebeln und dem Sauerrahm anrichten.
(siehe Farbtafel 10)

Vier Portionen zu je:
100 mg Natrium und 313 kcal/1314 kJ

Vollkorn-Eier-Gemüse

Zutaten

je 200 g Roggen und Grünkern
1/2 l Gemüsebrühe
(siehe Rezept Seite 29)
1 Lorbeerblatt
1 Zwiebel und 2 Gewürznelken
1 Bund Frühlingszwiebeln
500 g Lauch
2 EL Diätmargarine
1 EL Curry (siehe Rezept Seite 38)
100 g Sahne, 30% Fett
Pfeffer, Muskatnuß und Diätwürze
4 Eier (Gew.-Kl. 2)
1 Bund Schnittlauch, geschnitten

Zubereitung

1. Die Körner mit Wasser bedecken und über Nacht einweichen. Mit dem Einweichwasser und der Brühe, dem Lorbeerblatt und der mit Nelken gespickten Zwiebel zum Kochen bringen. Bei geringer Hitze 50 Minuten quellen lassen.
2. Die Zwiebel entfernen, die Frühlingszwiebeln und den Lauch putzen, waschen und schräg in kleine Ringe schneiden.
3. Das Fett erhitzen, den Curry hinzufügen und kurz anrösten. Die Zwiebeln und den Lauch untermischen und 5 Minuten mitdünsten. Mit der Sahne ablöschen und kräftig würzen.
4. Die Eier weich kochen, abschrecken, pellen und achteln. Die Getreidekörner unter das Gemüse mischen und nochmals abschmecken.
5. Das Gemüse mit den Eiern anrichten und mit Schnittlauch bestreuen.

Vier Portionen zu je:
90 mg Natrium und 600 kcal/2520 kJ

Grünes Omelett

Zutaten

1 kleiner Kopfsalat
1 Bund glatte Petersilie
1 Bund Schnittlauch
1 Zweig frischer Majoran
1 Zweig frischer oder getrockneter
Thymian
8 Eier (Gew.-Kl. 3)
Pfeffer aus der Mühle
Muskatnuß
3–4 EL Sonnenblumenöl

Zubereitung

1. Den Salat putzen, abtropfen lassen und in feine Streifen schneiden. Die Kräuter waschen, trockenschwenken und fein hacken.
2. Die Eier mit etwas Pfeffer und geriebener Muskatnuß würzen, mit dem elektrischen Schneebesen schaumig schlagen, den Salat und die Kräuter unterziehen.
3. Das Öl in einer Pfanne erhitzen und nacheinander vier Omeletts darin backen.

Vier Portionen zu je:
143 mg Natrium und 238 kcal/999 kJ

Tip

Man kann die Omeletts zu einer Gemüseplatte oder zu Pellkartoffeln essen. Oder man füllt sie mit Quark, Frischkäse, Pilzen oder frischen, in Würfel geschnittenen Tomaten.

Würzeier

Zutaten

8–12 Eier (Gew.-Kl. 4)
1 EL schwarze Pfefferkörner
1 EL Pimentkörner
1 Knoblauchzehe
1 Stückchen frische Ingwerwurzel
(etwa 5 cm lang)
1–2 Chilischoten
1/2 Zimtstange
1 l Weinessig

_____ Zubereitung _____

1. Die Eier hart kochen, abschrecken und pellen. Die Gewürzkörner im Mörser leicht zerdrücken.
2. Den Knoblauch und den Ingwer schälen und in Scheiben schneiden. Die Chilischote in Ringe teilen.
3. Alles zusammen mit der Zimtstange in den Essig geben und aufkochen. Bei mittlerer Hitze 10 Minuten köcheln lassen und durch ein Sieb abseihen.
4. Die Eier in einen Steinguttopf schichten und mit dem heißen Sud übergießen, die Eier müssen völlig bedeckt sein. Mit Zellophan verschließen und 10 bis 14 Tage kühl und dunkel stellen.

Eine Portion (= 2 Eier) enthält:
140 mg Natrium und 164 kcal/688 kJ

_____ **Tip** _____

Diese Eier schmecken gut zu dunklem Vollkornbrot, zu Bratkartoffeln oder zu Quark und neuen Pellkartoffeln. Man kann sie auch mit einer scharfen Sauce übergießen, zum Beispiel einer Tomaten-Estragon-Sauce (siehe Rezept Seite 56).

Kräutereier

_____ Zutaten _____

1 Handvoll Kerbel
2 Schalotten
100 g frische Champignons
1 TL Diätmargarine
Pfeffer aus der Mühle
Muskatnuß
4 Eier (Gew.-Kl. 3)
4 EL Crème fraîche, 30% Fett
4 EL Sesamsamen

_____ Zubereitung _____

1. Den Kerbel waschen, trockenschwenken und grob hacken. Die Schalotten schälen und fein würfeln. Die Champignons putzen, waschen und blättrig schneiden.
2. Die Margarine erhitzen, die Pilze, die Schalotten und den Kerbel etwa 5 Minuten darin dünsten. Mit etwas Pfeffer und Muskat würzen.
3. Die Pilzmischung in vier kleine feuerfeste Förmchen geben, jeweils ein Ei darauf aufschlagen und mit einer Prise Muskatnuß bestäuben.
4. Rundherum Crème fraîche verteilen, so daß das Dotter noch zu sehen ist, und mit dem Sesam bestreuen.
5. In die mit Wasser gefüllte Fettpfanne des Backofens stellen und bei 180°C 5 bis 10 Minuten stocken lassen.

Vier Portionen zu je:
75 mg Natrium und 227 kcal/953 kJ

Pikante Eier
auf Knoblauchbrot

Zutaten

4 hart gekochte Eier (Gew.-Kl. 3)
1/2 TL Diätsenf
2 Schalotten
50 g frische Champignons
2 EL Crème fraîche, 30% Fett i. Tr.
etwas Zitronensaft
1/2 Bund glatte Petersilie
Pfeffer aus der Mühle
40 g Diätmargarine
2–3 Knoblauchzehen
4 Scheiben Vollkorntoast
oder Diätknäckebrot
Friséesalat
Sherry- oder Himbeeressig
2 EL geriebener Emmentaler,
45% Fett i.Tr.

Zubereitung

1. Die Eier abpellen, längs halbieren und das Eigelb vorsichtig herausheben. Mit einer Gabel leicht zerdrücken und mit dem Senf vermischen.

2. Die Schalotten schälen und fein würfeln. Die Champignons putzen, waschen und fein hacken, alles zu dem Eigelb geben und mit Crème fraîche zu einer geschmeidigen Creme verrühren.

3. Mit etwas Zitronensaft, fein gehackter Petersilie und Pfeffer würzen und in die Eihälften füllen.

4. Die Margarine glattrühren, den Knoblauch schälen, zerdrücken und dazugeben. Das Fett verrühren und mit einigen Tropfen Zitronensaft und etwas Pfeffer würzen.

5. Die Brotscheiben toasten, mit dem Knoblauchfett bestreichen und diagonal durchschneiden.

6. Jede Brotecke mit den gewaschenen und gut abgetropften Friséeblättern belegen, mit wenig Essig beträufeln und jeweils eine gefüllte Eihälfte daraufsetzen und mit dem Käse bestreuen.
(siehe Farbtafel 10)

Vier Portionen zu je:
204 mg Natrium und 277 kcal/1163 kJ

Fisch

Gefüllter Kabeljau

1 1/2 kg Kabeljau oder Zander
in gleicher Größe
Saft von 2 Zitronen
1–2 EL Senf (siehe Rezept Seite 35)
gemischter roter Pfeffer
(Java-Pfeffer)
1 Bund Frühlingszwiebeln
100 g frische Champignons
2 EL Diätmargarine
1 Bund glatte Petersilie
1 Bund Zitronenmelisse
2 Fleischtomaten
weißer Pfeffer aus der Mühle
besonders starke Alufolie
2 EL frisch geriebener Emmentaler,
45% Fett i.Tr.
1 Bund Basilikum

Zubereitung

1. Den Fisch vom Fischhändler küchenfertig bearbeiten lassen (Fischabfälle mitnehmen, daraus läßt sich ein guter Fond ansetzen). Den Fisch unter fließendem kaltem Wasser ausspülen und trockentupfen.
2. Innen und außen mit Zitronensaft beträufeln, innen mit Senf ausstreichen und mit Pfeffer bestreuen. Kurze Zeit ziehen lassen.

3. Die Zwiebeln putzen, waschen und zusammen mit dem Grün schräg in kleine Stücke schneiden. Die Pilze putzen, waschen und auf einer Rohkostreibe hobeln.
4. Die Margarine erhitzen, die Zwiebeln und die Pilze darin gar dünsten. Die Kräuter waschen, abtropfen lassen und alles grob hacken. Unter die Zwiebelmasse geben und diese in den Fisch füllen.
5. Die Tomaten waschen, die Stielansätze herausschneiden und die Früchte in dicke Scheiben schneiden.
6. Den Fisch auf ein entsprechend großes Stück Alufolie legen, in die Fettpfanne des Backofens geben, die Folienseiten etwas nach oben zusammenkniffen, so daß kein Saft ablaufen kann.
7. Die Tomatenscheiben auf dem Fisch verteilen, würzen, mit dem Käse bestreuen und im vorgeheizten Backofen bei 250°C 50 Minuten garen. Zum Schluß mit dem grob gehackten Basilikum bestreuen.
(siehe Farbtafel 11)

Vier Portionen zu je:
224 mg Natrium und 283 kcal/1185 kJ

Thunfischsteaks

4 frische Thunfischsteaks (à 150 g)
Saft von 1 Zitrone
Pfeffer aus der Mühle
1 EL Butter oder Diätmargarine
1 Knoblauchzehe, 1 Msp. Safran
2 Schalotten
1 Tasse trockener Weißwein
2 Zweige frischer Estragon

———————— Zubereitung ————————

1. Die Steaks kurz unter fließendem kaltem Wasser abbrausen und trockentupfen. Mit dem Zitronensaft beträufeln und kräftig mit Pfeffer würzen.
2. Die Butter mit dem zerdrückten Knoblauch und dem Safran in einer schweren Pfanne erhitzen. Die Steaks darin von jeder Seite kurz anbraten.
3. Die geschälten und gewürfelten Schalotten dazugeben und kurz mitdünsten. Den Wein angießen und die abgezupften Estragonblättchen hinzufügen. Bei geringer Hitze 7 bis 8 Minuten zugedeckt ziehen lassen. Mit Dillkartoffeln und Salat servieren.

Vier Portionen zu je:
217 mg Natrium und 305 kcal/1281 kJ

————————**Variationen**————————

Statt Thunfisch kann man auch Heilbutt- oder Hechtschnitten nehmen. Wer hierzu eine Sauce mag, kann zum Beispiel den durchgesiebten Fond mit 1 Eigelb im Wasserbad zu einer Schaumsauce aufschlagen.

Gefüllte Forellen

4 küchenfertige Bachforellen
Saft von 1–2 Zitronen
Pfeffer aus der Mühle
2 mittelgroße Zwiebeln
1 säuerlicher Apfel
1 EL Diätmargarine
1 P. Kräuter der Provence, tiefgekühlt
1 Bund glatte Petersilie
1 EL Butter oder Diätmargarine
1 Knoblauchzehe

———————— Zubereitung ————————

1. Die Forellen kurz unter fließendem kaltem Wasser ausspülen und trockentupfen. Sorgfältig – auch innen – mit dem Zitronensaft beträufeln und mit frischem Pfeffer würzen.
2. Die Zwiebeln schälen und in Ringe schneiden. Den Apfel dünn schälen, halbieren, entkernen, das Fruchtfleisch in feine Scheibchen schneiden.
3. Die Margarine in einem Topf erhitzen, die Zwiebelringe und die Apfelscheiben darin anschmoren. Die Kräuter hinzufügen und 5 Minuten leise köcheln lassen.
4. Diese Füllung in die Fische geben und auf vier entsprechend große Stücke Alufolie legen.
5. Die Petersilie waschen, trockentupfen und fein hacken, mit der Butter vermischen, mit dem zerdrückten Knoblauch würzen und auf den Fisch verteilen.
6. Die Folien gut verschließen und im Backofen bei 180°C 30 bis 40 Minuten backen.

Vier Portionen zu je:
64 mg Natrium und 225 kcal/945 kJ

Marinierter Lachs

————————— Zutaten ———————

500 g frischer Lachs
2 Schalotten
4 EL Sonnenblumenöl
Saft von 1–2 Zitronen
1 TL getrockneter oder 1 Bund
frischer Thymian
weißer Pfeffer aus der Mühle
1 Lorbeerblatt
3 zerdrückte Pimentkörner
1/2 TL Puderzucker
2 Zweige frischer Dill

——————— Zubereitung ————————

1. Den Lachs häuten, entgräten und das Fleisch in 5 cm lange und 2 cm dicke Streifen schneiden. Die Schalotten schälen und fein würfeln.
2. Das Öl mit dem Zitronensaft, den Schalotten und dem Thymian verrühren und kräftig mit Pfeffer würzen.
3. Das Lorbeerblatt fein rebeln und mit den Pimentkörnern in die Marinade rühren. Den Puderzucker dazusieben.
4. Die Fischstücke in der Marinade wenden, mit den Dillspitzen belegen und zugedeckt 3 bis 5 Stunden im Kühlschrank ziehen lassen. Man kann dazu etwas grünen japanischen Meerrettich reichen.

Vier Portionen zu je:
66 mg Natrium und 290 kcal/1218 kJ

————————Tip————————

Diese Fischhappen sind eine köstliche Vorspeise auf gebuttertem Vollkornbrot oder auf einem Salatteller aus Böhnchen und Friséesalat, angemacht mit einer Sauce Vinaigrette.

Feine Forellenklößchen

————————— Zutaten ———————

1 küchenfertige Forelle
1 Ei (Gew.-Kl. 3)
3 EL Crème fraîche, 30% Fett i. Tr.
weißer Pfeffer aus der Mühle
Muskatnuß
1/2 TL Zitronensaft
3/4 l Wasser
1 Zwiebel
2 Gewürznelken
1 Stückchen unbehandelte
Zitronenschale
1 Bund Suppengrün

——————— Zubereitung ————————

1. Die Forelle filieren und häuten, die Filets grob zerkleinern. Mit dem Ei und der Crème fraîche im elektrischen Mixer pürieren und mit den Gewürzen abschmecken. Kühl stellen.
2. Das Wasser zum Kochen bringen und die mit Nelken gespickte Zwiebel zugeben. Die Zitronenschale und das zerkleinerte Suppengrün hinzufügen und 5 Minuten ziehen lassen.
3. Mit 2 Teelöffeln kleine Nocken von der Forellenmasse abstechen, in die kochende Brühe geben und bei geringer Hitze 5 bis 7 Minuten ziehen lassen. Mit einem Schaumlöffel herausheben.

Vier Portionen zu je:
22 mg Natrium und 117 kcal/491 kJ

————————Tip————————

Diese Klößchen sind eine delikate Einlage in Kräutersuppen oder sind mit einer Sauce, zum Beispiel Safransauce (siehe Rezept Seite 50), eine feine Vorspeise.

Gebratene Fischspieße

Zutaten

300 g frischer Aal
300 g Kabeljaufilet
150 g frische Scampi
12 Kirschtomaten
1 kleine Salatgurke
12 frische Salbeiblättchen
Saft von 1 Zitrone
englisches Currypulver
oder selbstgemachte Mischung
(siehe Rezept Seite 38)
schwarzer Pfeffer aus der Mühle
2–3 EL Diätmargarine

Zubereitung

1. Den Aal häuten und in 3 cm dicke Stücke schneiden. Die Kabeljaufilets unter fließendem kaltem Wasser abbrausen, trockentupfen und in gleich große Stücke teilen.

2. Die Scampi aus der Schale lösen. Die Tomaten waschen und abtropfen lassen. Die Gurke dünn schälen und in dicke Würfel schneiden.

3. Alle Zutaten abwechselnd mit den Salbeiblättchen auf Schaschlik- oder Metallspieße stecken. Mit dem Zitronensaft beträufeln und mit Curry und Pfeffer bestäuben.

4. Die Margarine in einer großen Pfanne erhitzen und die Spieße von allen Seiten 7 bis 10 Minuten darin braten.

Vier Portionen zu je:
177 mg Natrium und 360 kcal/1512 kJ

Tip

Zu diesen Spießen reicht man eine Marinade oder Sauce. Empfehlenswert ist eine Safransauce (siehe Rezept Seite 50) oder eine Tomaten-Estragon-Sauce (siehe Rezept Seite 56). Aber Sie können selbstverständlich selber wählen. Auf den Seiten 49 bis 57 gibt es viele Anregungen.

Farbtafel 11
»Gefüllter Kabeljau«
und »Gebratene Fischspieße«
(Rezepte S. 109 und oben)

Fischcurry

_____ Zutaten _____

750 g Seelachsfilet
Saft von 1 Zitrone
weißer Pfeffer aus der Mühle
Ingwerpulver
2–3 Knoblauchzehen
1 TL rotes Johannisbeergelee
etwas geriebene Schale und Saft
von 1 unbehandelten Zitrone
1 Chilischote
1/2 TL gemahlener Kümmel
1 EL Senf (siehe Rezept Seite 35)
1 Becher Vollmilchjoghurt (175 g)
2 EL Sonnenblumenöl
1 TL Korianderkörner
2 Schalotten
2 Fleischtomaten
1 Bund glatte Petersilie

_____ Zubereitung _____

1. Den Fisch kurz unter fließendem kaltem Wasser abbrausen und trockentupfen. In mundgerechte Stücke schneiden, mit dem Zitronensaft beträufeln und mit Pfeffer und Ingwer bestreuen.
2. Den Knoblauch schälen und in das Gelee pressen. Mit etwas Orangenschale und Orangensaft verrühren.
3. Die Chilischote aufschneiden, die Kerne herausschaben, die Schote in sehr feine Ringe schneiden und unter das Gelee geben. Mit Kümmel und Senf vermischen und den Joghurt zugeben.

4. Die Sauce über dem Fisch verteilen und 30 Minuten zugedeckt ruhen lassen.
5. Das Öl erhitzen, die Korianderkörner darin anrösten, bis sie duften. Die Schalotten schälen, sehr fein würfeln, hinzufügen und 2 Minuten mitdünsten. Den Fisch mit der Marinade dazugeben und bei geringer Hitze 15 Minuten garen. Ab und zu vorsichtig umrühren.
6. Die Tomaten brühen, häuten, längs halbieren und die Kerne herausdrücken. Das Fruchtfleisch klein würfeln und zum Schluß unter den Fisch geben. Nicht mehr köcheln, nur noch ziehen lassen. Mit der grob gehackten Petersilie bestreuen.

Vier Portionen zu je:
178 mg Natrium und 260 kcal/1092 kJ

_____ **Variation** _____

Dieses Gericht läßt sich mit Kokossahne verfeinern. Dazu werden 200 g Kokosflocken mit 1/2 l kochendem Wasser übergossen. Man läßt es solange ziehen, bis die Masse abgekühlt ist. Nun im Mixer pürieren und durch ein Tuch oder ein Sieb ausdrücken.

◁ *Farbtafel 12*
»Tintenfisch im Bierteig« und
»Gratinierte Jacobsmuscheln auf Spinat«
(Rezepte S. 114 und 118)

Gebackene Fische mit Gewürzjoghurt

─────── Zutaten ───────

*4 küchenfertige kleine Fische
(Renken, Forellen, Brassen)
3 EL Koriandersamen
4 schwarze Pfefferkörner
6 Kardamomsamen
1 TL Paprika, rosenscharf
2 Knoblauchzehen
2 Schalotten
1 EL frische, gehackte Minze
2 EL Anissamen
1 Becher Vollmilchjoghurt (175 g)
2 EL Butter oder Diätmargarine*

─────── Zubereitung ───────

1. Die Fische kurz unter fließendem kaltem Wasser ausspülen, trockentupfen und mit einer Stopfnadel mehrmals rundherum einstechen.
2. Den Koriander, die Pfefferkörner und den Kardamom in einer Pfanne ohne Fettzugabe rösten, bis sie duften und mit dem Paprika in einen Mörser geben.
3. Den Knoblauch und die Schalotten schälen, fein hacken und ebenfalls in den Mörser geben. Die Minze und den Anissamen hinzufügen, alles gut zerquetschen und unter den Joghurt rühren.
4. Die Fische mit dem Brei bestreichen, den Rest hineingeben und 45 Minuten ziehen lassen.
5. Die Fische auf einen Grill oder in einen flachen Bräter legen, mit Fettflöckchen belegen und 15 Minuten grillen beziehungsweise backen. Mit dem heruntertropfenden Saft begießen.

Vier Portionen zu je:
92 mg Natrium und 308 kcal/1293 kJ

Tintenfisch im Bierteig

─────── Zutaten ───────

*500 g Tintenfischringe, tiefgekühlt
Saft von 1 Zitrone
Pfeffer aus der Mühle
5 EL Weizenmehl, Type 405
1/8 l dunkles Bier
1 Ei (Gew.-Kl. 3)
1/8 l Öl zum Ausbacken*

─────── Zubereitung ───────

1. Die Tintenfischringe auftauen und mit dem Zitronensaft und dem Pfeffer leicht würzen.
2. Das Mehl mit dem Bier und dem Ei zu einem geschmeidigen Teig verrühren und zugedeckt 30 Minuten ruhen lassen.
3. Das Öl in einer Pfanne erhitzen, die einzelnen Fischringe in den Teig tauchen, abtropfen lassen und in dem siedenden Öl goldbraun backen. Auf Küchenkrepp entfetten und warm halten.
(siehe Farbtafel 12)

Vier Portionen zu je:
20 mg Natrium und 337 kcal/1415 kJ

─────── **Tip** ───────

Zu diesen Ringen schmeckt ein knackiger grüner Salat in einer Joghurt-Zitronen-Marinade.

114

Schollenfilet mit Apfelfarce

Zutaten

400 g Schollenfilets, tiefgekühlt
Saft von 1 Zitrone
Pfeffer aus der Mühle
1 EL Butter
200 g frische Champignons
200 g Äpfel
3 EL Crème fraîche, 30% Fett i.Tr.
1 EL gehackte Zitronenmelisse
2 Eiweiß (Gew.-Kl. 3)
1 Zweig Thymian
4 Schalotten
1 Tasse Weiß- oder Apfelwein

Zubereitung

1. Die Schollenfilets aus der Packung nehmen, nebeneinander auf ein Brett legen, mit etwas Zitronensaft beträufeln und auftauen lassen. Dann den restlichen Saft darübergießen und kräftig mit Pfeffer würzen.

2. Eine flache feuerfeste Form mit der Butter ausstreichen und die Filets (3 Stück zurücklassen) hineingeben.

3. Die Champignons putzen, waschen und klein schneiden. Die Äpfel schälen, entkernen und achteln. Die übriggebliebenen Schollenfilets würfeln.

4. Alles zusammen in einen elektrischen Mixer geben, die Crème fraîche, die Zitronenmelisse und die Eiweiße hinzufügen und pürieren.

5. Die Thymianblättchen von den Stengeln zupfen. Die Schalotten schälen und fein würfeln. Die Apfelfarce mit etwas Pfeffer würzen und auf den Filets verteilen. Mit dem Thymian und den Schalottenwürfeln bestreuen und den Wein angießen.

6. Die Form mit Alufolie abdecken und in den vorgeheizten Backofen schieben. Bei 200°C 8 Minuten garen. Die Folie abnehmen und 2 Minuten unter dem Grill oder bei starker Oberhitze etwas Farbe nehmen lassen.

Vier Portionen zu je:
142 mg Natrium und 232 kcal/974 kJ

Tip

Geben Sie den Fischfond unter gekochte und durchgepreßte Kartoffeln und bereiten daraus mit etwas Butter einen pikanten Kartoffelbrei zum Fisch zu. Ein gemischter Salat ergänzt das Gericht.

Ostseehering
in Sherrygelee

─────────── Zutaten ───────────

2 Ostseeheringe (etwa 800 g)
Saft von 1 Zitrone
Pfeffer aus der Mühle
6 EL Sherry medium
1 Stückchen frische Ingwerwurzel
1 Frühlingszwiebel
1 Schalotte
1/4 l Fischfond (siehe Rezept Seite 32)
2 EL Fleischextrakt
(siehe Rezept Seite 32)
3 EL Weißweinessig
6 Blatt weiße Gelatine
3 EL frische oder tiefgekühlte Perlerbsen
1 Bund glatte Petersilie
etwas geriebene Schale einer
unbehandelten Zitrone
Zucker
Cayennepfeffer, Ingwerpulver

─────────── Zubereitung ───────────

1. Die Heringe vom Fischhändler küchenfertig bearbeiten lassen, unter fließendem kaltem Wasser abspülen und trockentupfen. Mit dem Zitronensaft beträufeln und 2 Stunden im Kühlschrank ziehen lassen.
2. Nochmals abtupfen, auf einen tiefen, feuerfesten Teller legen, der etwas kleiner sein sollte als einer Ihrer gut schließenden Töpfe.
3. Die Fische mit dem Pfeffer bestreuen und mit 3 Eßlöffeln Sherry begießen. Den Ingwer dünn schälen und fein über den Fisch hobeln. Die Zwiebeln putzen, waschen, mit dem Grün schräg in feine Ringe schneiden. Über den Fisch verteilen. Die Schalotte schälen, sehr fein würfeln und zum Schluß hinzufügen.

4. Einen Topf 2 cm hoch mit kochendem Wasser füllen, 2 bis 3 kleine feuerfeste Förmchen oder Tassen mit der Öffnung nach oben hineinstellen, den Fischteller daraufsetzen und mit dem Deckel verschließen.
5. Den Topf auf eine vorgewärmte Herdplatte stellen und 20 bis 25 Minuten leise köcheln lassen. Den Fisch herausnehmen, die Flüssigkeit auf dem Teller durch ein Sieb geben.
6. Die Fische häuten, entgräten und das Fleisch in mundgerechte Stücke teilen.
7. Den Fond mit dem Fleischextrakt, dem Essig, der Brühe und dem restlichen Sherry vermischen. Die Gelatine nach Packungsanweisung vorbereiten und in der warmen Brühe auflösen.
8. Den Fisch mit den Erbsen und den Petersilienblättchen auf einer Platte oder einem Teller anrichten.
9. Die Aspikmischung mit Pfeffer, etwas Zitronenschale, Zucker, Cayennepfeffer und Ingwer pikant abschmecken – wer es schärfer mag, kann noch 1 Messerspitze des scharfen Gewürzpulvers (siehe Rezept Seite 37) hinzugeben. Den Aspik über den Fisch gießen und im Kühlschrank erstarren lassen.

Vier Portionen zu je:
158 mg Natrium und 350 kcal/1470 kJ

─────────── **Tip** ───────────

Zu diesem Fisch schmecken eine Grüne Sauce (siehe Rezept Seite 54) und Bratkartoffeln.

Pfannengerührter Fisch

_____ Zutaten _____

400 g Fischfilet
(Seelachs, Rotbarsch, Kabeljau)
1 EL Maisstärke
1 Eiweiß (Gew.-Kl. 3)
1 EL japanischer Reis- oder Weinessig
Pfeffer aus der Mühle
2–3 EL Sonnenblumenöl
2 Schalotten
2 Frühlingszwiebeln
Saft von 1 Zitrone
1 Msp. Gewürzpaste
(siehe Rezept Seite 37)
1 Bund glatte Petersilie

_____ Zubereitung _____

1. Das Fischfilet kurz unter fließendem kaltem Wasser abbrausen, trockentupfen und in 5 cm lange und fingerdicke Streifen schneiden.
2. Die Maisstärke mit dem Eiweiß und dem Essig verrühren, mit dem Pfeffer würzen und die Fischstücke darin wälzen. 30 bis 60 Minuten kühlen.
3. Das Öl in einer Pfanne erhitzen. Die Schalotten schälen und klein schneiden. Die Zwiebeln putzen, waschen und klein schneiden. Beides in dem Öl andünsten.
4. Die Fischstücke dazugeben und unter ständigem Schütteln der Pfanne 3 bis 5 Minuten garen.
5. Mit dem Zitronensaft und den Gewürzen abschmecken und zuletzt die grob gehackte Petersilie darüberstreuen. Nach Belieben mit Zuckerschotengemüse und breiten Bandnudeln servieren.

Vier Portionen zu je:
98 mg Natrium und 160 kcal/672 kJ

Sautierte Scampi

_____ Zutaten _____

12 frische Scampischwänze,
in der Schale
2 EL Olivenöl
1 EL Weinbrand
3/8 l Fischfond (siehe Rezept Seite 32)
1/2 Bund gemischte Kräuter
(zum Beispiel wie für die Grüne Sauce)
2 EL Butter
Saft von 1/2 Zitrone
weißer Pfeffer aus der Mühle

_____ Zubereitung _____

1. Die Scampi waschen, trockentupfen, mit einem scharfen Messer der Länge nach halbieren und die Därme entfernen.
2. Das Öl in einer Pfanne erhitzen, die Scampihälften zuerst mit der Fleischseite darin anbraten, umdrehen und 1 bis 2 Minuten auf der Schalenseite braten (das Braten mit der Schale ergibt einen noch intensiveren Geschmack). Die Scampi herausnehmen und warm stellen.
3. Das Öl abgießen, den Bratensatz mit dem Weinbrand löschen, die Brühe hinzugeben und um die Hälfte einkochen.
4. Die Kräuter waschen, trockenschwenken, fein hacken und in die Sauce geben. Mit der kalten Butter binden und mit Zitrone und Pfeffer würzen.

Vier Portionen zu je:
118 mg Natrium und 157 kcal/659 kJ

_____ **Tip** _____

Man ißt Scampi zu Knoblauchbrot und Wein oder mit körnig gekochtem Safranreis und feinen Gemüsegerichten.

Gratinierte Jacobsmuscheln auf Spinat

Zutaten

8 Jacobsmuscheln
100 g frische Champignons
500 g Spinat
1 Knoblauchzehe
Pfeffer aus der Mühle
Muskatnuß
1 EL Butter
Saft von 1/2 Zitrone
1 Rezept Sauce Béchamel
(siehe Rezept Seite 52)
4 TL ungeschälter Sesamsamen

Zubereitung

1. Die Jacobsmuscheln, wenn sie frisch sind, kurz in kochendes Wasser werfen, bis sie sich öffnen. (Man kann sie auch wie Austern roh öffnen, benötigt dazu aber ein Spezialmesser).

2. Die oberen Schalen abnehmen, den Muskel und den Rogen (das orangerote Teil) herausheben und voneinander trennen. Die unteren Schalen warm stellen.

3. Die Pilze putzen, waschen und blättrig schneiden. Den Spinat verlesen, waschen, abtropfen und in wenig kochendem Wasser oder über Dampf zusammenfallen lassen. Gut abtropfen lassen, mit dem zerdrückten Knoblauch, dem Pfeffer und etwas geriebener Muskatnuß würzen.

4. Die Butter erhitzen, die Pilze darin andünsten. Den Spinat hinzufügen und 2 Minuten dünsten. Mit einigen Tropfen Zitronensaft abschmecken.

5. Die Gemüsemischung auf die Muschelhälften verteilen, das Muschelfleisch in Scheiben schneiden und mit dem Rogen auf den Spinat legen.

6. Mit jeweils 2 bis 3 Eßlöffeln Sauce Béchamel überziehen, mit dem Sesam bestreuen und im vorgeheizten Backofen oder unter dem Grill 5 bis 7 Minuten gratinieren.

(siehe Farbtafel 12)

Vier Portionen zu je:
170 mg Natrium und 173 kcal/726 kJ

Tip

Gratinierte Jacobsmuscheln sind eine leckere Vorspeise an Festtagen oder wenn Gäste kommen. Oder zu Reis und Salat eine vorzügliche Hauptmahlzeit.

Fleisch, Geflügel und Wild

Krustenbraten

Zutaten

1,2 kg Schweinebauch (mit Schwarte)
6 Knoblauchzehen
6 Gewürznelken
Pfeffer aus der Mühle
1 Bund Frühlingszwiebeln
oder 200 g Lauch
1 Möhre
1/4 Knollensellerie
3 Lorbeerblätter, 2 Chilischoten
3–4 Pimentkörner
5 schwarze Pfefferkörner
1 kleiner Becher Magerjoghurt (125 g)
Paprika, edelsüß
1 EL Pilzmus (siehe Rezept Seite 33)
Diätwürze

Zubereitung

1. Den Schweinebraten mit der Schwarte nach unten in 1 l Wasser 30 Minuten kochen, herausnehmen und abtropfen lassen. Die Brühe aufheben.
2. Die Schwarte kreuzweise einschneiden. Den Knoblauch schälen und in Stifte schneiden. Die Schwarte mit dem Knoblauch und den Gewürznelken spicken und kräftig pfeffern.
3. Auf den Rost der Fettpfanne des Backofens legen und im vorgeheizten Ofen bei 200° C 60 Minuten schmoren.

4. Die Zwiebeln und das Gemüse putzen, klein schneiden und mit den Gewürzen in die Fettpfanne geben. Mit etwas Kochwasser begießen und weitere 30 Minuten schmoren lassen. Den Braten im ausgeschalteten Ofen nachziehen lassen.
5. Den Bratenfond mit dem Gemüse durch ein Sieb streichen, mit dem Joghurt verrühren und erwärmen, nicht kochen lassen.
6. Mit dem Pilzmus oder der Diätwürze nach Geschmack aromatisieren. Vier fingerdicke Scheiben von dem Braten abschneiden und mit der Sauce anrichten.

Vier Portionen zu je:
127 mg Natrium und 610 kcal/2562 kJ

Tip

Lassen Sie den restlichen Braten abkühlen und verwenden Sie ihn dünn aufgeschnitten als Brotbelag.
Oder überziehen Sie ihn mit einer Aspikmasse aus salzarmer Brühe mit Gelatine und essen dies zu Bratkartoffeln oder Bauernfrühstück.

Pochiertes Rinderfilet

———————— Zutaten ————————

500 g Rinderfilet
Pfeffer aus der Mühle
1/2 l Fleischbrühe (siehe Rezept Seite 31)
1 Stange Lauch
1 Möhre
1/4 Knollensellerie
1 Petersilienwurzel
1 Lorbeerblatt
6 schwarze Pfefferkörner
4 Pimentkörner
1 Stück Meerrettichwurzel
(etwa 15 cm lang)
Saft von 1/2 Zitrone

———————— Zubereitung ————————

1. Das Filet von Fett und Sehnen befreien und rundherum kräftig mit Pfeffer einreiben. Die Brühe erhitzen.
2. Das Gemüse putzen, waschen, klein schneiden, mit den Gewürzen in die Brühe geben und 5 Minuten köcheln lassen.
3. Das Filet hineinlegen und bei mittlerer Hitze bei geöffnetem Topf 20 Minuten köcheln. Die Hitze abschalten und noch 5 Minuten nachziehen lassen.
4. Den Meerrettich schälen, raspeln und mit dem Zitronensaft beträufeln. Das Filet in Scheiben schneiden und mit dem Meerrettich bestreuen.

Vier Portionen zu je:
106 mg Natrium und 215 kcal/903 kJ

————————**Tip**————————

Dazu schmecken Bouillonkartoffeln und Gemüse oder ein Kartoffelgratin und frischer Salat.

Rosmarinsteaks

———————— Zutaten ————————

4 Rumpsteaks (à 200 g)
4 TL Senf (siehe Rezept Seite 35)
Pfeffer aus der Mühle
geriebene Schale von
1/2 unbehandelten Zitrone
1 EL Olivenöl
4 frische Zweige oder 2 TL getrockneter
Rosmarin
4 EL Magerjoghurt

———————— Zubereitung ————————

1. Die Rumpsteaks an der Fettseite mehrmals einschneiden, damit sie sich beim Braten nicht aufwellen. Dann mit dem Senf bestreichen und mit Pfeffer und etwas Zitronenschale würzen.
2. Das Öl in einer Pfanne erhitzen, die Steaks darin von beiden Seiten bei starker Hitze 2 bis 3 Minuten braten.
3. Die Steaks herausnehmen, die Rosmarinzweige in den Bratenfond geben, die Steaks wieder darauflegen, mit Alufolie abdecken und im Backofen bei 150°C 3 Minuten nachziehen lassen.
4. Die Steaks umdrehen, wieder mit Folie abdecken und nochmals 2 Minuten durchziehen lassen, herausnehmen und in der Folie warm halten.
5. Den Bratenfond mit etwas Zitronensaft und dem Joghurt verrühren, durch ein Sieb gießen und die Steaks damit überziehen.

Vier Portionen zu je:
159 mg Natrium und 410 kcal/1722 kJ

Exotische Fleischbällchen

Zutaten

1 altbackenes Brötchen
400 g gemischtes Hackfleisch
2 EL Magerquark
geriebene Schale von 1 unbehandelten Zitrone
1 TL Kreuzkümmel
3–4 Knoblauchzehen
Pfeffer aus der Mühle
1 TL Senf (siehe Rezept Seite 35) oder Diätsenf
1 TL Gewürzpaste (siehe Rezept Seite 37)
3 Schalotten oder kleine Zwiebeln
1 EL Diätmargarine
1 TL Zucker
1 EL Currypulver (siehe Rezept Seite 38) oder englische Mischung
1 EL Weizenmehl, Type 405
200 g Sauerrahm, 10% Fett
2 EL Olivenöl

Zubereitung

1. Das Brötchen vierteln und in etwas Wasser einweichen. Das Hackfleisch mit dem Quark vermengen.

2. Die Zitronenschale zum Fleisch geben, mit Kümmel, zerdrücktem Knoblauch, Pfeffer, Senf und der Gewürzpaste abschmecken. Das ausgedrückte Brötchen untermengen und nochmals abschmecken. Den Teig 35 Minuten ruhen lassen.

3. Die Schalotten schälen und fein würfeln. Die Margarine erhitzen, den Zucker hinzufügen und leicht karamelisieren lassen. Die Schalotten dazugeben. Mit dem Curry und dem Mehl bestäuben und mit etwas Zitronensaft ablöschen.

4. Den Sauerrahm und etwas Wasser dazugeben, bis eine cremige Sauce entsteht. Mit etwas Pfeffer würzen.

5. Das Öl in einer Pfanne erhitzen, aus dem Fleischteig golfballgroße Bällchen formen und in dem Fett rundherum goldbraun braten. Dabei die Pfanne kräftig rütteln, damit die Bällchen gleichmäßig gar werden. Die fertigen Bällchen mit der Sauce überziehen.

Vier Portionen zu je:
53 mg Natrium und 387 kcal/1587 kJ

Kotelett mit Thymiankruste

————————— *Zutaten* —————————

4 Filetkoteletts vom Schwein (à 150 g)
Saft und Schale von 1 unbehandelten
Zitrone
Pfeffer aus der Mühle
2 Bund frischer Thymian
3 Scheiben Weizenschrotbrot
2 EL gerösteter Sesamsamen
1 EL Senf (siehe Rezept Seite 35)
oder Diätsenf
4 EL Crème fraîche, 30% Fett
1–2 Knoblauchzehen, 2 EL Olivenöl

————————— *Zubereitung* —————————

1. Die Koteletts mit dem Zitronensaft beträufeln und etwas ziehen lassen. Die Schale der Zitrone fein abreiben, das Fleisch pfeffern.
2. Den Thymian waschen, die Blättchen von den Stengeln zupfen und bis auf 1 Eßlöffel davon fein hacken. Das Brot entrinden, würfeln und zwischen den Handflächen zerreiben.
3. Den gehackten Thymian mit der Zitronenschale, den Brotkrümeln, dem Sesamsamen, dem Senf und der Crème fraîche vermischen. Den Knoblauch schälen und in die Paste pressen.
4. Das Öl in einer Pfanne erhitzen und die Koteletts rasch von beiden Seiten anbraten. Herausnehmen und nebeneinander in eine feuerfeste flache Form legen.
5. Die Thymiancreme daraufstreichen und im vorgeheizten Backofen bei 200° C 15 Minuten überbacken. Mit dem restlichen Thymian bestreuen.

Vier Portionen zu je:
150 mg Natrium und 570 kcal/2394 kJ

Schweineleber mit Lorbeer

————————— *Zutaten* —————————

500 g Schweineleber
3 EL Sonnenblumenöl
6–8 kleine frische Lorbeerblätter
schwarzer Pfeffer aus der Mühle
geriebene Schale
von 1/2 unbehandelten Zitrone
1–2 EL Balsamessig

————————— *Zubereitung* —————————

1. Die Leber von den Häuten befreien und in fingerdicke Streifen schneiden.
2. Das Öl in einer Pfanne erhitzen, die Lorbeerblätter kurz darin anbraten, die Leber hinzufügen und schnell von allen Seiten bräunen.
3. Den Herd ausschalten und die Leber 3 Minuten nachziehen lassen.
4. Mit dem Pfeffer, der Zitronenschale, dem Essig würzen und gleich servieren.

Vier Portionen zu je:
96 mg Natrium und 230 kcal/966 kJ

————————— **Tip** —————————

Dazu schmecken Vollkornreis mit frischen Erbsen gemischt oder Bandnudeln mit Gemüse.

Gebratenes Kalbsbries

_____ Zutaten _____

600 g Kalbsbries
geriebene Schale und Saft
von 1 unbehandelten Zitrone
3–4 EL Weizenmehl, Type 405
Pfeffer aus der Mühle
Paprika edelsüß
Muskatnuß
1 EL geriebener Emmentaler,
45% Fett i.Tr.
2 EL Diätmargarine

_____ Zubereitung _____

1. Das Kalbsbries wässern. Dann mehrmals in kaltem Wasser waschen, bis alle Blutgerinnsel entfernt sind. Die äußere Haut abziehen und das Bries in vier gleich große Stücke teilen.
2. Die Briesstücke mit dem Zitronensaft beträufeln und kurz ziehen lassen.
3. Das Mehl mit der Zitronenschale, etwas Pfeffer, Paprika, geriebener Muskatnuß und dem Käse gut vermischen. Die Briesstücke einzeln in der Mischung wälzen, bis sie rundherum damit bedeckt sind.
4. Die Margarine in einer Pfanne erhitzen, die Briesstücke hineingeben und bei milder Hitze von allen Seiten goldbraun braten.

Vier Portionen zu je:
125 mg Natrium und 240 kcal/1008 kJ

_____ **Tip** _____

Zum Bries schmecken Nudeln oder Reis, Zitronensauce (siehe Rezept Seite 57) und grüner Salat mit Gurken.

Kalbsgeschnetzeltes in Mandelmilch

_____ Zutaten _____

500 g Kalbfleisch (Schnitzelfleisch)
geriebene Schale und Saft
von 1 unbehandelten Zitrone
Pfeffer aus der Mühle
1/8 l Vollmilch
80 g gemahlene, geschälte Mandeln
2 EL Sonnenblumenöl
2 EL Crème fraîche, 30% Fett
1 EL Mandellikör
oder 1 Tropfen Bittermandelöl
1 Bund glatte Petersilie

_____ Zubereitung _____

1. Das Kalbfleisch von den Sehnen befreien und in feine Streifen schneiden. Mit der Zitronenschale und Pfeffer bestreuen, mit dem Zitronensaft beträufeln und zugedeckt kurz ziehen lassen.
2. Die Milch mit den Mandeln aufkochen, 5 Minuten bei geringer Hitze köcheln und vom Herd nehmen.
3. Das Öl in einer großen Pfanne erhitzen, das Fleisch hineingeben und kräftig von allen Seiten anbraten. Die Mandelmilch durch ein Sieb streichen, hinzufügen und alles 10 Minuten köcheln.
4. Mit Crème fraîche binden, mit dem Mandellikör aromatisieren und zum Schluß mit der grob gehackten Petersilie bestreuen.

Vier Portionen zu je:
148 mg Natrium und 397 kcal/1667 kJ

_____ **Tip** _____

Als Beilage zu diesem Gericht empfehlen sich Bandnudeln und ein frischer Salat.

Kalbsfrikassee

Zutaten

1 Bund Suppengrün
1 große geschälte Zwiebel
2 Gewürznelken
1 Petersilienwurzel
1 Bund glatte Petersilie
1 Lorbeerblatt
5–7 weiße Pfefferkörner
1 Stück Schale einer unbehandelten
Zitrone
600 g Kalbsschulter
1 kleiner Blumenkohl (ca. 350 g)
1 Eigelb (Gew.-Kl. 3)
3 EL Sahne, 30% Fett
Pfeffer aus der Mühle
Muskatnuß
1/2 Bund Zitronenmelisse

Zubereitung

1. Das Suppengrün putzen und klein schneiden. Die Zwiebel mit den Nelken spicken und mit der geschälten Wurzel, den Kräutern und den Gewürzen in 1/2 l Wasser zum Kochen bringen. Ein Stückchen Zitronenschale hinzufügen.
2. Das Fleisch hineinlegen, die Hitze herunterschalten und bei geringer Hitzezufuhr 65 Minuten köcheln.
3. Den Blumenkohl putzen, waschen und in Röschen zerteilen. In Alufolie einwickeln und in kochendem Wasser 20 Minuten garen. Herausnehmen und zusammen mit 1/8 l von der Fleischbrühe im elektrischen Mixer pürieren.
4. Die Sauce wieder erwärmen, aber nicht kochen lassen. Das Eigelb mit der Sahne verrühren und die Sauce damit legieren. Mit etwas Zitronensaft, Pfeffer und einem Hauch geriebener Muskatnuß würzen.
5. Das Fleisch würfeln und in die Sauce geben. Zum Schluß die gewaschene und klein geschnittene Zitronenmelisse darunterziehen.

Vier Portionen zu je:
120 mg Natrium und 233 kcal/978 kJ

Tip

Dieses Frikassee kann man im Reisrand servieren, zu Nudeln essen oder in Pasteten füllen.
Kocht man das Fleisch im Schnellkochtopf, verringert sich die Garzeit um 40 Minuten und die Brühe wird intensiver im Aroma.

Kalbsbratwürste

————————— Zutaten —————————

500 g Kalbfleisch (Schlegel)
1 Zwiebel, 1 Brötchen
1 Bund glatte Petersilie
geriebene Schale von 1 unbehandelten
Zitrone
1 TL Majoran, 1/2 geriebene Muskatnuß
1 Rindermarkknochen
1/2 TL Pastetengewürz
(siehe Rezept Seite 38)
3 Eier (Gew.-Kl. 3)
Wurstdarm oder Kalbsnetze

————————— Zubereitung —————————

1. Das Kalbfleisch würfeln, die Zwiebeln schälen und grob zerkleinern. Das Brötchen in etwas Wasser einweichen und ausdrücken.
2. Die Petersilie waschen, alles zusammen durch die feine Scheibe des Fleischwolfes drehen und mit der Zitronenschale, Majoran und Muskatnuß würzen.
3. Den Rinderknochen kurz erwärmen, das Mark herausholen, unter den Fleischteig geben und diesen mit dem Pastetengewürz abrunden.
4. Die Eier untermischen und alles zu einer geschmeidigen Masse verrühren.
5. Die Kalbsnetze in kleine Stücke schneiden, mit etwas Wurstmasse belegen und Würste formen. Haben Sie einen Wurstdarm, füllen Sie die Masse fest hinein und binden mit Küchenzwirn etwa 6 cm lange Würste ab.
6. Die Bratwürste in kochendem Wasser 5 Minuten brühen oder braten.
(siehe Farbtafel 13)

Vier Portionen zu je:
209 mg Natrium und 245 kcal/1029 kJ

Weißwürste

————————— Zutaten —————————

1,25 kg Kalbfleisch
300 g frischer Rückenspeck
2 Bund glatte Petersilie
1 Bund Zitronenmelisse
1 Handvoll frischer Kerbel
1 Bund Liebstöckel
1/8 l Vollmilch
geriebene Schale von 1 unbehandelten
Zitrone
1 1/2 TL weißer Pfeffer
1 TL Diätwürze
Schweinedarm

————————— Zubereitung —————————

1. Das Kalbfleisch und den Speck grob würfeln und zuerst durch die grobe Scheibe, dann nochmals durch die feine Scheibe des Fleischwolfes drehen.
2. Die Kräuter waschen und ebenfalls durch den Fleischwolf pressen. Die Masse in eine Schüssel geben und mit der Milch glatt verrühren.
3. Mit der Zitronenschale, dem Pfeffer und der Diätwürze abschmecken. Mit einem Wurststopfer (wer einen elektrischen Fleischwolf besitzt, verfügt über einen) oder mit einem Trichter die Wurstmasse ganz fest in den Schweinedarm stopfen, damit keine Blasen entstehen.
4. Jeweils nach 10 bis 12 cm den gefüllten Darm mit Küchenzwirn abbinden. Wasser erhitzen und die Weißwürste 10 Minuten darin ziehen – nicht kochen – lassen.

Ergibt 10 Stück zu je:
91 mg Natrium und 370 kcal/1554 kJ

Kalbszungenragout

1 frische Kalbszunge (500 bis 600 g)
1 Bund Suppengrün
1 unbehandelte Zitrone
1 Petersilienwurzel
3 Zweige glatte Petersilie
2 Zweige frischer Thymian
6 schwarze Pfefferkörner
1 geschälte Zwiebel
2 Gewürznelken
2 frische oder 1 getrocknetes
Lorbeerblatt
125 g frische Champignons
2 Schalotten
2 EL Sonnenblumenöl
1 EL Weizenmehl, Type 405
2–3 EL Weinessig
Pfeffer aus der Mühle
Zucker
Diätwürze

———————— Zubereitung ————————

1. Die Kalbszunge kurz unter fließendem kaltem Wasser abbrausen. Das Suppengrün putzen, waschen und klein schneiden. Von·der Zitrone eine kleine Schalenspirale abschneiden. Die Petersilienwurzel schälen und klein schneiden.
2. Alles zusammen in einen Topf geben, 1 l Wasser angießen, die Kräuter, die Zwiebel und die Gewürze hinzufügen und zugedeckt 70 bis 80 Minuten kochen lassen.
3. Die Champignons putzen, waschen und blättrig schneiden. Die Schalotten schälen und fein würfeln. Die Hälfte des Öls in einer Pfanne erhitzen, die Pilze und die Schalotten darin 5 Minuten dünsten.

4. Die Zunge aus der Brühe nehmen, mit kaltem Wasser abschrecken und die Haut abziehen. Das Fleisch würfeln. Die Brühe durch ein Sieb gießen.
5. Das restliche Öl erhitzen, das Mehl hineingeben und leicht anschwitzen. Soviel Brühe angießen, daß sich eine cremige Sauce ergibt. Mit Essig, Pfeffer, Zucker und Diätwürze abschmecken.
6. Die Pilzmischung und die Zunge in die Sauce geben. Nochmals abschmecken und eventuell etwas Zitronensaft dazugeben.

Vier Portionen zu je:
109 mg Natrium und 230 kcal/966 kJ

———————— **Variation** ————————

Nach diesem Rezept können Sie auch Rinder- oder Schweinezunge zubereiten. Verfeinern läßt sich das Ragout mit Perlerbsen und/oder Schalotten in Portwein (siehe Rezept Seite 88).
Kocht man die Zunge im Schnellkochtopf, wird die Brühe aromatischer und die Garzeit verkürzt sich um 45 Minuten.

Feine Kräuterröllchen

2 Bund Basilikum
1–2 Knoblauchzehen
2–3 EL Olivenöl
Pfeffer aus der Mühle
4 Kalbsschnitzel (à 125 g)
500 g Tomaten
8 dünne Scheiben frischer Speck
1 TL Kräuter der Provence, tiefgekühlt

——————— Zubereitung ———————

1. Das Basilikum waschen, trockenschwenken und hacken. Den Knoblauch schälen und hacken. Alles zusammen im Mörser zerquetschen, das Öl hinzufügen, zu einer geschmeidigen Paste verarbeiten und mit dem Pfeffer würzen.
2. Die Kalbsschnitzel der Länge nach halbieren, so daß 8 dünne Scheiben entstehen. Jede Scheibe mit etwas Kräuterpaste bestreichen, aufeinandersetzen und in Alufolie einwickeln. Im Kühlschrank 25 Minuten ziehen lassen.
3. Die Tomaten brühen, häuten, längs halbieren und die Kerne herausdrücken. Das Fruchtfleisch würfeln.
4. Die Fleischscheiben auswickeln, den Speck darauflegen und zusammenrollen. Mit Rouladennadeln oder Küchenzwirn befestigen.
5. Die Tomaten in einen Bratbeutel füllen, mit etwas frischem Pfeffer bestreuen, die Kräuter der Provence darauf verteilen und zum Schluß die Fleischröllchen dazulegen.

6. Den Beutel nach Packungsanweisung verschließen, auf den kalten Rost der Fettpfanne legen und im vorgeheizten Backofen bei 200° C 15 bis 20 Minuten garen.
(siehe Farbtafel 13)

Vier Portionen zu je:
154 mg Natrium und 330 kcal/1386 kJ

———————**Variation**———————
Dazu schmecken Nudeln oder Reis und ein kleiner Salat.

Ochsenschwanz
in Guinness

Zutaten

1,3 kg Ochsenschwanz
Pfeffer aus der Mühle
geriebene Schale von 1 unbehandelten
Zitrone
2 Lorbeerblätter
1/4 l Guinness oder dunkles Bier
2 Zwiebeln
2 Möhren
1 Stange Lauch
1/4 Knollensellerie
2 EL Sonnenblumenöl
3 EL Crème fraîche, 30% Fett

Zubereitung

1. Den Ochsenschwanz vom Metzger in 7 bis 9 Stücke zerhacken lassen. Kurz unter fließendem kaltem Wasser abbrausen und trockentupfen. Die Stücke gut pfeffern und in eine Schüssel legen.
2. Mit der Zitronenschale und den geriebelten Lorbeerblättern bestreuen, mit Bier übergießen und zugedeckt 12 Stunden marinieren.
3. Die Ochsenschwanzstücke herausnehmen und gut abtropfen lassen. Das Gemüse putzen, waschen und klein schneiden.

4. Das Öl in einem Bräter erhitzen, die Fleischstücke bei starker Hitze darin von beiden Seiten anbraten.
5. Das Gemüse hinzufügen, kurz mit andünsten, dann mit der Marinade übergießen und im vorgeheizten Backofen bei 200° C 60 Minuten schmoren. Eventuell noch etwas Bier angießen.
6. Die Fleischstücke herausnehmen und warm stellen. Die Sauce mit dem Gemüse durch ein Sieb streichen, mit Crème fraîche abrunden und nachwürzen. Die Sauce getrennt reichen.

Vier Portionen zu je:
128 g Natrium und 300 kcal/1260 kJ

Tip

Zu diesem Gericht schmecken Pellkartoffeln und Rübenmus mit Zwiebeln (siehe Rezept Seite 73).

Farbtafel 13 ▷
»Kalbsbratwürste« und »Feine Kräuterröllchen« (Rezepte S. 125 und 127)

Milchlammbraten

800 g ausgelöste Lammschulter
2 Knoblauchzehen
6 Korianderkörner
8 schwarze Pfefferkörner
1 Lorbeerblatt
1/2 TL getrockneter Majoran
1 Gewürznelke
geriebene Schale
von 1/2 unbehandelten Zitrone
2 EL Olivenöl
1 1/2 l Vollmilch
Pfeffer aus der Mühle

_____ Zubereitung _____

1. Das Lammfleisch kurz unter fließendem kaltem Wasser abbrausen und trockentupfen.
2. Den Knoblauch schälen, zerkleinern, in einen Mörser geben und die Korianderkörner- und Pfefferkörner, das gerebelte Lorbeerblatt, den Majoran, die Gewürznelke und die Zitronenschale hinzufügen und alles im Mörser zerquetschen.
3. Diese Paste auf das Fleisch streichen, dieses zusammenrollen und mit Küchenzwirn umwickeln.

4. Das Öl in einem Schmortopf oder einem Bräter erhitzen, das Fleisch hineingeben und bei mittlerer Hitze von jeder Seite anbraten. Die Milch in einem Topf erhitzen und über den Braten gießen.
5. Im vorgeheizten Backofen bei 200° C 60 Minuten schmoren lassen. Eventuell das Fleisch öfters wenden, damit es nicht ansetzt.
6. Das Fleisch herausnehmen und in Folie warm halten. Die Milch bis etwa auf eine Flüssigkeitsmenge von einer Tasse einkochen. Dabei den angesetzten Bratenfond mitablöschen. Es sollte eine hellbraune, leicht sämige Sauce daraus entstehen.
7. Das Fleisch in Scheiben schneiden und mit der Sauce, die man noch beliebig würzen kann, anrichten.

Vier Portionen zu je:
188 mg Natrium und 600 kcal/2520 kJ

_____ **Tip** _____

Kocht man im Schnellkochtopf, so reduziert sich die Milchmenge auf 1 Liter. Die Garzeit verkürzt sich um 45 Minuten.

◁ *Farbtafel 14*
»Ente mit Salbei«
und »Korianderkaninchen«
(Rezepte S. 130 und 135)

Ente mit Salbei

Zutaten

1,7 kg frische oder tiefgekühlte Ente
Pfeffer aus der Mühle
geriebene Schale
von 1 unbehandelten Zitrone
1 Bund glatte Petersilie
2 Zweige frischer Salbei
5 Schalotten oder kleine Zwiebeln
500 g Kartoffeln
250 g Äpfel

Zubereitung

1. Die Innereien aus der Ente entfernen (tiefgefrorene Ware erst ganz auftauen lassen), kurz unter fließendem kaltem Wasser ausspülen und trockentupfen.
2. Das Fett abschneiden, klein würfeln und in einem Schmortopf oder einem Bräter auslassen.
3. Die Ente innen und außen pfeffern und mit der Zitronenschale einreiben. Die gewaschenen Kräuter in den Vogel geben und diesen mit Holzstäbchen gut verschließen.
4. Die Ente zusammen mit den Innereien in dem ausgelassenen Fett anbraten. Die Schalotten schälen, halbieren und dazugeben.
5. Die Kartoffeln schälen und in Scheiben schneiden. Die Äpfel schälen, entkernen und das Fruchtfleisch achteln. Alles um die Ente verteilen.
6. 1/8 l Wasser angießen und in den vorgeheizten Backofen schieben. Bei 250°C 50 bis 60 Minuten braten. Zwischendurch öfters mit dem Fett oder etwas Wasser begießen.

7. Die Ente herausnehmen und tranchieren. Das Entenfett in einem Schüsselchen auffangen und im Kühlschrank erstarren lassen. Die Kartoffel-Apfel-Mischung zu der Ente reichen und einen Salat dazu servieren.
(siehe Farbtafel 14)

Vier Portionen zu je:
203 mg Natrium und 740 kcal/3108 kJ

Tip

Die Entenreste ergeben noch einen leckeren Brotaufstrich: Das Fleisch klein schneiden und mit dem gewonnenen Entenfett vermischen. Mit Zitronensaft beträufeln und mit Pfeffer aus der Mühle bestreuen. Auf Vollkornbrot schmeckt dieser Aufstrich ganz köstlich.
Aus der Karkasse (Knochen) können Sie noch eine kräftige Brühe kochen. Dafür die Karkasse zerhacken, mit Wasser bedecken, ein Lorbeerblatt hinzufügen und 45 Minuten bei geringer Hitze offen köcheln lassen. Anschließend durchsieben und einfrieren. Dieser Fond ist ideal für Saucen.

Huhn mit Orangen

_____ Zutaten _____

1 Poularde (1,2 kg)
Pfeffer aus der Mühle
1 EL Ingwerpulver
geriebene Schale und Saft
von 2 unbehandelten Orangen
50 g Zucker
1 EL Senf (siehe Rezept Seite 35)
oder Diätsenf
1/2 TL getrocknete Kräuter der Provence
1 TL Maisstärke
1/2 Tasse Sherry medium
1 EL kandierter Ingwer

_____ Zubereitung _____

1. Die Poularde kurz unter fließendem kaltem Wasser ausspülen, die Innereien – soweit vorhanden – kurz abspülen.
2. Das Huhn trockentupfen und mit dem Pfeffer und dem Ingwer einreiben. Auf den Rost der Fettauffangpfanne des Backofens legen und bei 220°C 45 Minuten braten.
3. Die Hälfte des Orangensaftes mit dem Zucker, dem Senf, der Hälfte der Orangenschale und den Kräutern verrühren und die Poularde öfters damit einstreichen.
4. Den knusprig gebratenen Vogel auf eine vorgewärmte Platte legen und warm stellen.
5. Die Maisstärke mit dem Sherry anrühren, den restlichen Orangensaft hinzufügen und den Bratenfond damit binden. Mit Pfeffer, der restlichen Orangenschale und dem fein geschnittenen Ingwer würzen. Die Sauce zu der Poularde reichen.

Vier Portionen zu je:
126 mg Natrium und 355 kcal/1491 kJ

Grillsteak »Esterházy«

_____ Zutaten _____

4 Putenschnitzel (à 125 g)
geriebene Schale und Saft
von 1 unbehandelten Zitrone
1–2 Knoblauchzehen
Pfeffer aus der Mühle
1 Möhre
1 Stange Lauch
1/4 Knollensellerie
1 EL Diätmargarine
1 EL Olivenöl
1 EL gehackter Kerbel oder Petersilie

_____ Zubereitung _____

1. Die Putenschnitzel mit der geballten Faust flach klopfen und mit der Zitronenschale bestreuen.
2. Den Zitronensaft mit dem zerdrückten Knoblauch und Pfeffer verrühren und die Schnitzel darin marinieren. 30 Minuten zugedeckt ziehen lassen.
4. Das Gemüse putzen, waschen und in sehr feine, dünne Streifen (Julienne) schneiden. Die Margarine erhitzen und die Gemüsestreifen darin etwa 5 Minuten dünsten.
5. Das Öl in einer Pfanne erhitzen, die Putenschnitzel darin von beiden Seiten 3 Minuten braten oder mit dem Öl einpinseln und unter dem Grill garen.
6. Das Gemüse auf die fertigen Schnitzel geben und mit Kerbel oder Petersilie bestreuen.

Vier Portionen zu je:
90 mg Natrium und 205 kcal/820 kJ

Gefüllter Rollbraten
»Holsteiner Art«

———————— Zutaten ————————

200 g gemischtes Backobst
2 Zwiebeln
1 EL Olivenöl
2 EL Semmelbrösel
50 g Mandelblättchen
1 Ei (Gew.-Kl. 3)
Pfeffer aus der Mühle
1 Prise Zucker
800 g Putenrollbraten
geriebene Schale von 1 unbehandelten
Zitrone
2–3 Knoblauchzehen
2 Bund Suppengrün
1/2 Tasse trockener Weißwein
1/4 l Fleischbrühe (siehe Rezept Seite 31)
2 EL Crème fraîche, 30% Fett
1 Bund Schnittlauch

———————— Zubereitung ————————

1. Das Backobst einige Stunden, besser über Nacht, einweichen. Dann gut abtropfen lassen und grob hacken.
2. Die Zwiebeln schälen und fein würfeln. Das Öl erhitzen, die Zwiebeln darin glasig dünsten. Die Semmelbrösel hinzufügen, leicht anrösten und vom Herd nehmen.
3. Mit den Mandeln, dem Ei und dem zerkleinerten Backobst vermischen und mit Pfeffer und Zucker würzen.
4. Den Putenrollbraten aus dem Netz nehmen (wird Tiefkühlware verwendet, erst ganz auftauen lassen) und auseinanderrollen. Mit der Zitronenschale einreiben und mit Zitronensaft beträufeln.

5. Die Füllung daraufstreichen und wieder zusammenrollen. Mit Küchenzwirn verschnüren und in einen gewässerten Tontopf legen.
6. Den Knoblauch zerdrücken, auspressen und den Braten mit dem Knoblauchsaft beträufeln. Mit dem geputzten Suppengrün umlegen und den Wein und die Brühe angießen. Den Topf schließen und in den kalten Backofen schieben. Bei 250°C 45 Minuten garen.
7. Den Deckel abnehmen, die Hitze auf 200°C herunterschalten und den Braten weitere 15 Minuten Farbe nehmen lassen. Herausnehmen und in Alufolie warm halten.
8. Den Bratenfond durch ein Sieb streichen, mit Crème fraîche binden und mit Pfeffer und etwas Zitronensaft abschmecken.
9. Nach Belieben noch etwas Diätwürze hinzufügen und zum Schluß den fein geschnittenen Schnittlauch unterziehen. Den Rollbraten aufschneiden und mit der Sauce überziehen.

Vier Portionen zu je:
133 mg Natrium und 540 kcal/2268 kJ

———————————Tip———————————

Wer streng natriumarm essen muß, nimmt statt der handelsüblichen Semmelbrösel selbstgemachte alte Brötchen oder zerbröseltes, natriumarmes Knäckebrot.
Dieses Rezept läßt sich abwandeln, indem man die Füllung zum Beispiel in eine Lamm- oder Kalbsbrust gibt.

Saure Keulchen
im Wurzelsud

Zutaten

4 kleine Putenschenkel (à 340 g)
Pfeffer aus der Mühle
Paprika, edelsüß
abgeriebene Schale
von 1 unbehandelten Zitrone
250 g Frühlingszwiebeln oder Lauch
250 g Möhren
100 g Petersilienwurzeln
250 g Knollensellerie
2 Lorbeerblätter
10 schwarze Pfefferkörner
1/4 l Weinessig
1/2 TL Zucker
1 EL Diätmargarine
2 EL Weizenmehl, Type 405
Diätwürze
1 Bund glatte Petersilie

Zubereitung

1. Die Putenschenkel kurz unter fließendem kaltem Wasser abbrausen und trockentupfen. Mit Pfeffer, Paprika und der Zitronenschale rundherum einreiben.
2. Den Zitronensaft auspressen, die Schenkel damit beträufeln und kurz ziehen lassen.
3. Die Zwiebeln putzen, soviel wie möglich von dem Grün daranlassen, längs halbieren, waschen und in 2 cm breite Stücke schneiden. Die Möhren und die Petersilienwurzeln dünn schälen und in Scheiben schneiden. Den Sellerie schälen, waschen und würfeln.
4. 1/2 l Wasser mit dem Gemüse, den Gewürzen, dem Essig und dem Zucker in einen Topf geben, die Putenschenkel hineinlegen und etwa 40 Minuten garen. Herausnehmen und warm stellen. (Im Schnellkochtopf benötigt das Gericht auf der »Biostufe« 20 Minuten).
5. Die Brühe durch ein Sieb streichen. Die Margarine erhitzen, das Mehl hinzufügen und leicht anschwitzen. Mit der Brühe löschen und rühren, bis eine cremige Sauce entsteht. Mit dem Pfeffer und der Diätwürze abschmecken.
6. Die Petersilie waschen, trockenschwenken und fein hacken. Zum Schluß zur Sauce geben und diese über die fertigen Putenschenkel gießen.

Vier Portionen zu je:
213 mg Natrium und 327 kcal/1373 kJ

Tip

Zu diesem Gericht paßt gut ein Kerbel-Zwiebel-Gratin (siehe Rezept Seite 82).

Gefüllte Täubchen

Zutaten

4 Tauben oder Stubenküken
1/4 l Apfelmost oder naturtrüber
Apfelsaft
2 EL Sonnenblumenöl
geriebene Schale von 1 unbehandelten
Orange
2 Stengel glatte Petersilie
2 Zweige Thymian
2 Zweige Majoran
1 Lorbeerblatt
3 zerdrückte Wacholderbeeren
5 zerdrückte schwarze Pfefferkörner
50 g Perlgraupen
1 Packung Kräuter der Provence,
tiefgekühlt
2 Schalotten
1 reife Tomate
Pfeffer aus der Mühle
12 Wirsingblätter
3 TL Butter

Zubereitung

1. Die Täubchen kurz unter fließendem kaltem Wasser ausspülen und trockentupfen.
2. Den Apfelmost mit dem Öl, der Orangenschale, den Kräutern und den Gewürzen vermischen und die Tauben 2 Stunden darin marinieren. Dies geht am besten in einem Bratbeutel, den man öfters durchschüttelt, damit alle Fleischteile mit Marinade in Berührung kommen.
3. Die Graupen in 1/4 l Wasser 45 Minuten kochen, abgießen und mit den Kräutern der Provence vermischen.

4. Die Tomate brühen, häuten, längs halbieren, entkernen und das Fruchtfleisch sehr fein würfeln. Zusammen mit den fein geschnittenen Schalotten unter die Graupen geben und mit Pfeffer abschmecken.
5. Die Tauben aus der Marinade nehmen und mit der Graupenmasse füllen.
6. Die Wirsingblätter blanchieren (2 bis 3 Minuten ins kochende Wasser geben, dann abschrecken). Jeweils 3 Blätter ineinanderlegen, 1 Teelöffel der Butter darauf verteilen, je eine Taube darauflegen und einwickeln.
7. Die Rollen in einen Schmortopf nebeneinanderlegen, die durchgesiebte Marinade angießen und auf dem Herd oder im Backofen bei niedriger Hitze 50 Minuten garen.
8. Die Tauben herausnehmen, aus den Blättern wickeln und warm stellen. Die Blätter fein hacken oder pürieren und den Saucenfond damit binden.
9. Die restlichen 2 Teelöffel Butter mit einem Schneebesen in die Sauce schlagen, pikant abschmecken und die Tauben mit der Sauce überziehen.

Vier Portionen zu je:
130 mg Natrium und 363 kcal/1524 kJ

Tip

Man kann die Tauben auch im Schnellkochtopf zubereiten, dann verringert sich die Garzeit um 35 Minuten.

Glasierte Hühnerschlegel

_____ Zutaten _____

4 fleischige Hühnerkeulen (à 175 g)
Pfeffer aus der Mühle
1/4 l frisch ausgepreßter Orangensaft
3 EL flüssiger Honig
2 EL Weinbrand
1–2 Knoblauchzehen
1 EL frisch geriebener Meerrettich
2 EL Diätmargarine

_____ Zubereitung _____

1. Die Hühnerkeulen kurz unter fließendem kaltem Wasser abbrausen, trockentupfen und rundherum mit dem Pfeffer einreiben.
2. Den Orangensaft mit dem Honig und dem Weinbrand verrühren. Den Knoblauch schälen, zerdrücken und in die Marinade geben. Zum Schluß den Meerrettich hinzufügen.
3. Die Hühnerkeulen in eine Schüssel legen, mit der Marinade übergießen und einige Stunden – besser über Nacht – darin ziehen lassen.
4. Eine feuerfeste Form mit etwas Fett auspinseln, die Hühnerkeulen hineinlegen, mit der Marinade begießen, das restliche Fett in Flöckchen darauf verteilen und in den vorgeheizten Backofen schieben.
5. Bei 220°C 20 Minuten schmoren. Zwischendurch öfters mit der Marinade begießen. Den Herd ausschalten und nach 5 Minuten ziehen lassen. Mit Pellkartoffeln und Lauchgemüse servieren.

Vier Portionen zu je:
120 mg Natrium und 275 kcal/1155 kJ

Korianderkaninchen

_____ Zutaten _____

1 Kaninchenrücken (etwa 800 g)
Pfeffer aus der Mühle
2–3 EL Olivenöl
2 TL Korianderkörner
2 Zwiebeln
2–3 Knoblauchzehen
200 g Tomaten
Cayennepfeffer, 1 Prise Zucker
1 TL Senf (siehe Rezept Seite 35)
1 TL Cumberlandsauce
(siehe Rezept Seite 56)
oder 1/2 TL Johannisbeergelee

_____ Zubereitung _____

1. Den Kaninchenrücken von den Häuten befreien, einmal durchschneiden und beide Stücke mit dem Pfeffer einreiben.
2. Das Öl in einem Schmortopf oder einem Bräter erhitzen, die leicht zerdrückten Korianderkörner darin rösten, bis sie duften.
3. Das Kaninchen hineingeben und rundherum anbraten. Die Hitze etwas herunterschalten. Die Zwiebeln und den Knoblauch schälen, würfeln, in den Bratenfond geben und andünsten.
4. Die Tomaten brühen, häuten, längs halbieren und entkernen. Das Fruchtfleisch würfeln, zum Fleisch geben und mit Cayennepfeffer und Zucker würzen.
5. Das Gericht bei mittlerer Hitze im geschlossenen Topf 30 Minuten schmoren lassen. Die Sauce mit Senf, der Cumberlandsauce oder Johannisbeergelee und etwas Pfeffer abschmecken.
(siehe Farbtafel 14)

Vier Portionen zu je:
56 mg Natrium und 205 kcal/861 kJ

Hasenfilets
in Hagebuttencreme

──────── Zutaten ────────

1 ausgelöster Hasenrücken
(ergibt 2 Filets)
Pfeffer aus der Mühle
1 TL getrockneter Thymian
2 EL trockener Sherry nach Belieben
2 EL Sonnenblumenöl
50 g gesüßtes Hagebuttenmark
1/8 l Wildfond (siehe Tip zu
»Dunkler Kalbsfond« Seite 31) oder
Fleischextrakt (siehe Rezept Seite 32)
3 Wacholderbeeren
abgeriebene Schale und Saft
von 1/2 unbehandelten Zitrone
1–2 EL Crème fraîche, 30% Fett

──────── Zubereitung ────────

1. Die Hasenfilets enthäuten, mit Pfeffer
und Thymian einreiben. Nach Belieben
mit Sherry beträufeln und anschließend
kurz ziehen lassen.
2. Das Öl in einer Pfanne erhitzen, die
Hasenfilets hineingeben und von jeder
Seite 5 bis 7 Minuten braten. Herausnehmen und in Alufolie warm halten.
3. Den Bratenfond mit dem Hagebuttenmark verrühren und mit dem Fond ablöschen. Die zerriebenen Wacholderbeeren, die Zitronenschale und den -saft hinzufügen und etwas einkochen lassen.
4. Mit Crème fraîche abrunden und mit
dem Pfeffer abschmecken. Die Hasenfilets nach Belieben mit Schalotten in
Portwein (siehe Rezept Seite 88) und Nudeln servieren.

Vier Portionen zu je:
55 mg Natrium und 240 kcal/1008 kJ

Hirschsteak

──────── Zutaten ────────

4 Hirschsteaks (à 150 g)
Pfeffer aus der Mühle
4 Wacholderbeeren
geriebene Schale von 1 unbehandelten
Zitrone und von 1/2 unbehandelten
Orange
3 EL Sonnenblumenöl
etwas Zitronen- und Orangensaft
1 EL Pilzmus (siehe Rezept Seite 33)
2 EL Crème fraîche, 30% Fett
1 Prise Zucker

──────── Zubereitung ────────

1. Die Hirschsteaks pfeffern. Die Wacholderbeeren im Mörser zerquetschen,
die Zitronen- und Orangenschale dazugeben und mit dem Öl zu einer Paste verrühren. Die Steaks damit bestreichen.
2. Eine Pfanne erhitzen, das Fleisch darin von beiden Seiten etwa 5 Minuten braten, herausnehmen und in Alufolie warm
halten.
3. Den Bratenfond mit etwas Zitronensaft und Orangensaft ablöschen, das
Pilzmus unterrühren und mit Crème
fraîche binden. Mit etwas Pfeffer und
Zucker abschmecken.

Vier Portionen zu je:
92 mg Natrium und 265 kcal/1113 kJ

Gebäck

Kräuterbrötchen

(ergibt etwa 18 Stück)

―――――― Zutaten ――――――

150 ml lauwarmes Wasser
150 ml Milch
1 TL brauner Zucker
20 g frische Hefe
500 g Roggenmehl, Type 997
2 TL gemischte getrocknete Kräuter
(zum Beispiel Thymian, Majoran,
Liebstöckel, Kerbel, Basilikum)
1/2 TL Fenchelsamen
1 TL Koriandersamen
1 EL salzfreier Hefeextrakt
Pfeffer aus der Mühle
2 EL zerlassene Diätmargarine

―――――― Zubereitung ――――――

1. Das Wasser, die Milch, den Zucker und die Hefe gut miteinander verrühren und an einem warmen Ort solange ruhen lassen, bis die Mischung eine leichte Schaumkrone bildet.

2. Die Hefemischung unter das Mehl geben, die Kräuter und die Gewürze hinzufügen und alles zu einem weichen Teig verkneten.

3. 1 Eßlöffel zerlassene Margarine in eine Schüssel geben, den Teigkloß darin wälzen, so daß er gleichmäßig glänzt. Zugedeckt an einem warmen Ort etwa 60 Minuten gehen lassen, bis sich das Teigvolumen verdoppelt hat.

4. Den Teig aus der Schüssel nehmen, 3 Minuten durchkneten, dann den Vorgang mit dem zerlassenen Fett wiederholen und weitere 60 Minuten gehen lassen.

5. Nochmals einige Minuten durchkneten. Aus dem Teig Brötchen formen, auf ein gut gefettetes Backblech setzen und wiederum 60 bis 70 Minuten gehen lassen.

6. Dann in den vorgeheizten Backofen schieben und bei 220°C etwa 20 Minuten backen.

Ein Stück enthält:
4 mg Natrium und 110 kcal/462 kJ

――――――**Variation**――――――

Statt der Kräuter kann man auch 80 g fein geriebenen Käse unter das Mehl mischen.
Die Brötchen lassen sich sehr gut einfrieren.

Vollkornbrötchen

(ergibt 24 Stück)

_____ *Zutaten* _____

500 g Weizenvollkornmehl, Type 1700
150 g Weizenmehl, Type 405
1 Würfel frische Hefe
oder 2 P. Trockenhefe
1 TL Zucker
400 ml lauwarme Milch
4 EL grobe Haferflocken

_____ *Zubereitung* _____

1. Das Mehl in eine Schüssel geben und in die Mitte eine Mulde drücken. Die Hefe hineinbröckeln und mit dem Zucker, 1 Eßlöffel Mehl und 2 bis 3 Eßlöffeln Milch zu einem Vorteig verrühren und ruhen lassen, bis sich Blasen bilden.
2. Dann die restliche Milch dazugeben und alles zu einem geschmeidigen Teig verkneten. Wenn dieser stark klebt, noch etwas feines Weizenmehl (Type 405) hinzufügen. Zudecken und an einem warmen Ort etwa 45 Minuten gehen lassen.
3. Anschließend nochmals durchkneten und zu einer Rolle von etwa 5 cm Durchmesser formen. Mit einem Messer 3 cm breite Stücke abschneiden und diese auf ein mit Backpapier ausgelegtes Blech in großen Abständen setzen. Nochmals 20 Minuten gehen lassen.
4. Mit Wasser oder Milch bepinseln, mit den Haferflocken bestreuen und 20 Minuten bei 200°C backen.

Ein Stück enthält:
9 mg Natrium und 102 kcal/428 kJ

Frühstücksbrötchen

(ergibt 12 Stück)

_____ *Zutaten* _____

250 g Weizenmehl, Type 405
20 g frische Hefe
3–4 EL lauwarme Milch
100 g Diätmargarine
2 Eier (Gew.-Kl. 2)
30 g Zucker
1 Eigelb (Gew.-Kl. 2)
Milch zum Bestreichen

_____ *Zubereitung* _____

1. Das Mehl in eine Schüssel sieben. Die Hefe in der lauwarmen Milch auflösen und zum Mehl geben.
2. Das Fett in Flöckchen darüber verteilen, die Eier und den Zucker hinzufügen und alles zu einem festen Teig verarbeiten. Zugedeckt an einem warmen Ort gehen lassen, bis sich das Teigvolumen verdoppelt hat.
3. Den Teig in 12 Portionen teilen und von jedem Stück nochmals 1/5 abtrennen. Aus allen Stücken Kugeln formen. Dann auf jede große Kugel eine kleine setzen und diese mit etwas Wasser fest ankleben.
4. Auf ein gefettetes Backblech setzen und nochmals 10 bis 15 Minuten gehen lassen.
5. Das Eigelb mit 3 bis 4 Eßlöffeln Milch verquirlen und die Frühstücksbrötchen damit bepinseln. In den vorgeheizten Backofen schieben und bei 200°C 10 bis 12 Minuten backen.

Ein Stück enthält:
15 mg Natrium und 170 kcal/714 kJ

Kümmelstangen

(ergibt etwa 6 Stück)

_____ Zutaten _____

250 g Weizenmehl, Type 405
20 g frische Hefe
1/10 l Sonnenblumenöl
1 Prise Zucker
1 Prise Diätwürze
2–3 EL Kümmel

_____ Zubereitung _____

1. Das Mehl in eine Schüssel sieben und in die Mitte eine Mulde drücken. Die Hefe hineinbröckeln, 3 bis 4 Eßlöffel lauwarmes Wasser hinzufügen und mit der Hefe verrühren.
2. Das Öl, den Zucker und die Diätwürze dazugeben und alles rasch zu einem festen Teig verkneten. Diesen zu einer Kugel formen und zugedeckt an einem warmen Ort gehen lassen.
3. Nochmals kräftig durchkneten, zur Kugel formen und 15 bis 20 Minuten gehen lassen. Den Teig auf einer bemehlten Fläche dünn ausrollen und 6 Dreiecke daraus schneiden.
4. Diese mit dem Kümmel bestreuen und von der breiten Seite her zusammenrollen. Auf ein mit Backpapier ausgelegtes Blech legen, die Stangen mit Wasser bepinseln, etwas Kümmel darüberstreuen und in den vorgeheizten Backofen schieben. Bei 200° C 20 Minuten backen. Am besten schmecken die Kümmelstangen frisch aus dem Ofen.

Ein Stück enthält:
2 mg Natrium und 295 kcal/1239 kJ

Sonnenblumenfladenbrot

(ergibt etwa 18 Stück)

_____ Zutaten _____

500 g Weizenvollkornschrot
1/2 l Wasser
100 g Sonnenblumenkerne
50 g Sonnenblumenöl

_____ Zubereitung _____

1. Den Weizenvollkornschrot am Vortag einweichen und über Nacht mit einem Tuch bedeckt quellen lassen.
2. Den Teig am nächsten Tag mit den restlichen Zutaten verkneten und daraus 18 Kugeln formen.
3. Diese auf ein gefettetes Backblech setzen, flach drücken, bis sie einen Durchmesser von 15 cm aufweisen. Im vorgeheizten Backofen bei 250° C 10 Minuten backen.
(siehe Farbtafel 15)

Ein Stück enthält:
0,5 mg Natrium und 140 kcal/588 kJ

_____Tip_____

Der fertige Teig kann bis zu einer Woche im Kühlschrank aufgehoben werden, da es oft nicht möglich ist, alle Fladen gleichzeitig zu backen. Die gebackenen Fladen sollen trocken gelagert werden.

Mischbrot

(ergibt 25 bis 30 Scheiben)

———————— Zutaten ————————

300 g Weizenmehl, Type 550
700 g Roggenmehl, Type 1150
60 g frische Hefe, 1 TL Zucker
1/2 l lauwarmes Wasser
1/2 l Buttermilch
2 EL Diätmargarine
1 EL Kümmel, Koriander oder Fenchel

———————— Zubereitung ————————

1. Die Mehlsorten in eine Schüssel sieben und in die Mitte eine Mulde drücken. Die Hefe und den Zucker hineingeben und mit dem Wasser anrühren.
2. 1 bis 2 Eßlöffel der Mehlmischung hinzufügen, verrühren und gehen lassen, bis der Teig Blasen wirft.
3. Nun die restlichen Zutaten dazugeben und alles kräftig zu einem geschmeidigen Teig verkneten. Mit einem Tuch bedecken und an einen warmen Ort stellen.
4. Solange gehen lassen, bis sich das Teigvolumen verdoppelt hat. Danach wieder durchkneten und ein großes oder zwei kleinere Brote formen.
5. Ein Backblech mit Backpapier auslegen, das Brot oder die Brote darauflegen und nochmals 20 Minuten gehen lassen.
6. Mit etwas Wasser bepinseln und in den vorgeheizten Backofen schieben. Zuerst bei 220°C backen, nach 10 Minuten auf 180°C herunterschalten und 60 Minuten fertigbacken.

Eine Scheibe enthält:
11 mg Natrium und 140 kcal/588 kJ

Grahambrot

(ergibt etwa 25 Scheiben)

———————— Zutaten ————————

250 g Grahammehl
100 g Weizenbackschrot, Type 1700
1/2 l lauwarmes Wasser
1 Würfel frische Hefe, 1 TL Zucker
500 g Weizenmehl, Type 405
1 EL Diätwürze
je 1 TL gemahlener Fenchel und Kümmel
1 EL dunkler Honig oder Sirup

———————— Zubereitung ————————

1. Das Grahammehl mit dem Weizenschrot mischen, mit dem lauwarmen Wasser verrühren und mit einem Tuch bedeckt über Nacht stehen lassen.
2. Am nächsten Tag die Hefe und den Zucker mit 2 Eßlöffeln Wasser anrühren und 5 Minuten stehen lassen.
3. Das Weizenmehl auf die gequollene Getreidemischung sieben, die Gewürze, den Honig und die aufgegangene Hefe-Zucker-Mischung hinzufügen und alles kräftig zu einem Brotteig verkneten. Diesen 60 Minuten an einem warmen Ort gehen lassen, bis der Teig etwa doppeltes Volumen erreicht hat.
4. Nun erneut durchkneten, in eine große gefettete (oder zwei kleine) Kastenform füllen, nochmals kurz gehen lassen und bei 220°C 60 Minuten backen. Wird die Oberfläche zu dunkel, ein Stück Alufolie darüberlegen.
5. Das Brot aus der Form stürzen und nach dem Erkalten eingepackt 2 bis 3 Tage bis zum Anschnitt liegen lassen.

Eine Scheibe enthält:
8 mg Natrium und 120 kcal/504 kJ

Ballaststoffreiches Brot

(ergibt etwa 15 Scheiben)

———————— Zutaten ————————

350 g Weizenmehl, Type 1050
30 g frische Hefe, 70 g Honig
1/4 l lauwarme Vollmilch
100 g Weizenkleie
60 g Diätmargarine
70 g geschälte, halbierte Mandeln
4 EL Sesamsamen

———————— Zubereitung ————————

1. Das Mehl in eine Schüssel geben, in die Mitte eine Mulde drücken und die Hefe hineinbröckeln.
2. Mit 1 Eßlöffel Honig und 2 bis 3 Eßlöffeln Milch verrühren, 2 bis 3 Eßlöffel des Mehls vom Rand hinzufügen und alles zu einem Vorteig verrühren. Zugedeckt an einem warmen Ort ruhen lassen.
3. Die Weizenkleie in der restlichen Milch einweichen. Mit dem restlichen Honig und dem zerkleinerten Fett zu dem Teig geben und einen geschmeidigen Teig kneten. 60 Minuten gehen lassen, bis sich das Volumen verdoppelt hat.
4. Die Mandeln einarbeiten. Den Teig zu einem Laib formen und auf ein gefettetes Backblech legen. Nochmals mindestens 30 Minuten gehen lassen. In den vorgeheizten Backofen schieben und bei 200° C 50 bis 60 Minuten backen.
5. Das Brot mit etwas flüssigem Honig bestreichen, mit dem Sesam bestreuen und in dem ausgeschalteten Ofen antrocknen lassen.
(siehe Farbtafel 15)

Eine Scheibe enthält:
9 mg Natrium und 200 kcal/840 kJ

Croissants

(ergibt etwa 25 Stück)

———————— Zutaten ————————

700 g Weizenmehl, Type 1050
300 g Butter
30 g frische Hefe, 50 g Honig
1/4 l Vollmilch, 1 Eigelb (Gew.-Kl. 2)

———————— Zubereitung ————————

1. 300 g des Mehles mit der Butter vermischen, zu einem »Ziegel« formen und 2 bis 3 Stunden kalt stellen.
2. Die Hefe mit dem Honig in der leicht erwärmten Milch auflösen und mit dem restlichen Mehl zu einem geschmeidigen Teig verkneten. Zugedeckt an einem warmen Ort 60 Minuten gehen lassen. Dann auf einer bemehlten Arbeitsplatte dünn ausrollen. Den »Butterziegel« in die Mitte legen und die Teigenden, wie bei einem Briefumschlag, darüberschlagen.
3. Alles zu einem Rechteck ausrollen. Zu drei gleichen Teilen wieder übereinanderschlagen und zum Rechteck ausrollen. Die Schmalseiten so in die Mitte legen, daß sich die Kanten berühren, und die Teigplatte wie ein Buch zusammenklappen. 1 Stunde kühl stellen. Diesen ganzen Ausrollvorgang wiederholen und den Teig 30 Minuten kühl stellen.
4. Den Teig dünn ausrollen, Dreiecke schneiden und zusammenrollen. Auf ein mit Backpapier ausgelegtes Blech setzen und 30 Minuten gehen lassen.
5. Mit dem Eigelb bepinseln und bei 200° C 25 Minuten backen.
(siehe Farbtafel 15)

Ein Stück enthält:
6 mg Natrium und 200 kcal/840 kJ

Milchbrötchen

(ergibt 16 Stück)

Zutaten

500 g Weizenmehl, Type 405
1 Würfel frische Hefe (etwa 42 g)
1 TL Zucker
1/4 l lauwarme Milch
20 g Diätmargarine
1–2 EL Milch zum Bestreichen

Zubereitung

1. Das Mehl in eine Schüssel sieben und in die Mitte eine Mulde drücken. Die Hefe mit dem Zucker und 2 Eßlöffeln lauwarmer Milch anrühren, in die Mulde geben und kurz gehen lassen.
2. Dann zusammen mit der restlichen Milch und dem Fett zum Mehl geben und alles rasch zu einem festen Teig verkneten. Diesen an einen warmen Ort stellen und gehen lassen, bis sich sein Volumen verdoppelt hat.
3. Nun wieder durchkneten und aus dem Teig kleine Kugeln von etwa 5 cm Durchmesser formen. Ein Backblech mit Backpapier auslegen, die Teigkugeln mit großen Abständen darauf setzen und nochmals gehen lassen.
4. Dann die Teigoberfläche mit einem scharfen Messer kreuzweise oder rillenförmig jeweils 1 cm tief einschneiden, die Brötchen mit der Milch bestreichen und in den vorgeheizten Backofen schieben. Bei 220°C 10 Minuten backen.

Ein Stück enthält:
9 mg Natrium und 130 kcal/545 kJ

Tip

Milchbrötchen lassen sich sehr gut einfrieren. Bei Bedarf braucht man sie nur im gefrorenen Zustand im Ofen oder im Aufsatz des Toasters aufzubacken.

Variation

Nach diesem Rezept lassen sich auch ganz gewöhnliche Brötchen herstellen. Statt der Milch nimmt man dann einfach Wasser zum Anrühren. An Geschmackszutaten lassen sich beispielsweise geröstete Zwiebeln, Sesamsamen, Kümmel, verschiedene Kräuter, Mohnsamen oder Leinsamen mit in den Teig einarbeiten oder daraufstreuen.

Brotaufstriche, Wurst und Käse

Champignon-»Butter«

Zutaten

125 g frische Champignons
1 Schalotte
1 TL Olivenöl
125 g Diätmargarine
einige Spritzer Zitronensaft
Pfeffer aus der Mühle
3–4 frische Thymianblättchen

Zubereitung

1. Die Champignons putzen, mit einem sauberen Küchentuch abreiben und zerkleinern. Die Schalotte schälen und sehr fein würfeln.
2. Das Öl erhitzen, die Pilze und die Schalotte darin kurz andünsten. Vom Herd nehmen und im elektrischen Mixer pürieren. In einem Tuch ausdrücken.
3. Die Margarine schaumig aufschlagen und die Pilzmasse hinzufügen. Mit einigen Spritzern Zitronensaft und dem Pfeffer würzen.
4. Die Thymianblättchen fein schneiden und die Champignon-»Butter« damit aromatisieren.

Vier Portionen zu je:
4 mg Natrium und 260 kcal/1092 kJ

Kräuter-»Butter«

Zutaten

2 Schalotten
je 1 Bund Schnittlauch, Pimpernelle,
Petersilie, Estragon
1 Handvoll Kerbel
125 g Diätmargarine
einige Spritzer Zitronensaft
Pfeffer aus der Mühle
1 Knoblauchzehe

Zubereitung

1. Die Schalotten schälen, fein hacken und zusammen mit den Kräutern 1 Minute blanchieren, das heißt, kurz in kochendes Wasser geben, abgießen und kurz in Eiswasser tauchen. Abtropfen lassen und im elektrischen Mixer pürieren.
2. Das Fett schaumig aufschlagen, die Kräuter unterrühren. Mit einigen Spritzern Zitronensaft, dem Pfeffer und einem Hauch Knoblauch würzen.
(siehe Farbtafel 16)

Vier Portionen zu je:
2 mg Natrium und 250 kcal/1050 kJ

Nuß-»Butter«

──────── Zutaten ────────

70 g Haselnuß- oder Walnußkerne
125 g Diätmargarine

──────── Zubereitung ────────

1. Die Nüsse im Backofen rösten und mit einem Tuch abreiben, damit sich die Schalen lösen.
2. Die Nüsse grob hacken und mit einigen Tropfen Wasser im elektrischen Mixer pürieren.
3. Die Margarine schaumig rühren und die Nußmasse hinzufügen. Nach Belieben mit Sprossen bestreuen.

Vier Portionen zu je:
1,4 mg Natrium und 340 kcal/1428 kJ

Sesam-»Butter«

──────── Zutaten ────────

50 g Sesamsamen
50 g Butter
80 g Diätmargarine

──────── Zubereitung ────────

1. Die Sesamsamen ohne Fettzugabe in einer Pfanne goldbraun rösten.
2. Im Mörser oder elektrischen Mixer zerquetschen und unter das weiche Fett rühren.

Vier Portionen zu je:
2,5 mg Natrium und 325 kcal/1365 kJ

Pikante Kräuterpaste

──────── Zutaten ────────

2 Bund glatte Petersilie
1 Bund Zitronenmelisse
100 g Salatgurke
2 Schalotten oder kleine Zwiebeln
2 hart gekochte Eier (Gew.-Kl. 3)
1 EL gemahlene Mandeln
Pfeffer aus der Mühle
Knoblauch nach Belieben
2 EL Olivenöl
1 TL Balsamessig

──────── Zubereitung ────────

1. Die Kräuter waschen, trockenschwenken und fein hacken. Die Gurke schälen, raspeln und auf einem Sieb abtropfen lassen.
2. Die Schalotten schälen und sehr fein hacken. Die Eier pellen und ebenfalls hacken.
3. Alles zusammen mit den Mandeln verrühren. Mit Pfeffer und eventuell Knoblauch würzen und mit dem Öl zu einer cremigen Paste verrühren. Zuletzt mit wenig Essig aromatisieren.

Vier Portionen zu je:
40 mg Natrium und 105 kcal/441 kJ

Farbtafel 15 ▷
»Sonnenblumenfladenbrot«,
»Ballaststoffreiches Brot«
und »Croissants«
(Rezepte S. 139 und 141)

Auberginencreme

2 mittelgroße Auberginen
3 Schalotten
2 Tomaten
2 EL Crème fraîche, 30% Fett
1 EL Olivenöl
Saft von 1/2 Zitrone
1 Knoblauchzehe
Pfeffer aus der Mühle
1 Bund glatte Persilie

Zubereitung

1. Die Auberginen im Backofen so lange rösten, bis sich die Schale heller färbt. Dann die Früchte häuten und das Fruchtfleisch im elektrischen Mixer pürieren.
2. Die Schalotten schälen und sehr fein würfeln. Die Tomaten brühen, häuten, längs halbieren, die Kerne herausdrücken und das Fruchtfleisch würfeln.
3. Die Schalotten und die Tomaten unter das Auberginenmus geben. Mit Crème fraîche und dem Öl vermischen und mit Zitronensaft, zerdrücktem Knoblauch und Pfeffer würzen. Die Creme im Kühlschrank aufbewahren.
4. Die Auberginencreme auf Brotscheiben streichen und mit grob gehackter Petersilie bestreuen.

Vier Portionen zu je:
12 mg Natrium und 98 kcal/411 kJ

◁ Farbtafel 16
»Kräuter-›Butter‹«,
»Rehterrine« und »Labkäse«
(Rezepte S. 143, 147 und 154)

Gurkenmousse

Zutaten

125 g Mascarpone
(italienischer Doppelrahmfrischkäse
mit 60 bis 70% Fett i.Tr.)
oder Crème fraîche, 30% Fett
1 Becher Magerjoghurt (150 g)
1 kleine Salatgurke
1 Bund Schnittlauch
1 Bund Dill
4 Blatt weiße Gelatine
oder 8 g Aspikpulver
Saft von 1 Zitrone
Pfeffer aus der Mühle
1 EL Pistazienkerne

Zubereitung

1. Die Mascarpone mit dem Joghurt glatt verrühren. Die Gurke schälen, fein raspeln und auf einem Sieb abtropfen lassen. Die Kräuter waschen, trockenschwenken und fein hacken.
2. Die Gelatine nach Packungsanweisung auflösen. Die Kräuter und die Gurke unter die Käsecreme geben, mit Zitronensaft und Pfeffer würzen und mit der Gelatine vermischen.
3. In eine kleine Form geben und im Kühlschrank erstarren lassen. Die Gurkenmousse stürzen, in Scheiben schneiden und mit den grob gehackten Pistazien bestreuen. Auf frischem Vollkornbrot servieren.

Vier Portionen zu je:
25 mg Natrium und 160 kcal/672 kJ

Variation

Statt der Pistazien kann man die Mousse auch mit frischen Sprossen und Keimen bestreuen.

Getreide-Quark-Creme

———————— Zutaten ————————

10 EL gekochtes Getreide
(150 g roh gewogen)
(zum Beispiel Dinkel, Roggen, Gerste)
250 g Sahnequark, 40% Fett i.Tr.
1 TL salzarme Hefepaste
oder 2 EL Hefeflocken
1/2 Bund Schnittlauch
1/2 Bund glatte Petersilie
1 Handvoll frischer Kerbel
etwas frischer Liebstöckel
Pfeffer aus der Mühle
Cayennepfeffer oder scharfe
Gewürzmischung
(siehe Rezept Seite 37)
wenig Zitronensaft

———————— Zubereitung ————————

1. Das gekochte Getreide durch den Fleischwolf drehen oder im elektrischen Mixer pürieren. Den Sahnequark dazugeben und zu einer sahnigen Creme verrühren.
2. Mit der Hefepaste würzen. Die Kräuter waschen, trockenschwenken, fein hacken und hinzufügen.
3. Mit dem Pfeffer, dem Cayennepfeffer oder der Würzmischung und Zitronensaft abschmecken.

Vier Portionen zu je:
22 mg Natrium und 243 kcal/1020 kJ

Thunfischcreme

———————— Zutaten ————————

250 g frischer Thunfisch
125 g Sahne, 30% Fett
1 kleine Zwiebel
1 Knoblauchzehe
1 Bund glatte Petersilie
1 Schuß trockener Weißwein
etwas geriebene Schale und Saft
von 1/2 unbehandelten Zitrone
Pfeffer aus der Mühle
1 EL in Alkohol eingelegter grüner Pfeffer

———————— Zubereitung ————————

1. Den Thunfisch über Wasserdampf 10 Minuten garen. In mundgerechte Stücke zerpflücken und in den elektrischen Mixbecher geben.
2. Die Sahne, die geschälte Zwiebel und Knoblauchzehe, die gewaschene Petersilie und einen kräftigen Schuß Wein hinzufügen und alles auf höchster Stufe kurz pürieren.
3. Mit der Zitronenschale, etwas Zitronensaft und Pfeffer würzen. Den grünen Pfeffer grob hacken und zum Schluß unterrühren. Die Thunfischcreme gut gekühlt servieren.

Vier Portionen zu je:
53 mg Natrium und 225 kcal/945 kJ

Rehterrine

_____ Zutaten _____

400 g Rehfilet
Pfeffer aus der Mühle
geriebene Schale
von 1/2 unbehandelten Zitrone
3 Wacholderbeeren
1 EL Olivenöl
500 g mageres Schweinefleisch
(Schnitzelfleisch)
100 g Geflügelleber
3 Eiweiß (Gew.-Kl. 3)
1/8 l Sahne, 30% Fett
2 EL Pistazienkerne
1 TL Pastetengewürz
(siehe Rezept Seite 38)
etwas geriebene Schale
von 1 unbehandelten Orange
100 g frischer Rückenspeck in Scheiben
2–3 EL Madeira

_____ Zubereitung _____

1. Das Rehfilet in zwei gleich große Stücke teilen, von allen Seiten kräftig mit dem Pfeffer einreiben, mit der Zitronenschale und den gerebelten Wacholderbeeren würzen.
2. Das Öl in einer Pfanne erhitzen, die Rehfilets bei starker Hitze rundherum anbraten, vom Herd nehmen und abkühlen lassen.

3. Das Schweinefleisch würfeln, die Leber putzen und beides zusammen durch die feine Scheibe des Fleischwolfes drehen. Mit den Eiweißen und der Sahne vermengen.
4. Die Pistazien grob hacken und untermischen. Mit dem Pastetengewürz, frischem Pfeffer aus der Mühle und etwas Orangenschale würzen.
5. Eine Kastenform mit der Hälfte der Speckscheiben auslegen. Etwas von der Fleischfarce daraufstreichen. Die Rehfilets hineinsetzen, mit dem Madeira beträufeln und mit der restlichen Fleischmasse bedecken. Zuletzt mit den restlichen Speckscheiben belegen.
6. In eine mit Wasser gefüllte Fettpfanne geben und im Backofen bei 200° C 45 bis 50 Minuten garen.
7. Herausnehmen, die Oberfläche mit zwei Konservendosen beschweren und über Nacht erkalten lassen. Die Terrine stürzen und in Scheiben schneiden.
(siehe Farbtafel 16)

20 Scheiben zu je:
39 mg Natrium und 142 kcal/596 kJ

_____ Tip _____

Die Terrinenscheiben lassen sich sehr gut einfrieren.

Französische Lebercreme

──────── Zutaten ────────

2 EL getrocknete Champignons
1 Brötchen
3–4 Scheiben frischer Rückenspeck
400 g Rinderhackfleisch
2 Eier (Gew.-Kl. 2)
1 EL Pastetengewürz
(siehe Rezept Seite 38)
geriebene Schale von 1 unbehandelten
Zitrone, 2–3 Knoblauchzehen
200 g Putenleber, 1 EL Olivenöl

──────── Zubereitung ────────

1. Die getrockneten Champignons und das Brötchen jeweils in etwas Wasser einweichen. Eine kleine Kasten- oder Pastetenform mit der Hälfte der Speckscheiben auslegen.
2. Das Rinderhackfleisch mit den Eiern, dem ausgedrückten Brötchen, dem Pastetengewürz, der Zitronenschale und dem zerdrückten Knoblauch vermengen und pikant abschmecken.
3. Die Putenleber säubern, klein schneiden und kurz in Öl anbraten. Abkühlen lassen, mit den Pilzen vermischen und unter die Fleischmasse geben.
4. In die Form füllen und mit den restlichen Speckscheiben abdecken und fest andrücken.
5. Die Form in die mit Wasser gefüllte Fettpfanne stellen und im Backofen bei 200°C 60 Minuten garen. Den Herd abschalten und die Terrine darin nachziehen lassen.

12 Scheiben zu je:
39 mg Natrium und 120 kcal/504 kJ

Terrine nach Gutsherren Art

──────── Zutaten ────────

600 g Schweinebauch
125 g Geflügelleber
1 große Zwiebel
1/2 TL gemahlene Muskatnuß
2 EL frische, gehackte Kräuter
(Petersilie, Thymian, Basilikum, Salbei)
2 Lorbeerblätter
3 Wacholderbeeren
2 EL Weinbrand (Cognac)
Pfeffer aus der Mühle

──────── Zubereitung ────────

1. Den Schweinebauch würfeln, die Geflügelleber säubern und beides durch die mittelfeine Scheibe eines Fleischwolfs drehen.
2. Die Zwiebel schälen, grob würfeln und mit dem Fleisch erneut durch den Wolf drehen.
3. Den Fleischteig mit Muskatnuß, den Kräutern, gerebelten Lorbeerblättern, Weinbrand und Pfeffer kräftig abschmecken.
4. In sechs kleine Förmchen füllen, in die mit Wasser gefüllte Fettpfanne des Backofens stellen und im Ofen bei 200°C 60 Minuten garen.
5. Herausnehmen, jeweils ein kleines Lorbeerblatt und Thymianzweige in das obenauf schwimmende Fett drücken und erkalten lassen.

Eine Portion enthält:
62 mg Natrium und 395 kcal/1659 kJ

Feine Putensülze

500 g Putenbrust
2–3 Fleischknochen
2 Bund Suppengrün
1 geschälte Zwiebel
2 Gewürznelken
1 Lorbeerblatt
1 Stückchen Schale und Saft
von einer unbehandelten Zitrone
6 schwarze Pfefferkörner
1/8 l trockener Weißwein
200 g frische Champignons
1/2 Tasse Weinessig
15 Blatt weiße Gelatine
Tabasco
Pastetengewürz (siehe Rezept Seite 38)
100 g Pistazienkerne

1. Das Fleisch zusammen mit den Knochen, dem gewaschenen Suppengrün, der mit den Nelken gespickten Zwiebel, dem Lorbeerblatt, der Zitronenschale, den Pfefferkörnern und dem Wein in 1 Liter Wasser zum Kochen bringen.

2. Bei mittlerer Hitze 40 Minuten garen, herausnehmen, abkühlen lassen und in mundgerechte Stücke schneiden.

3. Die Champignons putzen, waschen und 2 Minuten in der kochenden Brühe blanchieren. Herausnehmen, in Eiswasser tauchen, abtropfen lassen und in dickere Scheiben schneiden.

4. Die Brühe abseihen und 3/4 Liter abmessen. Mit Zitronensaft und Essig mischen. Die Gelatine einweichen und in der noch warmen Brühe auflösen.

5. Mit Tabasco und Pastetengewürz geschmacklich abrunden. Eine kleine Kastenform mit etwas Aspik ausgießen und im Kühlschrank erstarren lassen.

6. Die Pistazien grob hacken. Einen Teil des Fleisches, der Pilze und der Pistazien auf der erstarrten Geleemasse verteilen, wieder mit Aspik begießen und erstarren lassen. So fortfahren, bis alle Zutaten aufgebraucht sind.

7. Die gefüllte Form etwa 3 Stunden im Kühlschrank ruhen lassen. Anschließend stürzen und in Scheiben schneiden.

15 Scheiben zu je:
18 mg Natrium und 95 kcal/399 kJ

Schnelle Leberpastete

———————— Zutaten ————————

300 g Kalbsleber
1 Zwiebel
50 g reines Schweineschmalz
1 Zweig Thymian
1 Zweig Majoran
1 Msp. gemahlener Oregano
geriebene Schale
von 1/2 unbehandelten Zitrone
schwarzer Pfeffer aus der Mühle

———————— Zubereitung ————————

1. Die Leber von den Häutchen befreien, über Wasserdampf 7 Minuten pochieren und leicht zerkleinern.
2. Die Zwiebel schälen und grob hakken. Die Leber und die Zwiebel durch die feine Scheibe des Fleischwolfs drehen.
3. Mit dem Schmalz und den Kräutern vermischen und mit der Zitronenschale und dem Pfeffer würzen.

Vier Portionen zu je:
62 mg Natrium und 210 kcal/822 kJ

————————**Tip**————————

Diese Terrine schmeckt besonders gut zu Vollkornbrot mit etwas Cumberland- oder irischer Meerrettichsauce (siehe Rezept Seite 56 oder 53).

Feine Lebermousse

———————— Zutaten ————————

200 g Putenleber
125 g Diätmargarine
1 kleine Zwiebel
1 Knoblauchzehe
etwas geriebene Schale und Saft
von 1 unbehandelten Orange
1–2 EL Portwein oder Creamsherry
weißer Pfeffer, Korianderpulver

———————— Zubereitung ————————

1. Die Putenleber von den Häutchen befreien und klein schneiden. 1 Eßlöffel Margarine erhitzen, die Leber 1 Minute darin anbraten und herausnehmen.
2. 1 Teelöffel der Margarine in die Pfanne geben. Die Zwiebel und die Knoblauchzehe schälen und sehr fein hacken. In dem Fett andünsten und mit dem Orangensaft ablöschen.
3. Etwas Orangenschale hinzufügen und alles bis auf 2 Eßlöffel Flüssigkeit reduzieren. Vom Herd nehmen.
4. Die Leber, die restliche Margarine, den Portwein und die Orangen-Zwiebel-Mischung in einem elektrischen Mixer pürieren. Mit Pfeffer und Koriander abschmecken und kalt stellen.

Vier Portionen zu je:
37 mg Natrium und 340 kcal/1428 kJ

————————**Tip**————————

Diese Mousse schmeckt besonders gut auf Toastbrot oder Roggenbrötchen. Sticht man sie mit zwei Teelöffeln als »Nocken« ab und serviert diese zu einem Salat, erhält man eine feine Vorspeise.

Bauernwurst

────────── *Zutaten* ──────────

*500 g mageres Rindfleisch
(aus der Schulter)
375 g Schweineschulter
500 g frischer Schweinebauch
200 g Kalbsleber
300 g Putenfleisch (Schnitzel)
1 1/2 EL schwarzer Pfeffer
geriebene Schale von 1 unbehandelten
Zitrone
2 Zwiebeln
2–3 Knoblauchzehen
2 Lorbeerblätter
1 EL getrockneter Thymian
1 TL gemahlener Majoran oder Oregano
2 EL Senfkörner
1 TL Senfmehl
1/8 l Fleischbrühe oder Kalbsfond
(siehe Rezept Seite 31 oder 30)
Diätwürze*

────────── *Zubereitung* ──────────

1. Das Rindfleisch von den Sehnen befreien, vom Schweinefleisch die Schwarten abschneiden, alles Fleisch würfeln und durch die grobe Scheibe des Fleischwolfes drehen.

2. Den Pfeffer, die Zitronenschale, die geschälten und gewürfelten Zwiebeln, den gerebelten Lorbeer, den geschälten Knoblauch und die Gewürze hinzufügen und alles nochmals durch die feine Scheibe des Fleischwolfes drehen.

3. Mit der Brühe zu einer geschmeidigen Masse rühren. Nochmals abschmecken und vorbereitete Gläser (Einweck oder Twist off) dreiviertelvoll mit Fleischteig füllen und gut verschließen.

4. Die Gläser in die mit Wasser gefüllte Fettpfanne des Backofens stellen und bei 150°C etwa 2 Stunden sterilisieren. Den Ofen ausschalten und die Gläser darin erkalten lassen.

Die Menge ergibt etwa vier Gläser à 1/2 l.

100 g enthalten:
58 mg Natrium und 190 kcal/798 kJ

Frischwurst

—————— Zutaten ——————

2 Schweinsfüße
1 Bund Suppengrün
1 geschälte Zwiebel
2 Gewürznelken
2 Lorbeerblätter
1 Stückchen Schale
einer unbehandelten Zitrone
500 g Rindfleisch aus der Keule
125 g frische Champignons
1 1/2 TL Pastetengewürz
(siehe Rezept Seite 38)
1 Wursthaut (beim Metzger erhältlich)

—————— Zubereitung ——————

1. Die Schweinsfüße vom Metzger zerhacken lassen. In 2 l Wasser geben, dieses zum Kochen bringen und zwischendurch abschäumen.
2. Das Suppengrün putzen, waschen, klein schneiden und zusammen mit der mit Nelken gespickten Zwiebel, den Lorbeerblättern und der Zitronenschale hinzufügen.
3. Bei geringer Hitze etwa 2 Stunden köcheln lassen. Die Flüssigkeit sollte auf 1/2 l reduziert sein. (Wer einen Schnellkochtopf besitzt, gibt nur 1/2 l Flüssigkeit zu den Schweinsfüßen).
4. Das Rindfleisch würfeln. Die Champignons putzen, waschen und grob zerkleinern. Das Fleisch und die Haut der Schweinsfüße zerkleinern und zusammen mit dem Rindfleisch und den Pilzen zuerst durch die grobe, dann durch die feine Scheibe des Fleischwolfes drehen.

5. Die Masse mit dem Pastetengewürz abschmecken. Mit soviel Brühe verrühren, bis ein geschmeidiger Fleischteig entsteht.
6. In die Wursthaut füllen, mit Küchenzwirn abbinden und im siedenden Wasser (es darf nicht kochen) 50 bis 60 Minuten ziehen lassen. Nach dem völligen Erkalten in Scheiben schneiden.

12 Scheiben zu je:
41 mg Natrium und 85 kcal/357 kJ

——————Variationen——————

Sollten Sie keine Wursthaut bekommen, füllen Sie die Masse in eine Kastenform und garen sie wie eine Terrine im Wasserbad im Backofen.
Geschmacklich verändern läßt sich die Wurst durch Zugabe von grob gehackten Pistazien, kleinen Paprikawürfeln, grünem Pfeffer oder grob gewürfelten Bratenstücken, die in den Teig eingearbeitet werden.

Leberwurst

500 g Schweinefleisch
(Bauch oder Halsgrat)
200 g frische Schweineschwarte
200 g frische Schweinezunge
1/2 Kalbsherz
400 g Kalbsleber
2 Zwiebeln
2 EL Diätmargarine
2 EL Pastetengewürz
(siehe Rezept Seite 38)
geriebene Schale von 1 unbehandelten
Zitrone
1 EL in Whiskey eingelegter
grüner Pfeffer

1. Das Schweinefleisch, die -schwarte, die -zunge und das Kalbsherz in 1 l Wasser zum Kochen bringen und 70 bis 80 Minuten garen. (Wer einen Schnellkochtopf besitzt, gibt nur 1/2 l Flüssigkeit dazu).

2. Die Kalbsleber in ein Sieb geben und 5 Minuten vor dem Garzeitende in den Topf mit einhängen.

3. Die Fleischstücke durch die feine Scheibe des Fleischwolfs drehen. Die Zwiebeln schälen und fein würfeln. Das Fett erhitzen und die Zwiebeln darin glasig dünsten.

4. Das Pastetengewürz und die Zitronenschale hinzufügen und mit 1/8 l Fleischbrühe ablöschen. Unter die Fleischmasse ziehen und alles gut miteinander vermischen.

5. Den grünen Pfeffer leicht zerdrücken, mit der alkoholischen Flüssigkeit in die Wurstmasse rühren und abschmecken.

6. Vorbereitete Einmachgläser dreiviertelvoll mit Wurstmasse füllen, verschließen und in der mit Wasser gefüllten Fettpfanne des Backofens bei 150° C 2 Stunden sterilisieren. Im abgeschalteten Ofen abkühlen lassen und kühl und dunkel aufbewahren.

Die Menge ergibt vier Gläser à 1/2 l.

100 g enthalten:
56 mg Natrium und 265 kcal/1113 kJ

Tip

Die Wurst hält sich ungeöffnet etwa 2 Monate. Ein angebrochenes Glas sollten Sie nur im Kühlschrank aufbewahren und innerhalb einer Woche verbrauchen.

Labkäse

———————— Zutaten ————————

1 l Vollmilch
1 Labtablette
(oder 2 TL pulverisiertes Kälberlab,
erhältlich in Reformhäusern)

———————— Zubereitung ————————

1. Die Milch erwärmen, mit dem Lab vermischen und 2 Stunden stehen lassen. Die geronnene Milch durch ein Tuch über Nacht ablaufen lassen.
2. Die Käsemasse ausdrücken und zu einem Laib formen. Entweder frisch mit fein gehackten Zwiebeln, Kümmel oder Paprikapulver auf kräftigem Landbrot essen oder weiterverarbeiten.
(siehe Farbtafel 16)

Vier Portionen zu je:
85 mg Natrium und 145 kcal/609 kJ

————————**Variationen**————————

Den Käse mit Kräutern vermischen und in Öl einlegen.
Oder mit fein geschnittenen Bärlauchblättern oder etwas zerdrücktem Knoblauch, Thymian und 100 g Crème fraîche verrühren, mit Pfeffer und 2 Tropfen Tabasco würzen. Den Käse zu kleinen Kegeln formen und in geröstetem Sesamsamen wälzen. Mit 25 g Diätmargarine und 50 g geriebenem Emmentaler vermischen und fein gehackte Kräuter nach Wahl sowie 1 TL Rum hinzufügen, mit etwas geriebener Muskatnuß und Pfeffer würzen. In ein Steinguttöpfchen füllen, mit etwas flüssigem Butterschmalz »verschließen« und im Kühlschrank aufbewahren.

Angemachter Käse

———————— Zutaten ————————

250 g Tofu
100 g Magerquark
80 g Butter
50 g Diätmargarine
1 große Zwiebel
1/2 TL Paprika, rosenscharf
1 Msp. gemahlener Kümmel
eventuell Diätwürze

———————— Zubereitung ————————

1. Den Tofu mit dem Quark im elektrischen Mixer cremig rühren und nach und nach das Fett hinzufügen.
2. Die Zwiebel schälen, fein würfeln und unter die Käsecreme geben. Mit dem Paprika, dem Kümmel und der Diätwürze abschmecken.

Vier Portionen zu je:
15 mg Natrium und 325 kcal/1365 kJ

————————**Tip**————————

Angemachter Käse schmeckt sehr gut auf dunklem Vollkornbrot oder Croissants (siehe Rezept Seite 141).

————————**Variation**————————

Den Tofu kann man auch durch Quark ersetzen. Statt des Fettes schmeckt Mascarpone (italienischer Doppelrahmfrischkäse) sehr gut.

Kräuterkäse in Öl

_____ Zutaten _____

700 g Biojoghurt
4–5 Knoblauchzehen
grober Steakpfeffer aus der Mühle
1 P. Kräuter der Provence, tiefgekühlt
1/4 l Olivenöl

_____ Zubereitung _____

1. Den Joghurt in einem Mulltuch über Nacht abtropfen lassen. Die Molke als Getränk genießen, den Käse zu einer Rolle formen, in Alufolie einwickeln und kühl stellen.
2. Den Knoblauch schälen und in Scheiben schneiden. Den Käse in fingerdicke Scheiben schneiden und abwechselnd mit dem Knoblauch, dem Pfeffer und den Kräutern in ein Glas mit Schraubverschluß schichten.
3. Mit dem Öl übergießen, der Käse sollte davon bedeckt sein, und im Kühlschrank 2 bis 3 Tage ziehen lassen.

Vier Portionen zu je:
60 mg Natrium und 135 kcal/567 kJ

_____**Variationen**_____

Der Käse läßt sich geschmacklich verändern, indem man statt der Kräuter und des Knoblauchs die Käsescheiben in gerösteten Sesamsamen wälzt.
Oder, er es scharf liebt, kann statt der Kräuter Chilischoten und die Gewürzpaste (siehe Rezept Seite 37) verwenden.
Das Öl läßt sich gut für Salate und zum Braten von Gemüse weiterverwenden.

Eier-Kräuter-Käse

_____ Zutaten _____

6 Eier (Gew.-Kl. 3)
1/2 l Vollmilch
1/2 TL geriebene Muskatnuß
Pfeffer aus der Mühle
Paprika, edelsüß
1/2 Bund glatte Petersilie
1/2 Bund Zitronenmelisse
1/2 Bund Basilikum
etwas Fett für die Form

_____ Zubereitung _____

1. Die Eier mit der Milch verquirlen und mit Muskatnuß, etwas Pfeffer und Paprika würzen.
2. Die Kräuter waschen, trockenschwenken und die Blättchen von den Stengeln zupfen. Die Stengel im Mixer pürieren und durch ein Sieb in die Eiermilch streichen.
3. Eine kleine eingefettete Metallschüssel mit den Kräuterblättern auslegen. Die Eiermilch vorsichtig daraufgießen und zugedeckt im Wasserbad 40 Minuten stocken lassen.
4. Ein Sieb mit einem Küchentuch oder einer Serviette auslegen, den Käse aus der Form hineinstürzen und abtropfen lassen. Er muß ganz fest sein, dann erst kann man ihn in dickere Scheiben schneiden und servieren.

Vier Portionen zu je:
165 mg Natrium und 205 kcal/861 kJ

Entschlackungstage

Wenn Sie nicht nur unter erhöhtem Blutdruck leiden, sondern auch ein bißchen Kummer mit dem Gewicht haben, dann sollten Sie unbedingt einen Entlastungsbeziehungweise Entschlackungstag pro Woche einlegen. Ob Sie ihn mit Reis oder Kartoffeln gestalten oder sich für die strenge Trinkvariante entscheiden – es tut Ihrem Körper in jedem Fall gut. Sie bieten ihm dadurch eine »Verschnaufpause«, indem sich Ihr Stoffwechsel von immer neuer Nährstoffzufuhr erholen und somit überflüssige Schlackenstoffe ausscheiden kann. Und – quasi als angenehme Zugabe – verhindern Sie ein rasch anwachsendes Übergewicht.

Reis-Obst-Tag

--------------- Zutaten ---------------

200 g Vollkornreis oder Parboiled Reis
geriebene Schale
von 1/2 unbehandelten Zitrone
500 g Äpfel
Süßstoff, Ingwer, Zimt

--------------- Zubereitung ---------------

1. Den Reis in doppelter Menge Wasser mit der Zitronenschale etwa 30 bis 40 Minuten garen und in drei Portionen teilen.
2. Die Äpfel dünn schälen, halbieren, entkernen und in feine Scheibchen schneiden. Diese sofort mit etwas Zitronensaft beträufeln, über kochendem Wasserdampf 10 Minuten dünsten und ebenfalls in drei Portionen teilen.

Morgens, mittags und abends jeweils eine Portion Reis mit einer Portion Äpfel mischen und nach Geschmack mit Süßstoff, Ingwer oder Zimt abschmecken. Trinken Sie dazu Kräuter- und Früchtetee und kohlensäure- und natriumarmes Mineralwasser.

--------------- Zubereitung ---------------

Wer den Reis warm essen will, kann ihn in einem Sieb über kochendem Wasser erhitzen.

Pro Tag:
32 mg Natrium und 955 kcal/4011 kJ

Reis-Gemüse-Tag

Zutaten

200 g Vollkornreis oder Parboiled Reis
1/2 Lorbeerblatt
1 kleine geschälte Zwiebel
1 Gewürznelke
125 g frische Champignons
1 Bund Dill
1 Bund glatte Petersilie
1 P. Kräuter der Provence, tiefgekühlt
Pfeffer aus der Mühle
Paprika, Muskatnuß

Tip

Den Reis für die einzelnen Mahlzeiten in einem Sieb über kochendem Wasser erwärmen.

Pro Tag:
35 mg Natrium und 775 kcal/3255 kJ

Zubereitung

1. Den Reis mit dem Lorbeerblatt und der mit Nelken gespickten Zwiebel in der doppelten Menge Wasser 30 bis 40 Minuten garen. In drei Portionen teilen.
2. Die Pilze waschen, putzen und klein schneiden. Entweder in Alufolie packen und in kochendem Wasser 10 Minuten garen oder über Wasserdampf dünsten.
3. Die Pilze mit dem fein gehackten Dill vermischen.
Essen Sie **morgens** eine Portion Reis mit gehackter Petersilie und Gewürzen nach Wahl,
mittags eine Portion Reis mit Pilzen und Gewürzen nach Wahl, und
abends eine Portion Reis mit Kräutern der Provence und Gewürzen nach Wahl.
Trinken Sie dazu Kräuter- und Früchtetees, ganz leichten schwarzen Tee und kohlensäure- und natriumarmes Mineralwasser.

Trinktag

An so einem Tag sollten Sie 2 1/2 bis 3 l Flüssigkeit trinken und zwar:

0,7 l naturreine Gemüsesäfte
(ungesalzen)
0,7 l naturreine Obstsäfte
(ungezuckert)
3–5 große Tassen Kräutertee
1/2 l salzarme Gemüsebrühe
(siehe Rezept Seite 29 oder aus
natriumarmem Instantpulver)
den Rest als natriumarmes
Mineralwasser

Pro Tag:
72 mg Natrium und 520 kcal/2184 kJ

Ananastag

_____ *Zutaten* _____

1 große frische Ananas (etwa 1 kg)
2 Becher magere Dickmilch, 1,5% Fett
1/2 l Buttermilch
Süßstoff
Ingwer
Zimt

Essen Sie **morgens** 1/3 Ananas mit einem Becher Dickmilch, die Sie nach Geschmack würzen können,
mittags 1/3 Ananas mit Buttermilch, die Sie ebenfalls beliebig würzen können, und
abends 1/3 Ananas mit einem Becher Dickmilch und Gewürzen nach Belieben. Sie sollten zusätzlich bis zu 2 l Flüssigkeit in Form von Kräuter- und leichtem schwarzem Tee, kohlensäure- und natriumarmem Mineralwasser täglich zu sich nehmen.

Pro Tag:
20 mg Natrium und 715 kcal/3003 kJ

_____**Variation**_____

Wenn Ihnen die Ananas zu säurereich ist, können Sie auf andere Exoten wie Kiwis, Papayas, Mangos oder frische Feigen ausweichen.

Kartoffeltag

Wer es ganz streng, einfach und praktisch haben will, kocht sich 1 kg Pellkartoffeln und ißt sie kalt oder über Wasserdampf aufgewärmt über den Tag verteilt. Trinken sollte man etwa 2 l pro Tag, und zwar in Form von Kräuter- und Früchtetees oder natriumarmem Mineralwasser.

Pro Tag:
32 mg Natrium und 720 kcal/3024 kJ

Erweiterter Kartoffeltag

_____ *Zutaten* _____

4 EL Leinsamen
250 g Äpfel
500 g Kartoffeln
250 g grüne Bohnen
Pfeffer
Bohnenkraut, Schnittlauch, Muskatnuß,
Diätwürze
Saft von 1 Zitrone

Essen Sie **morgens** den Leinsamen mit 100 g geraspeltem Apfel und etwas Zitronensaft,
mittags 250 g gekochte Pellkartoffeln mit Bohnengemüse. Dafür die Bohnen mit etwas Bohnenkraut in Alufolie garen.
Abends 250 g gekochte Pellkartoffeln mit 150 g gedünsteten Apfelscheiben.

Pro Tag:
20 mg Natrium und 755 kcal/3171 kJ

Rezeptverzeichnis

Nützliche Ratgeber

Essen und Trinken

FALKEN EXKLUSIV
Kochen in höchster Vollendung
Aus vier Elementen ist alles zusammen-
gefügt (Theophrast). (4291) Von M. Wissing,
M. Kirsch, 160 S., 230 Farbfotos, Leinen
geprägt mit Schutzumschlag, im Schuber,
DM 98,–, S 784.–

Was koche ich heute?
Neue Rezepte für Fix-Gerichte. (0608) Von A.
Badelt-Vogt, 112 S., 16 Farbtafeln, kart. ●

Kochen für 1 Person
Rationell wirtschaften, abwechslungsreich
und schmackhaft zubereiten. (0586) Von M.
Nicolin, 136 S., 8 Farbtafeln, 23 Zeichnungen, kart. ●

Schnell und individuell
Die raffinierte Single-Küche
(4266) Von F. Faist, 160 S., 151 Farbfotos,
Pappband. ●●●

Gesunde Kost aus dem Römertopf
(0442) Von J. Kramer, 128 S., 8 Farbtafeln,
13 Zeichnungen, kart. ●

FALKEN-FEINSCHMECKER
Pasta in Höchstform **Nudeln**
(0884) Von M. Kirsch, 64 S., 62 Farbfotos,
Pappband. ●

Nudelgerichte
– lecker, locker, leicht zu kochen. (0466) Von
C. Stephan, 80 S., 8 Farbtafeln, kart. ●

FALKEN-FEINSCHMECKER
In Hülle und Fülle
Pasteten und Terrinen
(0883) Von M. Kirsch, 48 S., 62 Farbfotos,
Pappband. ●

FALKEN-FEINSCHMECKER
Spezialitäten unter knuspriger Decke
Aufläufe
(0882) Von C. Adam, 48 S., 33 Farbfotos,
Pappband. ●

Eintöpfe und Aufläufe
Das Beste aus den Kochtöpfen der Welt
(5079) Von A. und G. Eckert, 64 S., 50 Farbfotos, Pappband. ●●

FALKEN-FEINSCHMECKER
Herzhaftes für Leib und Seele
Eintöpfe
(0820) Von P. Klein, 48 S., 30 Farbfotos,
Pappband. ●

Schnell und gut gekocht
Die tollsten Rezepte für den Schnellkochtopf.
(0265) Von J. Ley, 96 S., 8 Farbtafeln, kart. ●

Kochen und backen im Heißluftherd
Vorteile, Gebrauchsanleitung, Rezepte.
(0516) Von K. Kölner, 72 S., 8 Farbtafeln,
kart. ●

Zaubern mit der schnellen Welle
Die neue Mikrowellenküche
(4289) Von F. Faist, 208 S., 188 Farbfotos,
Pappband. ●●●

Das neue Mikrowellen-Kochbuch
(0434) Von H. Neu, 64 S., 4 Farbtafeln,
16 s/w Zeichnungen, kart. ●

Ganz und gar mit Mikrowellen
(4094) Von T. Peters, 208 S., 24 Farbfotos,
12 Zeichnungen, kart. ●●●

FALKEN-FEINSCHMECKER
Schnell auf den Tisch gezaubert
Kochen mit Mikrowellen
(0818) Von A. Danner, 64 S., 52 Farbfotos,
Pappband. ●

Marmeladen, Gelees und Konfitüren
Köstlich wie zu Omas Zeiten – einfach
selbstgemacht. (0720) Von M. Gutta, 32 S.,
23 Farbfotos, 1 Zeichnung, Pappband. ●

Einkochen
nach allen Regeln der Kunst. (0405) Von
B. Müller, 128 S., 8 Farbtafeln, kart. ●

Einkochen, Einlegen, Einfrieren
(4055) Von B. Müller, 152 S., 27 s/w.-Abb.,
kart. ●●

Haltbarmachen in der Öko-Küche
Gesunde Konservierungsmethoden für Obst,
Gemüse, Kräuter und Pilze. (0932) Von
M. Bustorf-Hirsch, 120 S., 56 Farbfotos,
36 Farbzeichnungen. kart. ●●

FALKEN-FEINSCHMECKER
Goldbraun und knusprig
Fritierte Leckerbissen
(0868) Von F. Faist, 64 S., 47 Farbfotos,
Pappband. ●

Das neue Fritieren
geruchlos, schmackhaft und gesund. (0365)
Von P. Kühne, 96 S., 8 Farbtafeln, kart. ●

FALKEN-FEINSCHMECKER
Die Krönung der feinen Küche
Saucen
(0817) Von G. Cavestri, 48 S., 40 Farbfotos,
Pappband. ●

FALKEN-FEINSCHMECKER
Edler Kern in harter Schale
Meeresfrüchte
(0886) Von L. Grieser, 48 S., 52 Farbfotos,
Pappband. ●

FALKEN-FEINSCHMECKER
Von Tatar und falschen Hasen
Hackfleisch
(0866) Von A. und G. Eckert, 64 S., 42 Farbfotos, Pappband. ●

Mehr Freude und Erfolg beim **Grillen**
(4141) Von A. Berliner, 160 S., 147 Farbfotos,
10 farbige Zeichnungen, Pappband. ●●●

Grillen für Geniesser
Fleisch · Fisch · Beilagen · Soßen. (5001) Von
E. Fuhrmann, 64 S., 38 Farbfotos, Pappband.
●●

FALKEN-FEINSCHMECKER
Köstliches von Rost und Spieß
Grillen
(0931) Von A. Kalcher-Dähn, H. K. Kalcher,
64 S., 43 Farbfotos, Pappband. ●

Chinesisch kochen
mit dem Wok-Topf und dem Mongolen-Topf.
(0557) Von C. Korn, 64 S., 8 Farbtafeln, kart. ●

FALKEN-FEINSCHMECKER
Verheißungsvoll fernöstlich
Spezialitäten aus dem Wok
(0933) Von H. K. Jen, 64 S., 56 Farbfotos,
Pappband. ●

Schlemmerreise durch die
Chinesische Küche
(4184) Von K. H. Jen, 160 S., 117 Farbfotos,
Pappband. ●●●

Nordische Küche
Speisen und Getränke von der Küste. (5082)
Von J. Kürtz, 64 S., 44 Farbfotos, Pappband. ●●

Essen in Hessen
Spezialitäten zwischen Schwalm und Oden-
wald. (0837) Von R. Witt, 120 S.,
10 s/w-Zeichnungen, Pappband. ●●

Schlemmerreise durch die
Französische Küche
(4296) Von H. Imhof, 160 S., 147 Farbfotos, 3
s/w-Fotos, Pappband. ●●●

Französisch kochen
Eine kulinarische Reise durch Frankreich.
(5016) Von M. Gutta, 64 S., 35 Farbfotos,
Pappband. ●●

Französische Küche
(0685) Von M. Gutta, 96 S., 16 Farbtafeln,
kart. ●

**Französische Spezialitäten aus dem
Backofen**
Herzhafte Tartes und Quiches mit Fleisch,
Fisch, Gemüse und Käse
(5146) Von P. Klein, 64 S., 43 Farbfotos,
Pappband. ●

FALKEN-FEINSCHMECKER
Aus lauter Lust und Liebe
Knoblauch
(0867) Von L. Reinirkens, 64 S., 45 Farbfotos, Pappband. ●

Kochen und würzen mit **Knoblauch**
(0725) Von A. und G. Eckert, 96 S., 8 Farbtafeln, kart. ●

Schlemmerreise durch die
Italienische Küche
(4172) Von V. Pifferi. 160 S., 109 Farbfotos,
Pappband. ●●●

**Pizza, Pasta und die feine italienische
Küche**
(4270) Von R. Rudatis, 120 S., 255 Farbfotos,
Pappband. ●●

Italienische Küche
Ein kulinarischer Streifzug mit regionalen
Spezialitäten. (5026) Von M. Gutta, 64 S.,
35 Farbfotos, Pappband. ●●

FALKEN-FEINSCHMECKER
Schlemmen wie bei Mamma Maria
Pizzas
(0815) Von F. Faist, 64 S., 62 Farbfotos, Pappband. ●

Köstliche Pilzgerichte
Tips und Rezepte für die häufigsten Pilzgat-
tungen. (5133) Von V. Spicker-Noack, M.
Knoop, 64 S., 52 Farbfotos, Pappband. ●●

Fondues
und fritierte Leckerbissen. (0471) Von
S. Stein, 96 S., 8 Farbtafeln, kart. ●

Fondues · Raclettes · Flambiertes
(4081) Von R. Peiler und M.-L. Schult, 136 S.,
15 Farbtafeln, 28 Zeichnungen, kart. ●●

**Neue, raffinierte Rezepte mit dem
Raclette-Grill**
(0558) Von L. Helger, 56 S., 8 Farbtafeln,
kart. ●

**Rezepte rund um Raclette und
Doppeldecker**
(0420) Von J. W. Hochscheid, 72 S., 8 Farbtafeln, kart. ●

Die hier vorgestellten Bücher, Videokassetten und Software sind in folgende Preisgruppen unterteilt:

● Preisgruppe bis DM 10,–/S 79,–
●● Preisgruppe über DM 10,– bis DM 20,–
S 80,– bis S 160,–
●●● Preisgruppe über DM 20,– bis DM 30,–
S 161,– bis S 240,–
●●●● Preisgruppe über DM 30,– bis DM 50,–
S 241,– bis S 400,–
●●●●● Preisgruppe über DM 50,–/S 401,–
*(unverbindliche Preisempfehlung)

Die Preise entsprechen dem Status beim Druck dieses Verzeichnisses (s. Seite 1) – Änderungen, im besonderen der Preise, vorbehalten –

Fondues und Raclettes
(4253) Von F. Faist, 160 S., 125 Farbfotos,
Pappband. ●●●
FALKEN-FEINSCHMECKER
Schmelzendes Käsevergnügen
Raclette
(0881) Von F. Faist, 48 S., 33 Farbfotos, Papp-
band. ●
Kulinarischer Feuerzauber
Flambieren
(4294) Von R. Wesseler, 120 S., 100 Farb-
fotos, Pappband. ●●●
Kochen und würzen mit
Paprika
(0792) Von A. und G. Eckert, 88 S., 8 Farb-
tafeln, kart. ●
Köstlichkeiten für Gäste und Feste
Kalte Platten
(4200) Von I. Pfliegner. 160 S., 130 Farbfotos,
Pappband. ●●●
Kalte Happen und Partysnacks
Canapés, Sandwiches, Pastetchen, Salate
und Suppen. (5029) Von D. Peters, 64 S.,
44 Farbfotos, Pappband. ●●
Garnieren und Verzieren
(4236) Von R. Biller, 160 S., 329 Farbfotos,
57 Zeichnungen, Pappband. ●●●
Desserts
Puddings, Joghurts, Fruchtsalate, Eis,
Gebäck, Getränke. (5020) Von M. Gutta,
64 S., 41 Farbfotos, Pappband. ●●
FALKEN-FEINSCHMECKER
Süße Verführungen
Desserts
(0885) Von M. Bacher, 64 S., 75 Farbfotos,
Pappband. ●
FALKEN-FEINSCHMECKER
Süße Geheimnisse eiskalt gelüftet
Eis und Sorbets
(0870) Von H. W. Liebheit, 48 S., 38 Farb-
fotos, Pappband. ●
Crêpes, Omeletts und Soufflés
Pikante und süße Spezialitäten. (5131) Von
J. Rosenkranz, 64 S., 45 Farbfotos, Papp-
band. ●
Kuchen und Torten
Die besten und beliebtesten Rezepte. (5067)
Von M. Sauerborn, 64 S., 79 Farbfotos, Papp-
band. ●●
Tortenträume und Kuchenfantasien
Gebackene Köstlichkeiten originell dekoriert
und verziert. (0823) Von F. Faist, 80 S.,
150 Farbfotos, kart. ●●
Backen mit Lust und Laune
(4284) Von M. Schumacher, R. Krake, 242 S.,
348 Farbfotos, 18 farb. Vignetten, 3 vier-
seitige Ausklapptafeln, Pappband. ●●●●
Backen, was allen schmeckt
Kuchen, Torten, Gebäck und Brot. (4166) Von
E. Blome, 556 S., 40 Farbtafeln, Pappband.
●●●
Meine Vollkornbackstube
Brot · Kuchen · Aufläufe. (0616) Von
R. Raffelt, 96 S., 4 Farbtafeln, 12 Zeich-
nungen, kart. ●
FALKEN-FEINSCHMECKER
Knusprig, kernig, urgesund
Vollkornbrot
(0938) Von S. Reiter, 64 S., 56 Farbfotos,
Pappband. ●
FALKEN-FEINSCHMECKER
Mit Körnern, Zimt und Mandelkern
Vollkorngebäck
(0816) Von M. Bustorf-Hirsch, 48 S., 39 Farb-
fotos, Pappband. ●

Biologisch Backen
Neue Rezeptideen für Kuchen, Brote, Klein-
gebäck aus vollem Korn. (4174) Von
M. Bustorf-Hirsch, 136 S., 15 Farbtafeln,
47 Zeichnungen, kart. ●●
Selbst Brotbacken
Über 50 erprobte Rezepte. (0370) Von
J. Schiermann, 80 S., 6 Zeichnungen, 4 Farbtafeln, kart. ●
Mehr Freude und Erfolg beim
Brotbacken
(4148) Von A. und G. Eckert, 160 S.,
177 Farbfotos, Pappband. ●●●
Brotspezialitäten
knusprig backen – herzhaft kochen.
(5088) Von J. W. Hochscheid, L. Helger,
64 S., 48 Farbfotos, Pappband. ●●
Weihnachtsbäckerei
Köstliche Plätzchen, Stollen, Honigkuchen
und Festtagstorten. (0682) Von M. Sauerborn, 32 S., 34 Farbfotos, Pappband. ●
Waffeln
süß und pikant. (0522) Von C. Stephan,
64 S., 8 Farbtafeln, kart. ●
Alles mit Joghurt
tagfrisch selbstgemacht. Mit vielen Rezepten. (0382) Von G. Volz, 88 S., 8 Farbtafeln,
kart. ●
Joghurt, Quark, Käse und Butter
Schmackhaftes aus Milch hausgemacht.
(0739) Von M. Bustorf-Hirsch. 32 S., 59 Farb-
abb., Pappband. ●
FALKEN-FEINSCHMECKER
Raffiniert und gesund würzen
Kräuterküche
(0869) Von A. Görgens, 48 S.,43 Farbfotos,
Pappband. ●
Miekes Kräuter- und Gewürzkochbuch
(0323) Von I. Persy, K. Mieke, 96 S., 8 Farb-
tafeln, kart. ●
Das köstliche knackige Schlemmer-
vergnügen.
Salate
(4165) Von V. Müller. 160 S., 80 Farbfotos,
Pappband. ●●
FALKEN-FEINSCHMECKER
Frisch und leicht als Hauptgericht
Schlemmersalate
(0934) Von C. Adam, 64 S., 49 Farbfotos,
Pappband. ●
111 köstliche Salate
Erprobte Rezepte mit Pfiff. (0222) Von
C. Schönherr, 96 S., 8 Farbtafeln, 30 Zeich-
nungen, kart. ●
FALKEN-FEINSCHMECKER
Köstlich frisch auf den Tisch
Rohkostsalate
(0865) Von C. Adam, 48 S., 26 Farbfotos,
Pappband. ●
**Die abwechslungsreiche
Vollwertküche**
Vitaminreich und naturbelassen kochen und
backen. (4229) Von M. Bustorf-Hirsch,
K. Siegel, 280 S., 31 Farbtafeln, 78 Zeich-
nungen, Pappband. ●●●●
Die feine Vollwertküche
(4286) Von M. Bustorf-Hirsch, 160 S.,
83 Farbfotos, Pappband. ●●●
Meine Vollkornküche
Herzhaftes von echtem Schrot und Korn
(0858) Von S. Walz, 128 S., 8 Farbtafeln, kart. ●

FALKEN-FEINSCHMECKER
Dinkel, Hirse, Roggenkorn…
Kerniges aus der Getreideküche
(0932) Von S. Frank, 64 S., 49 Farbfotos,
Pappband. ●
FALKEN-FEINSCHMECKER
Die verlockende Alternative
Süße Vollwertküche
(0936) Von A. Roßmeier, 64 S., 50 Farbfotos,
Pappband. ●
FALKEN-FEINSCHMECKER
Die gesunde Art, sich zu verwöhnen
Vollwertküche für Singles
(0937) Von A. Görgens, 64 S., 43 Farbfotos,
Pappband. ●
Alternativ essen
Die gesunde Sojaküche.
(0553) Von U. Kolster, 112 S., 8 Farbtafeln,
kart. ●
Kochen mit Tofu
Die gesunde Alternative. (0894) Von
U. Kolster, 80 S., 8 Farbtafeln, kart. ●
Das Reformhaus-Kochbuch
Gesunde Ernährung mit hochwertigen Natur-
produkten. (4180) Von A. und G. Eckert,
160 S. 15 Farbtafeln, Pappband. ●●●
**Gesund kochen mit Keimen und
Sprossen**
(0794) Von M. Bustorf-Hirsch, 104 S., 8 Farb-
tafeln, 13 s/w-Zeichnungen, kart. ●
Keime und Sprossen in der Naturküche
(4299) Von M. Bustorf-Hirsch, 96 S.,
144 Farbfotos, Pappband. ●●
Die feine Vegetarische Küche
(4235) Von F. Faist, 160 S., 191 Farbfotos,
Pappband. ●●●
Biologische Ernährung
für eine natürliche und gesunde Lebensweise. (4125) Von G. Leibold, 136 S., 15 Farbtafeln, 47 Zeichnungen, kart. ●●
Gesunde Ernährung für mein Kind
(0776) Von M. Bustorf-Hirsch, 96 S., 8 Farbtafeln, 5 s/w Zeichnungen, kart. ●
Vitaminreich und naturbelassen
Biologisch Kochen
(4162) Von M. Bustorf-Hirsch, K. Siegel,
144 S., 15 Farbtafeln, 31 Zeichnungen, kart.
●●
Gesund kochen
wasserarm · fettfrei · aromatisch. (4060) Von
M. Gutta, 240 S., 16 Farbtafeln, Pappband.
●●●
Naturküche à la carte
(4406) Von M. Wissing, M. Kirsch, 160 S.,
179 Farbfotos, Pappband. ●●●●
Würzig kochen ohne Salz
(0922) Von S. Roediger-Streubel, 160 S.,
16 Farbtafeln, kart. ●●
Natursammlers Kuchbuch
Wildfrüchte und Gemüse, Pilze, Kräuter –
finden und zubereiten. (4040) Von C. M.
Kerler, 140 S., 12 Farbtafeln, kart. ●●
Kräuter- und Heilpflanzen-Kochbuch
für eine gesunde Lebensweise. (4066) Von
P. Pervenche, 143 S., 15 Farbtafeln. kart.
●●**Pralinen und Konfekt**
Kleine Köstlichkeiten selbstgemacht. (0731)
Von H. Engelke, 32 S., 57 Farbfotos,
Pappband. ●
FALKEN-FEINSCHMECKER
Zart schmelzende Versuchungen
Schokolade
(0819) Von J. Schroer, 48 S., 53 Farbfotos,
Pappband. ●

Die hier vorgestellten Bücher, Videokassetten und Software sind in folgende Preisgruppen unterteilt:

● Preisgruppe bis DM 10,–/S 79,–   ●●● Preisgruppe über DM 20,– bis DM 30,–   ●●●● Preisgruppe über DM 30,– bis DM 50,–
●● Preisgruppe über DM 10,– bis DM 20,–   S 161,– bis S 240,–   S 241,– bis S 400,–
S 80,– bis S 160,–   ●●●●● Preisgruppe über DM 50,–/S 401,–
                                                                                *(unverbindliche Preisempfehlung)

Die Preise entsprechen dem Status beim Druck dieses Verzeichnisses (s. Seite 1) – Änderungen, im besonderen der Preise, vorbehalten –

Das richtige Frühstück
Gesunde Vollwertkost vitaminreich und naturbelassen. (0784) Von C. Kratzel, R. Böll, 32 S., 28 Farbfotos, Pappband. ●

Bocuse à la carte
Französisch kochen mit dem Meister. (4237) Von P. Bocuse, 88 S., 218 Farbfotos, Pappband. ●●

Kochschule mit Paul Bocuse
(6016) VHS, 60 Min. in Farbe. ●●●●●*

Der schön gedeckte Tisch
Vom einfachen Gedeck bis zur Festtafel stimmungsvoll und perfekt arrangiert. (4246) Von H. Tapper, 112 S., 206 Farbabbildungen, 21 s/w-Abbildungen, Pappband. ●●●

Servietten dekorativ falten
Geschmackvolle Anregungen aus Stoff und Papier. (0804) Von H. Tapper, 3T S., 134 Farbfotos, Pappband. ●

Cocktails
(4267) Von W. R. Hoffmann, W. Hubert, U. Lottring, 160 S., 164 Farbfotos, 1 s/w-Foto, Pappband. ●●●

Neue Cocktails und Drinks
mit und ohne Alkohol. (0517) Von S. Späth, 128 S., 4 Farbtafeln, kart., ●

Mixgetränke
mit und ohne Alkohol (5017) Von C. Arius, 64 S., 35 Farbfotos, Pappband. ●●

FALKEN-FEINSCHMECKER
Fruchtig, spritzig, eisgekühlt
Mixen ohne Alkohol
(0935) Von S. Späth, 64 S., 44 Farbfotos, Pappband. ●

Cocktails und Mixereien
für häusliche Feste und Feier. (0075) Von J. Walker, 96 S., 4 Farbtafeln, kart. ●

Die besten Punsche, Grogs und Bowlen
(0575) Von F. Dingden, 64 S., 4 Farbtafeln, kart. ●

Weine und Säfte, Liköre und Sekt
selbstgemacht. (0702) Von P. Arauner, 232 S., 76 Abb., kart. ●●

Mitbringsel aus meiner Küche
selbst gemacht und liebevoll verpackt. (0668) Von C. Schönherr, 32 S., 30 Farbfotos, Pappband. ●

Weinlexikon
Wissenswertes über die Weine der Welt. (4149) Von U. Keller, 228 S., 6 Farbtafeln, 395 s/w-Fotos, Pappband. ●●●

Heißgeliebter Tee
Sorten, Rezepte und Geschichten. (4114) Von C. Maronde, 153 S., 16 Farbtafeln, 93 Zeichnungen, Pappband. ●●●

Tee für Genießer.
Sorten · Riten · Rezepte. (0356) Von M. Nicolin, 64 S., 4 Farbtafeln, kart. ●

Tee
Herkunft · Mischungen · Rezepte. (0515) Von S. Ruske, 96 S., 4 Farbtafeln, 16 s/w-Abbildungen, Pappband. ●

Kinder lernen spielend backen
(5110) Von M. Gutta, 64 S., 45 Farbfotos, Pappband. ●●

Kinder lernen spielend kochen
Lieblingsgerichte mit viel Spaß selbst zubereitet. (5096) Von M. Gutta, 64 S., 45 Farbfotos, Pappband, ●●

Komm, koch mit mir
Kunterbuntes Kochvergnügen für Kinder. (4285) Von S. und H. Theilig, Illustrationen von B. v. Hayek, 96 S., 48 Farbfotos, 350 Farb- und 1 s/w-Zeichnung, Pappband. ●●

Schlank werden nach Dr. Hay
Trennkost
Die bewährten Vollwert-Rezepte von Ursula Summ. (4298) Von U. Summ, 96 S., 54 Farbtafeln, 1 Zeichnung, kart. ●●

Gesund leben – schlank werden mit der **Bio-Kur**
(0657) Von S. Winter. 144 S., 4 Farbtafeln, kart. ●

SLIM
Der neue, individuelle Schlankheitsplan (4277) Von Prof. Dr. E. Menden, W. Aign. 120 S., 440 Farbfotos, Pappband. ●●●

Kalorien – Joule
Eiweiß · Fett · Kohlenhydrate tabellarisch nach gebräuchlichen Mengen. (0374) Von M. Bormio, 88 S., kart. ●

Vitamine und Ballaststoffe
So ermittle ich meinen täglichen Bedarf (0746) Von Prof. Dr. M. Wagner, I. Bongartz. 96 S., 6 Farbabb., zahlreiche Tabellen, kart. ●

Hobby und Freizeit

Aquarellmalerei
als Kunst und Hobby. (4147) Von H. Haack, B. Wersche, 136 S., 62 Farbfotos, 119 Zeichnungen, Pappband. ●●●●

Aquarellmalerei
Materialien · Techniken · Motive. (5099) Von T. Hinz, 64 S., 79 Farbfotos, Pappband. ●●

Hobby Aquarellmalen
Landschaft und Stilleben. (0876) Von I. Schade, A. Brück, 80 S., 111 Farbabbildungen, kart. ●●

Videokassette
Hobby Aquarellmalen
Landschaft und Stilleben (6022) VHS, ca. 40 Min., in Farbe, ●●●●*

Aquarellmalerei leicht gelernt
Materialien · Techniken · Motive. (0787) Von T. Hinz, R. Braun, B. Zeidler, 32 S., 38 Farbfotos, 1 Zeichnung, Pappband. ●

Aquarellieren auf Seide
Materialien · Techniken · Motive. (0917) Von I. Demharter, 32 S., 41 Farbfotos, Pappband. ●

Hobby Ölmalerei
Landschaft und Stilleben. (0875) Von H. Kämper, I. Becker, 80 S., 93 Farbabb., kart.

Videokassette
Hobby Ölmalerei
Landschaft und Stilleben (6025) VHS, ca. 40 Min., in Farbe, ●●●●*

Falken-Handbuch
Zeichnen und Malen
(4167) Von B. Bagnall, 336 S., 1154 Farbabb., Pappband. ●●●●●

Das große farbige PLAKA-Buch
Malen und Basteln
(4402) Von H.-J. Giesecke, 192 S., 225 Farbfotos, 20 Farb- und 4 s/w- Zeichnungen, Pappband. ●●

Das große farbige
Bastelbuch für Kinder
(4254) Von U. Barff, I. Burkhardt, J. Maier. 224 S., 157 Farbfotos, 430 Farb- und 69 s/w-Zeichnungen, Pappband. ●●●

Punkt, Punkt, Komma, Strich
Zeichenstunden für Kinder. (0564) Von H. Witzig, 144 S., über 250 Zeichnungen, kart. ●

Einmal grad und einmal krumm
Zeichenstunden für Kinder. (0599) Von H. Witzig, 144 S., 363 Abb. kart. ●

Naive Malerei
Materialien · Motive · Techniken. (5083) Von F. Krettek, 64 S., 76 Farbfotos, Pappband. ●●

Bauernmalerei
als Kunst und Hobby. (4057) Von A. Gast, H. Stegmüller, 128 S., 239 Farbfotos, 26 Riß-Zeichnungen, Pappband. ●●●

Hobby Bauernmalerei
(0436) Von S. Ramos und J. Roszak, 80 S., 116 Farbfotos und 28 Motivvorlagen, kart. ●●

Bauernmalerei
Kreatives Hobby nach alter Volkskunst (5039) Von S. Ramos, 64 S., 85 Farbfotos, Pappband. ●●

Glasmalerei
als Kunst und Hobby. (4088) Von F. Krettek und S. Beeh-Lustenberger, 132 S., 182 Farbfotos, 38 Motivvorlagen, Pappband. ●●●●

Naive Hinterglasmalerei
Materialien · Techniken · Bildvorlagen (5145) Von F. Krettek, 64 S., 87 Farbfotos, 6 Zeichnungen, Pappband. ●●

Kalligraphie
Die Kunst des schönen Schreibens (4263) Von C. Hartmann, 120 S., 44 Farbvorlagen, 29 s/w-Vorlagen, 2 s/w-Zeichnungen, 38 Farbfotos, Pappband. ●●●●

Seidenmalerei als Kunst und Hobby
(4264) Von S. Hahn, 136 S., 256 Farbfotos, 1 s/w-Foto, 34 Farbzeichnungen, Pappband. ●●●●

Kunstvolle Seidenmalerei
Mit zauberhaften Ideen zum Nachgestalten. (0783) Von I. Demharter, 32 S., 56 Farbfotos, Pappband. ●

Zauberhafte Seidenmalerei
Materialien · Techniken · Gestaltungsvorschläge. (0664) Von E. Dorn, 32 S., 62 Farbfotos, Pappband. ●

Neue zauberhafte Seidenmalerei
Motive und Anregungen aus der Natur. (0924) Von R. Henge, 80 S., 148 Farbfotos, 27 s/w-Zeichnungen, kart. ●●

Hobby Seidenmalerei
(0611) Von R. Henge, 80 S., 106 Farbfotos, 28 Zeichnungen, kart. ●●

Hobby Stoffdruck und Stoffmalerei
(0555) Von A. Ursin, 80 S., 68 Farbfotos, 68 Zeichnungen, kart. ●●

Stoffmalerei und Stoffdruck
Materialien · Techniken · Ideen · Modelle (5074) Von H. Gehring, 64 S., 110 Farbfotos, Pappband. ●●

Batik
leicht gemacht. Materialien ·Färbetechniken · Gestaltungsideen. (5112) Von A. Gast, 64 S., 105 Farbfotos, Pappband. ●●

Die hier vorgestellten Bücher, Videokassetten und Software sind in folgende Preisgruppen unterteilt:

● Preisgruppe bis DM 10,–/S 79,–
●● Preisgruppe über DM 10,– bis DM 20,– S 80,– bis S 160,–

●●● Preisgruppe über DM 20,– bis DM 30,– S 161,– bis S 240,–

●●●● Preisgruppe über DM 30,– bis DM 50,– S 241,– bis S 400,–
●●●●● Preisgruppe über DM 50,–/S 401,– *(unverbindliche Preisempfehlung)

Die Preise entsprechen dem Status beim Druck dieses Verzeichnisses (s. Seite 1) – Änderungen, im besonderen der Preise, vorbehalten –

/ **FALKEN** /

Kreatives Bilderweben
Materialien – Vorlagen – Motive
(0814) Von A. Schulte-Huxel, 32 S., 58 Farbfotos, 8 Zeichnungen, Pappband. ●

Hobby Applikationen
Materialien · Techniken · Modelle.
(0899) Von H. Probst-Reinhardt, 80 S., 92 Farbfotos, 31 Zeichnungen, kart. ●●

Flechten
mit Bast, Stroh und Peddigrohr. (5098) Von H. Hangleiter, 64 S., 47 Farbfotos, 76 Zeichnungen, Pappband. ●●

Falken-Handbuch
Nähen
Abc der Nähtechniken und kreative Modellschneiderei in ausführlichen Schritt-für-Schritt-Bildfolgen. (4272) Von A. Bree, 320 S., 1142 Abbildungen, Schnittmusterbogen für alle Modelle, Pappband. ●●●●

Falken-Handbuch
Häkeln
ABC der Häkeltechniken und Häkelmuster in ausführlichen Schritt-für-Schritt-Bildfolgen. (4194) Von H. Fuchs, M. Natter, 288 S., 597 Farbfotos, 476 farbige Zeichnungen. Pappband. ●●●●

Häkeln
Schritt für Schritt für Rechts- und Linkshänder. (5134) Von H. Klaus, 64 S., 120 Farbfotos, 144 Zeichnungen, Pappband. ●●

Monogrammstickerei
Mit Vorlagen für Initialen, Vignetten und Ornamente. (5148) Von H. Fuchs, 64 S., 50 Farbfotos, 50 Zeichnungen, Pappband. ●●

Falken-Handbuch
Stricken
ABC der Stricktechniken und Strickmuster in ausführlichen Schritt-für-Schritt-Bildfolgen. (4137) Von M. Natter, 312 S., 106 Farb- und 922 s/w-Fotos, 318 Zeichnungen, Pappband. ●●●●

Das moderne Standardwerk von der Expertin
Perfekt Stricken
Mit Sonderteil Häkeln. (4250) Von H. Jaacks, 256 S., 703 Farbfotos, 169 Farb- und 121 s/w-Zeichnungen, Pappband. ●●●

Videokassette Stricken
(6007) VHS. Von P. Krolikowski-Habicht, H. Jaacks, 51 Min., in Farbe. ●●●●*

Stricken
Schritt für Schritt für Rechts- und Linkshänder. (5142) Von S. Oelwein-Schefczik, 64 S., 148 Farbfotos, 173 Zeichnungen, Pappband. ●●

Die schönsten Handarbeiten zum Verschenken
(4225) Von B. Wenzelburger, 128 S., 156 Farbfotos, 70 zweifarbige Zeichnungen, Pappband. ●●●●

Kuscheltiere stricken und häkeln
Arbeitsanleitungen und Modelle. (0734) Von B. Wehrle, 32 S., 60 Farbfotos, 28 Zeichnungen, Spiralbindung. ●

Hobby Patchwork und Quilten
(0768) Von B. Staub-Wachsmuth, 80 S., 108 Farbabb., 43 Zeichnungen, kart. ●●

Hobby Spitzencollagen
Bezaubernde Motive aus edlem Material. (0847) Von H. Westphal, 80 S., 186 Farbfotos, kart. ●●

Textiles Gestalten
Weben, Knüpfen, Batiken, Sticken, Objekte und Strukturen. (5123) Von J. Fricke, 136 S., 67 Farb- und 189 s/w-Fotos, 15 Zeichnungen, kart. ●●

Gestalten mit Glasperlen
fädeln · sticken · weben (0640) Von A. Köhler, 32 S., 55 Farbfotos, Spiralbindung. ●

Schmuck, Accessoires und Dekoratives
aus Fimo modelliert. (0873) Von A. Aurich, 32 S., 54 Farbfotos, Pappband. ●

Exklusiver Modeschmuck
aus dem eigenen Atelier
(0925) Von J. Niemeier, J. Klein, 80 S., 141 Farbfotos, 25 Zeichnungen, kart. ●●

Neue zauberhafte Salzteig-Ideen
(0719) Von I. Kiskalt, 80 S., 324 Farbfotos, 12 Zeichnungen, kart. ●●

Hobby Salzteig
(0662) Von I. Kiskalt, 80 S., 150 Farbfotos, 5 Zeichnungen, Schablonen, kart. ●●

Gestalten mit Salzteig
formen · bemalen · lackieren. (0613) Von W.-U. Cropp, 32 S., 56 Farbfotos, 17 Zeichnungen, Pappband. ●

Originell und dekorativ
Salzteig mit Naturmaterialien
(0833) Von A. und H. Wegener, 80 S., 166 Farbfotos, kart. ●●

Buntbemalte Kunstwerke aus Salzteig
Figuren, Landschaften und Wandbilder. (5141) Von G. Belli, 64 S., 165 Farbfotos, 1 Zeichnung, Pappband. ●●

Kreatives Gestalten mit Salzteig
Originelle Motive für Fortgeschrittene. (0769) Hrsg. I. Kiskalt, 80 S., 168 Farbfotos, kart. ●●

Videokassette Salzteig
(6010) VHS. Von I. Kiskalt, Dr. A. Teuchert, in Farbe, ca. 35 Min. ●●●●●*

Tiffany-Spiegel selbermachen
Materialien · Arbeitsanleitung · Vorlagen. (0761) Von R. Thomas, 32 S., 53 Farbfotos, Pappband. ●

Tiffany-Schmuck selbermachen
Materialien · Arbeitsanleitung · Modelle. (0871) Von B. Poludniak, H. W. Scheib, 32 S., 54 Farbfotos, 3 Zeichnungen, Pappband. ●

Tiffany-Lampen selbermachen
Arbeitsanleitung · Materialien · Modelle. (0684) Von I. Spliethoff, 32 S., 60 Farbfotos, Pappband. ●

Hobby Glaskunst in Tiffany-Technik
(0781) Von N. Köppel, 80 S., 194 Farbfotos, 6 s/w-Abb., kart., ●●

Altes Brauchtum neu endeckt
Schmuck-Eier
Kunstvoll gestalten und verzieren. (0919) Von I. Kiskalt, 32 S., 45 Farbfotos, 3 s/w-Zeichnungen, Pappband. ●

Origami –
Die Kunst des Papierfaltens. (0280) Von R. Harbin, 160 S., 633 Zeichnungen, kart. ●

Hobby Origami
Papierfalten für groß und klein.
(0756) Von Z. Aytüre-Scheele, 88 S., über 800 Farbfotos, kart. ●●

Neue zauberhafte Origami-Ideen
Papierfalten für groß und klein.
(0805) Von Z. Aytüre-Scheele, 80 S., 720 Farbfotos, kart. ●●

Weihnachtsbasteleien
(0667) Von M. Kühnle und S. Beck, 32 S., 56 Farbfotos, 6 Zeichnungen, Pappband. ●

Alle Jahre wieder…
Avent und Weihnachten
Basteln – Backen – Schmücken – Singen – Vorlesen – Feiern.
(4260) Von H. und Y. Nadolny, 256 S., 105 Farbfotos, 130 Zeichnungen, Pappband. ●●●

Bastelspaß mit der Laubsäge
Mit Schnittmusterbogen für viele Modelle in Originalgröße. (0741) Von L. Giesche, M. Bausch, 32 S., 61 Farbfotos, 7 Zeichnungen, Schnittmusterbogen, Pappband. ●

Strohschmuck selbstgebastelt
Sterne, Figuren und andere Dekorationen (0740) Von E. Rombach, 32 S., 60 Farbfotos, 17 Zeichnungen, Pappband. ●

Das Herbarium
Pflanzen sammeln, bestimmen und pressen. (5113) Von I. Gabriel, 96 S., 140 Farbfotos, Pappband. ●●

Gestalten mit Naturmaterialien
Zweige, Kerne, Federn, Muscheln und anderes. (5128) Von I. Krohn, 64 S., 101 Farbfotos, 11 farbige Zeichnungen, Pappband. ●●

Blütenbilder aus Blumen und Blättern
Phantasievolle Naturcollagen.
(0872) Von G. Schamp, 32 S., 57 Farbfotos, 1 Zeichnung, Pappband. ●

Dauergestecke
mit Zweigen, Trocken- und Schnittblumen. (5121) Von G. Vocke, 64 S., 57 Farbfotos, Pappband. ●●

Ikebana
Einführung in die japanische Kunst des Blumensteckens. (0548) Von G. Vocke, 152 S., 47 Farbfotos, kart. ●●

Hobby Trockenblumen
Gewürzsträuße, Gestecke, Kränze, Buketts. (0643) Von R. Strobel-Schulze, 88 S., 170 Farbfotos, kart. ●●

Hobby Gewürzsträuße
und zauberhafte Gebinde nach Salzburger Art. (0726) Von A. Ott, 80 S., 101 Farbfotos, 51 farbige Zeichnungen, kart. ●●

Trockenblumen und Gewürzsträuße
(5084) Von G. Vocke, 64 S., 63 Farbfotos, Pappband. ●●

Töpfern
als Kunst und Hobby. (4073) Von J. Fricke, 132 S., 37 Farbfotos, 222 s/w-Fotos, Pappband. ●●

Kreatives Gestalten mit Ton
Töpfern ohne Scheibe – Aufbaukeramik
(0896) Von A. Riedinger, 80 S., 207 Farbfotos, 16 Zeichnungen, 7 Vignetten, kart. ●●

Schöne Sachen modellieren
Originelles aus Cernit – ideenreich gestalten. (0762) Von G. Thelen, 32 S., 105 Farbfotos, Pappband. ●

Porzellanpuppen
Zauberhafte alte Puppen selbst nachbilden. (5138) Von C. A. und D. Stanton, 64 S., 58 Farbfotos, 22 Zeichnungen, Pappband. ●●

Zauberhafte alte Puppen
Sammeln · Restaurieren · Nachbilden (4255) Von C. A. Stanton, J. Jacobs, 120 S., 157 Farbfotos, 24 Zeichnungen, Pappband. ●●●●

FALKEN

Stoffpuppen
Liebenswerte Modelle selbermachen.
(5150) Von I. Wolff, 56 S., 115 Farbfotos,
15 Zeichnungen, mit Schnittmusterbogen,
Pappband. ●●

Hobby Puppen
Bezaubernde Modelle selbst gestalten.
(0742) Von B. Wenzelburger, 88 S., 163 Farbfotos, 41 Zeichnungen, 11 Schnittmuster,
kart. ●●

Selbstgestrickte Puppen
Materialien und Arbeitsanleitungen.
(0638) Von B. Wehrle, 32 S., 21 Farbfotos,
24 Zeichnungen, Pappband. ●

Dekorative Rupfenpuppen
Arbeitsanleitungen und Gestaltungsvorschläge. (0733) Von B. Wenzelburger, 32 S.,
57 Farbfotos, 14 Zeichnungen, Spiralbindung. ●

Phantasiepuppen stricken und häkeln
Märchenhafte Modelle mit Arbeitsanleitungen. (0813) Von B. Wehrle, 32 S., 26 Farbfotos, 30 einfarbige und 16 dreifarbige
Zeichnungen, Pappband. ●

Heißgeliebte Teddybären
Selbermachen · Sammeln · Restaurieren.
(0900) Von H. Nadolny, Y. Thalheim, 80 S.,
119 Farbfotos, 23 s/w-Zeichnungen, 14 S.
Schnittmusterbogen, kart. ●

Schritt für Schritt zum Scherenschnitt
Materialien · Techniken · Gestaltungsvorschläge. (0732) Von H. Klingmüller, 32 S.,
38 Farbfotos, 34 Vorlagen, Pappband. ●

Hobby Drachen
bauen und steigen lassen. (0767) Von
W. Schimmelpfennig, 80 S., 1 dreiseitige
Ausklapptafel, 55 Farbfotos, 139 Zeichnungen, kart. ●●

Ferngelenkte Motorflugmodelle
bauen und fliegen. (0400) Von W. Thies,
184 S., mit Zeichnungen und Detailplänen,
kart. ●●

Flugmodelle
bauen und einfliegen. (0361) Von W. Thies
und W. Rolf, 160 S., 63 Abb., 7 Faltpläne,
kart. ●●

Kleine Welt auf Rädern
Das faszinierende Spiel mit **Modelleisenbahnen** (4175) Von F. Eisen, 256 S., 72 Farb-
und 180 s/w-Fotos, 25 Zeichnungen,
Pappband. ●●●

Anlagenbau in Modultechnik
für Modelleisenbahnen und Dioramen
(0845) Von J. Thal, 104 S., 68 Farbfotos,
28 Zeichnungen, kart. ●●●

Videokassette
Die Modelleisenbahn
Anlagenbau in Modultechnik. Neue kreative
Gestaltung. Neue raffinierte Techniken.
(6028) VHS, von J. Grahn, 30 Min., in Farbe,
●●●●*

Schiffsmodelle
selber bauen. (0500) Von D. und R. Lochner,
200 S., 93 Zeichnungen, 2 Faltpläne, kart.
●●

Ferngelenkte Segelflugmodelle
bauen und fliegen. (0446) Von W. Thies,
176 S., 22 s/w-Fotos, 115 Zeichnungen, kart.
●●

Garagentore selbst bemalt
Techniken und Motive. (0786) Von H. und Y.
Nadolny, 32 S., 24 Farbfotos, 12 s/w-Zeich-
nungen, Pappband. ●

Falken Handbuch
Heimwerken
Reparieren und Selbermachen im Haus und
Wohnung - über 1100 Farbfotos. Praktische
Tips vom Profi: Selbermachen, Reparieren,
Renovieren, Kostensparen. (4117) Von Th.
Pochert, 440 S., 1103 Farbfotos, 100 ein- und
zweifarbige Abb., Pappband. ●●●●

Falken-Heimwerker-Praxis
Tapezieren
(0743) Von W. Nitschke, 112 S., 186 Farbfotos, 9 Zeichnungen, kart. ●●

Falken-Heimwerker-Praxis
Anstreichen und Lackieren
(0771) Von P. Müller, 120 S., 186 Farbfotos,
2 s/w Fotos, 3 Zeichnungen, kart. ●●

Falken-Heimwerker-Praxis
Fahrrad-Reparaturen
(0796) Von R. van der Plas, 112 S., 140 Farbfotos, 113 farbige Zeichnungen, kart. ●●

Falken-Heimwerker-Praxis
Kleinmöbel aus Holz
(0905) Von O. Maier, 128 S., 210 Farbfotos,
80 Zeichnungen, kart. ●●

Restaurieren von Möbeln
Stilkunde, Materialien, Techniken, Arbeitsanleitungen in Bildfolgen. (4120) Von
E. Schnaus-Lorey, 152 S., 37 Farbfotos,
75 s/w Fotos, 352 Zeichnungen, Pappband. ●●●●

**Möbel aufarbeiten, reparieren und
pflegen**
(0386) Von E. Schnaus-Lorey, 96 S.,
28 Fotos, 101 Zeichnungen, kart. ●

Feuerzeichen behaglicher Wohnkultur
Kachelöfen, Kamine und Kaminöfen
(4288) Hrsg. von C. Berninghaus. Von
R. Heinen, G. Kosicek, H. P. Sabborrosch,
168 S., 291 Farbfotos, 2 s/w-Fotos, 8 Zeichnungen, Pappband. ●●●●●

Moderne Fotopraxis
(4401) Von G. Koshofer, Prof. H. Wedewardt,
224 S., 363 Farbfotos, 106 s/w-Fotos, 5 Farb-
und 24 s/w-Zeichnungen, Pappband. ●●●●

Aktfotografie
Interpretationen zu einem unerschöpflichen
Thema. Gestaltung · Technik · Spezialeffekte.
(0737) Von H. Wedewardt, 88 S., 144 Farb-
und 6 s/w-Fotos, 6 Zeichnungen, kart. ●●

Videokassette
Aktfotografie
(6001) VHS, Laufzeit ca. 60 Min. in Farbe.
●●●●●*

So macht man bessere Fotos
Das meistverkaufte Fotobuch der Welt.
(0614) Von M. L. Taylor, 192 S., 457 Farbfotos, 15 Abb., kart. ●●

Schmalfilmen
Ausrüstung · Aufnahmepraxis · Schnitt · Ton.
(0342) Von U. Ney, 108 S., 4 Farbtafeln,
25 s/w-Fotos, kart. ●

Schmalfilme selbst vertonen
(0593) Von U. Ney, 56 S., 57 s/w-Fotos,
14 Zeichnungen, kart. ●

Videokassette
Videografieren
Filmen mit Video 8. Technik – Bildgestaltung
– Schnitt – Vertonung. (0843) Von M. Wild,
K. Möller, 120 S., 101 Farbfotos,
22 s/w-Fotos, 52 Zeichnungen, kart. ●●

Videokassette
Videografieren
Filmen mit Video 8. Technik – Bildgestaltung
– Schnitt – Vertonung. (6031) VHS, (6033)
Beta, (6034) Sony 8 mm, von M. Wild,
60 Min., in Farbe. ●●●●●*

Mit vollem Genuß
Pfeife rauchen
Alles über Tabaksorten, Pfeifen und Zubehör.
(4227) Von H. Behrens, H. Frickert, 168 S.,
127 Farbfotos, 18 Zeichnungen, Pappband.
●●●●

**Die Fazination der Philatelie
Briefmarken sammeln**
(4273) Von D. Stein, 212 S., 124 s/w-Fotos,
24 Farbtafeln, Pappband. ●●●

Briefmarken
sammeln für Anfänger. (0481) Von D. Stein.
120 S., 4 Farbtafeln, 98 s/w-Abb., kart. ●

Münzen
Ein Brevier für Sammler. (0353) Von
E. Dehnke, 128 S., 4 Farbtafeln, 17 s/w-Abb.,
kart. ●●

Astronomie als Hobby
Sternbilder und Planeten erkennen und
benennen. (0572) Von D. Block, 176 S.,
16 Farbtafeln, 49 s/w-Fotos, 93 Zeichnungen, kart. ●●

Astronomie im Bild
Unser Sternenhimmel rund ums Jahr
(0849) Von Dr. E. Übelacker, 88 S., 48 Farbfotos, 1 s/w-Foto, 68 Farbzeichnungen, kart. ●

Freizeit mit dem Mikroskop
(0291) Von M. Deckart, 132 S., 8 Farbtafeln,
64 s/w-Abb., 2 Zeichnungen, kart. ●

Gitarre spielen
Ein Grundkurs für den Selbstunterricht.
(0534) Von A. Roßmann, 96 S., 1 Schallfolie,
150 Zeichnungen, kart. ●

Komm mit ins Land der Lieder
Das große Buch der Kinder-, Volks- und
Chorlieder. (4261) Hrsg. von H. Rauhe,
176 S., 146 Farbzeichnungen, Pappband.
●●●

Die schönsten Wander- und Fahrtenlieder
(0462) Hrsg. von F. R. Miller, empfohlen vom
Deutschen Sängerbund, 80 S., mit Noten
und Zeichnungen, kart. ●

Die schönsten Volkslieder
(0432) Hrsg. von D. Walther, 128 S., mit
Noten und Zeichnungen, kart. ●

Dampflokomotiven
(4204) Von W. Jopp, 96 S., 134 Farbfotos,
Pappband. ●●●

Die Super-Eisenbahnen der Welt
(4287) Von W. Kosak, H. G. Isenberg, 224 S.,
269 Farbfotos, 79 s/w-Fotos, 8 Vignetten,
5 farb. Ausklapptafeln, Pappband. ●●●●

Zivilflugzeuge
Vom Kleinflugzeug zum Überschall-Jet
(4218) Von R. J. Hofen, H. G. Isenberg, 96 S.,
115 Farbfotos, Pappband. ●●●

Trucks
Giganten der Landstraßen in aller Welt.
(4222) Von H. G. Isenberg, 96 S., 131 Farbfotos, Pappband. ●●●

Die Super-Trucks der Welt
(4257) Von H. G. Isenberg, 194 S., 205 Farbfotos, 87 s/w-Fotos, 7 Farbzeichnungen,
4 Ausklapptafeln, Pappband. ●●●●

Die hier vorgestellten Bücher, Videokassetten und Software sind in folgende Preisgruppen unterteilt:

● Preisgruppe bis DM 10,–/S 79,–
●● Preisgruppe über DM 10,– bis DM 20,– S 80,– bis S 160,–
●●● Preisgruppe über DM 20,– bis DM 30,– S 161,– bis S 240,–
●●●● Preisgruppe über DM 30,– bis DM 50,– S 241,– bis S 400,–
●●●●● Preisgruppe über DM 50,–/S 401,– *(unverbindliche Preisempfehlung)*

Die Preise entsprechen dem Status beim Druck dieses Verzeichnisses (s. Seite 1) – Änderungen, im besonderen der Preise, vorbehalten –

Die Super-Motorräder der Welt
(4193) Von H. G. Isenberg, 192 S., 170 Farb- und 100 s/w-Fotos, 8 Zeichnungen, Papp- band. ●●●●

Motorrad-Hits
Chopper, Tribikes, Heiße Öfen. (4221) Von H. G. Isenberg, 96 S., 119 Farbfotos, Papp- band. ●●●

Motorrad-Faszination
Heiße Öfen, von denen jeder träumt. (4223) Von H. G. Isenberg, 96 S., 103 Farb- und 20 s/w-Fotos, Pappband. ●●●

Sport und Fitneß

ZDF Sportjahr '87
Rekorde, Siege, Schicksale, Ergebnisse, Termine '88
(4290) Hrsg. von B. Heller, 192 S., 275 Farb- und 4 s/w-Fotos, kart. ●●

Neue Lehrmethoden der Judo-Praxis
(0424) Von P. Herrmann, 223 S., 475 Abb., kart. ●●

Judo
Grundlagen – Methodik. (0305) Von M. Ohgo, 208 S., 1025 Fotos, kart. ●●

Fußwürfe
für Judo, Karate und Selbstverteidigung. (0439) Von H. Nishioka, 96 S., 260 Abb., kart. ●

Modernes Karate
Das große Standardwerk mit 2229 Abbil- dungen. (4280) Von T. Okazaki, Dr. med. M. V. Stricevic, übers. von M. Pabst, 376 S., 2279 Abbildungen, Pappband. ●●●●●

Karate für alle
Karate-Selbstverteidigung in Bildern. (0314) Von A. Pflüger, 112 S., 316 s/w-Fotos, kart. ●

Nakayamas Karate perfekt 1
Einführung. (0487) Von M. Nakayama, 136 S., 605 s/w-Fotos, kart. ●●

Nakayamas Karate perfekt 2
Grundtechniken. (0512) Von M. Nakayama, 136 S., 354 s/w-Fotos, 53 Zeichnungen, kart. ●●

Nakayamas Karate perfekt 3
Kumite 1: Kampfübungen. (0538) Von M. Nakayama, 128 S., 424 s/w-Fotos, kart. ●●

Nakayamas Karate perfekt 4
Kumite 2: Kampfübungen. (0547) Von M. Nakayama, 128 S., 394 s/w-Fotos, kart. ●●

Nakayamas Karate perfekt 5
Kata 1: Heian, Tekki. (0571) Von M. Naka- yama, 144 S., 1229 s/w-Fotos, kart. ●●

Nakayamas Karate perfekt 6
Kata 2: Bassai-Dai, Kanku-Dai. (0600) Von M. Nakayama, 144 S., 1300 s/w-Fotos, 107 Zeichnungen, kart. ●●

Nakayamas Karate perfekt 7
Kata 3: Jitte, Hangetsu, Empi. (0618) Von M. Nakayama, 144 S., 1988 s/w-Fotos, 105 Zeichnungen, kart. ●●

Nakayamas Karate perfekt 8
Gankaku, Jion. (0650) Von M. Nakayama, 144 S., 1174 s/w-Fotos, 99 Zeichnungen, kart. ●●

Kontakt-Karate
Ausrüstung · Technik · Training. (0396) Von A. Pflüger, 112 S., 238 Fotos, kart. ●●

Karate-Do
Das Handbuch des modernen Karate. (4028) Von A. Pflüger, 360 S., 1159 Abb., Pappband. ●●●●

Bo-Karate
Kukishin-Ryu – die Techniken des Stock- kampfes. (0447) Von G. Stiebler, 176 S., 424 s/w-Fotos, 38 Zeichnungen, kart. ●●

Karate 1
Einführung · Grundtechniken. (0227) Von A. Pflüger, 148 S., 195 s/w-Fotos, 120 Zeich- nungen, kart. ●

Karate 2
Kombinationstechniken · Katas. (0239) Von A. Pflüger, 176 S., 452 s/w-Fotos und Zeich- nungen, kart. ●

Karate Kata 1
Heian 1-5, Tekki 1, Bassai Dai. (0683) Von W.-D. Wichmann, 164 S., 703 s/w-Fotos, kart. ●●

Karate Kata 2
Jion, Empi, Kanku-Dai, Hangetsu. (0723) Von W.-D. Wichmann, 140 S., 661 s/ w-Fotos, 4 Zeichnungen, kart. ●●

25 Shotokan-Katas
Auf einen Blick: Karate-Katas für Prüfungen und Wettkämpfe. (0859) Von A. Pflüger, 88 S., 185 s/w-Abbildungen, 26 ganzseitige Tafeln mit über 1.600 Einzelschritten, kart. ●●

Videokassette
Karate
Einführung und Grundtechniken. (6037) VHS, Von A. Pflüger, ca. 45 Min., in Farbe, ●●●●●*

Ninja 1
Die Lehre der Schattenkämpfer. (0758) Von S. K. Hayes, 144 S., 137 s/w-Fotos, kart. ●●

Ninja 2
Die Wege zum Shoshin (0763) Von S. K. Hayes, 160 S., 309 s/w-Fotos, kart. ●●

Ninja 3
Der Pfad des Togakure-Kämpfers. (0764) Von S. K. Hayes, 144 S., 197 s/w-Fotos, 2 Zeichnungen, kart. ●●

Ninja 4
Das Vermächtnis der Schattenkämpfer. (0807) Von S. K. Hayes, 196 S., 466 s/w- Fotos, kart. ●●

Der König des Kung-Fu
Bruce Lee
Sein Leben und Kampf. (0392) Von L. Lee, 136 S., 104 s/w-Fotos, kart. ●●

Bruce Lees Kampfstil 1
Grundtechniken. (0473) Von B. Lee, M. Uyehara, 109 S., 220 Abb., kart. ●

Bruce Lees Kampfstil 2
Selbstverteidigungs-Techniken. (0486) Von B. Lee, M. Uyehara, 128 S., 310 Abb., kart. ●

Bruce Lees Kampfstil 3
Trainingslehre. (0503) Von B. Lee, M. Uyehara, 112 S., 246 Abb., kart. ●

Bruce Lees Kampfstil 4
Kampftechniken. (0523) Von B. Lee, M. Uyehara, 104 S., 211 Abb., kart. ●

Bruce Lees Jeet Kune Do
(0440) Von B. Lee, 192 S., mit 105 eigenhän- digen Zeichnungen von B. Lee, kart. ●●

Ju-Jutsu 1
Grundtechniken – Moderne Selbstverteidi- gung. (0276) Von W. Heim, F. J. Gresch, 164 S., 450 s/w-Fotos, 8 Zeichnungen, kart. ●

Ju-Jutsu 2
für Fortgeschrittene und Meister. (0378) Von W. Heim, F. J. Gresch, 160 S., 798 s/w- Fotos, kart. ●●

Ju-Jutsu 3
Spezial-, Gegen- und Weiterführungs-Techni- ken. (0485) Von W. Heim, F. J. Gresch, 200 S., über 600 s/w-Fotos, kart. ●●

Ju-Jutsu als Wettkampf
(0826) Von G. Kulot, 168 S., 418 s/w-Fotos, 2 Zeichnungen, kart. ●●

Nunchaku
Waffe · Sport · Selbstverteidigung. (0373) Von A. Pflüger, 144 S., 247 Abb., kart. ●●

Shuriken · Tonfa · Sai
Stockfechten und andere bewaffnete Kampf- sportarten aus Fernost. (0397) Von A. Schulz, 96 S., 253 s/w-Fotos, kart. ●●

Illustriertes Handbuch des Taekwondo
Koreanische Kampfkunst und Selbstverteidi- gung. (4053) Von K. Gil, 248 S., 1026 Abb., Pappband. ●●●

Taekwon-Do
Koreanischer Kampfsport. (0347) Von K. Gil, 152 S., 408 Abb., kart. ●●

Taekwondo perfekt 1
Die Formenschule bis zum Blaugurt. (0890) Von K. Gil, Kim Chul-Hwan, 176 S., 439 s/w-Fotos, 107 Zeichnungen, kart. ●●

Aikido
Lehren und Techniken des harmonischen Weges. (0537) Von R. Brand, 144 S., 697 Abb., kart. ●●

Kung-Fu und Tai-Chi
Grundlagen und Bewegungsabläufe. (0367) Von B. Tegner, 182 S., 370 s/w-Fotos, kart. ●●

Kung-Fu
Theorie und Praxis klassischer und moder- ner Stile. (0376) Von M. Pabst, 160 S., 330 Abb., kart. ●●

Shaolin-Kempo – Kung-Fu
Chinesisches Karate im Drachenstil. (0395) Von R. Czerni, K. Konrad. 246 S., 723 Abb., kart. ●●

Hap Ki Do
Grundlagen und Techniken koreanischer Selbstverteidigung. (0379) Von Kim Sou Bong, 112 S., 153 Abb., kart. ●●

Dynamische Tritte
Grundlagen für den Zweikampf. (0438) Von C. Lee, 96 S., 398 s/w-Fotos, 10 Zeichnun- gen, kart. ●

Kickboxen
Fitneßtraining und Wettkampfsport. (0795) Von G. Lemmens, 96 S., 208 s/w- Fotos, 23 Zeichnungen, kart. ●●

Selbstverteidigung
Abwehrtechniken für Sie und Ihn (0853) Von E. Deser, 96 S., 259 s/w-Fotos, kart. ●

Muskeltraining mit Hanteln
Leistungssteigerung für Sport und Fitness. (0676) Von H. Schulz, 108 S., 92 s/w-Fotos, 2 Zeichnungen, kart. ●

Leistungsfähiger durch Krafttraining
Eine Anleitung für Fitness-Sportler, Trainer und Athleten (0617) Von W. Kieser, 100 S., 20 s/w-Fotos, 62 Zeichnungen, kart. ●

Die Faszination athletischer Körper
Bodybuilding
mit Weltmeister Ralf Möller. (4281) Von R. Möller, 128 S., 169 Farbfotos, 14 s/w- Fotos, 1 Farbzeichnung, Pappband. ●●●

Die hier vorgestellten Bücher, Videokassetten und Software sind in folgende Preisgruppen unterteilt:

● Preisgruppe bis DM 10,–/S 79,–
●● Preisgruppe über DM 10,– bis DM 20,– S 80,– bis S 160,–
●●● Preisgruppe über DM 20,– bis DM 30,– S 161,– bis S 240,–
●●●● Preisgruppe über DM 30,– bis DM 50,– S 241,– bis S 400,–
●●●●● Preisgruppe über DM 50,–/S 401,–
*(unverbindliche Preisempfehlung)

Die Preise entsprechen dem Status beim Druck dieses Verzeichnisses (s. Seite 1) – Änderungen, im besonderen der Preise, vorbehalten –

Bodybuilding
Anleitung zum Muskel- und Konditionstraining für sie und ihn. (0604) Von R. Smolana. 160 S., 171 s/w-Fotos, kart. ●

Hanteltraining zu Hause
(0800) Von W. Kieser, 80 S., 71 s/w-Fotos, 4 Zeichnungen, kart. ●

Fit und gesund
Körpertraining und Bodybuilding zu Hause. (0782) Von H. Schulz, 80 S., 100 Farbfotos, 3 Zeichnungen, kart. ●●

Videokassette
Fit und gesund
(6013) VHS, Laufzeit 30 Minuten, in Farbe. ●●●●*

Bodybuilding für Frauen
Wege zu Ihrer Idealfigur (0661) Von H. Schulz, 108 S., 84 s/w-Fotos, 4 Zeichnungen, kart. ●●

Bodyshaping · Bodybuilding
Mit Anja Albrecht zur Idealfigur. (4405) Von A. Albrecht, 128 S., 164 Farbfotos, 4 s/w-Fotos, 1 Farb- und 1 s/w-Zeichnung, Pappband. ●●●●

Optimale Ernährung
für Krafttraining und Budybuilding. (0912) Von B. Dahmen, 88 S., 8 Farbtafeln, 8 Zeichnungen, kart. ●

Top-Form im Sport
Ernährungs-Training
Das Erfolgsprogramm für den Ausdauersportler. (0945) Von M. Inzinger, Dipl.-Oec. troph. G. Wagner, 160 S., 31 Farbzeichnungen, 16 Grafiken, kart. ●●

Gesund und leistungsfähig durch **Konditionsübungen, Fitneßtraining, Wirbelsäulengymnastik**
(0844) Von R. Milser, K. Grafe, 104 S., 99 Farbfotos, 12 Farbzeichnungen, 5 s/w-Zeichnungen, kart. ●●

Stretching
Mit Dehnungsgymnastik zu Entspannung. Geschmeidigkeit und Wohlbefinden. (0717) Von H. Schulz, 80 S. 59 s/w-Fotos, kart. ●

Isometrisches Training
Übungen für Muskelkraft und Entspannung. (0529) Von L. M. Kirsch, 140 S., 162 s/w-Fotos, kart. ●

Gesund und fit durch Gymnastik
(0366) Von H. Pilss-Samek, 132 S., 150 Abb., kart. ●

Spaß am Laufen
Jogging für die Gesundheit. (0470) Von W. Sonntag, 140 S., 41 s/w-Fotos, 1 Zeichnung, kart. ●

Mein bester Freund, der Fußball
(5107) Von D. Brüggemann, D. Albrecht, 144 S., 171 Abb., kart. ●●

Fußball
Training und Wettkampf. (0448) Von H. Obermann, P. Walz, 96 S., 92 s/w-Fotos, 15 Zeichnungen, 29 Diagramme, kart. ●●

Handball
Technik · Taktik · Regeln. (0426) Von F. und P. Hattig, 128 S., 91 s/w-Fotos, 121 Zeichnungen, kart. ●●

Volleyball
Technik · Taktik · Regeln. (0351) Von H. Huhle, 104 S., 330 Abb., kart. ●

Badminton
Technik · Taktik · Training. (0699) Von K. Fuchs, L. Sologub, 168 S., 51 Abb., kart., ●●

Die neue Tennis-Praxis
Der individuelle Weg zu erfolgreichem Spiel. (4097) Von R. Schönborn, 240 S., 202 Farbzeichnungen, 31 s/w-Abb., Pappband. ●●●●

Erfolgreiche Tennis-Taktik
(4086) Von R. Ford Greene, übersetzt von M. R. Fischer, 182 S., 87 Abb., kart. ●●

Moderne Tennistechnik
(4187) Von G. Lam, 192 S., 339 s/w-Fotos, 91 Zeichnungen, kart. ●●●

Tennis
Technik · Taktik · Regeln. (0375) Von H. Elschenbroich, 112 S., 81 Abb., kart. ●

Tischtennis-Technik
Der individuelle Weg zu erfolgreichem Spiel. (0775) Von M. Perger, 144 S., 296 Abb. kart. ●●

Squash
Ausrüstung · Technik · Regeln. (0539) Von D. von Horn, H.-D. Stünitz, 96 S., 55 s/w-Fotos, 25 Zeichnungen, kart. ●

Golf
Ausrüstung · Technik · Regeln. (0343) Von J. C. Jessop, übersetzt von H. Biemer, mit einem Vorwort von H. Krings, Präsident des Deutschen Golfverbandes, 160 S., 65 Abb., Anhang Golfregeln des DGV, kart. ●●

Pool-Billard
(0484) Herausgegeben vom Deutschen Pool- Billard-Bund, von M. Bach, K.-W. Kühn, 104 S., mit über 64 Abb., kart. ●

Sportschießen
für jedermann. (0502) Von A. Kovacic, 124 S., 116 s/w-Fotos, kart. ●

Fechten
Florett · Degen · Säbel. (0449) Von E. Beck, 88 S., 185 Fotos, 10 Zeichnungen, kart. ●●

Wir lernen tanzen
Standard- und lateinamerikanische Tänze. (0200) Von E. Fern, 168 S., 118 s/w-Fotos, 47 Zeichnungen, kart. ●●

So tanzt man Rock'n'Roll
Grundschritte · Figuren · Akrobatik. (0573) Von W. Steuer und G. Marz, 224 S., 303 Abb., kart. ●●

Tanzen überall
Discofox, Rock'n'Roll, Blues, Langsamer Walzer, Cha-Cha-Cha zum Selberlernen. (0760) Von H. M. Pritzer, 112 S., 128 Farbfotos, kart. ●●

Anmutig und fit durch
Bauchtanz
(0911) Von Marta, 120 S., 229 Farbfotos, 6 s/w-Zeichnungen, kart. ●●

Fit mit Stretching
(2304) Von B. Kurz, 96 S., 255 Farbfotos, kart. ●●

Fit mit Tai Chi
als sanfte Körpererfahrung (2305) Von B. u. K. Moegling, 112 S., 121 Farbfotos, 6 Farb- u. 4 s/w-Zeichnungen, kart. ●●

Fit mit Volleyball
(2302) Von Dr. A. Scherer, 104 S., 27 Farb- und 1 s/w-Foto, 12 Farb- und 29 s/w-Zeichnungen, kart. ●●

Fit mit Tanzen
(2303) Von K. Richter, H. Kleinow, 88 S., 94 Farbfotos, kart. ●●

Fit mit Karate
(2308) Von A. Pflüger, 96 S., 134 Farbfotos, 4 s/w-Zeichnungen, kart. ●●

Funboard-Surfen
Material · Technik · Regatten · Internationale Reviere. (4297) Von J. Evans, 144 S., 106 Farbfotos, 9 Farbzeichnungen, 68 zweifarbige und 5 s/w-Zeichnungen, kart. ●●●

Segeln
Der neue Grundschein – Vorstufe zum A-Schein – Mit Prüfungsfragen. (5147) Von C. Schmidt, 80 S., 8 Farbtafeln, 18 Farbfotos, 82 Zeichnungen, kart., ●●

Falken-Handbuch
Angeln
in Binnengewässern und im Meer. (4090) Von H. Oppel, 344 S., 24 Farbtafeln, 66 s/w-Fotos, 151 Zeichnungen, gebunden. ●●●●

Angeln
Kleine Fibel für den Sportfischer. (0198) Von E. Bondick, 96 S., 116 Abb., kart. ●

Sportfischen
Fische – Geräte – Techniken. (0324) Von H. Oppel, 144 S., 49 s/w-Fotos, 8 Farbtafeln, kart. ●

Sporttauchen
Theorie und Praxis des Gerätetauchens. (0647) Von S. Müßig, 144 S., 8 Farbtafeln, 35 s/w-Fotos, 89 Zeichnungen, kart. ●●

Ski-Gymnastik
Fit für Piste und Loipe. (0450) Von H. Pilss-Samek, 104 S., 67 s/w-Fotos, 20 Zeichnungen, kart. ●

Alpiner Skisport
Ausrüstung · Technik · Skigymnastik. (5130) Von K. Meßmann, 128 S., 8 Farbtafeln, 93 s/ w-Fotos, 45 Zeichnungen, kart. ●●

Skilanglauf, Skiwandern
Ausrüstung · Techniken · Skigymnastik. (5129) Von T. Reiter und R. Kerler, 80 S., 8 Farbtafeln, 85 Zeichnungen und s/w-Fotos, kart. ●●

Eishockey
Lauf- und Stocktechnik, Körperspiel, Taktik, Ausrüstung und Regeln. (0414) Von J. Capla, 264 S., 548 s/w-Fotos, 163 Zeichnungen, kart. ●●

Fibel für Kegelfreunde
Sport- und Freizeitkegeln · Bowling. (0191) Von G. Bocsai, 72 S., 62 Abb., kart. ●

Beliebte und neue Kegelspiele
(0271) Von G. Bocsai, 92 S., 62 Abb., kart. ●

111 spannende Kegelspiele
(2031) Von H. Regulski, 88 S., 53 Zeichnungen, kart., ●

Schach

Einführung in das Schachspiel
(0104) Von W. Wollenschläger und K. Colditz, 92 S., 116 Diagramme, kart. ●

Falken-Handbuch **Schach**
(4051) Von T. Schuster, 360 S., über 340 Diagramme, gebunden. ●●●●

Spielend Schach lernen
(2002) Von T. Schuster, 128 S., kart. ●

Kinder- und Jugendschach
Offizielles Lehrbuch des Deutschen Schachbundes zur Erringung der Bauern-, Turm- und Königsdiplome. (0561) Von B. J. Withuis, H. Pfleger, 144 S., 220 Zeichnungen und Diagramme, kart. ●●

Neue Schacheröffnungen
(0478) Von T. Schuster, 108 S., 100 Diagramme, kart. ●

FALKEN

Schach für Fortgeschrittene
Taktik und Probleme des Schachspiels.
(0219) Von R. Teschner, 96 S., 85 Diagramme, kart. ●

Taktische Schachendspiele
(0752) Von J. Nunn, 200 S., 151 Diagramme, kart. ●●

Die Schach-Revanche
Kasparow/Karpow 1986. (0831) Von
O. Borik, H. Pfleger, M. Kipp-Thomas, 144 S.,
19 s/w-Fotos, 72 Diagramme, kart. ●●

Schachstrategie
Ein Intensivkurs mit Übungen und ausführlichen Lösungen. (0584) Von A. Koblenz, dt.
Bearb. von K. Colditz, 212 S., 240 Diagramme, kart. ●●

Schachtraining mit den Großmeistern
(0670) Von H. Bouwmeester, 128 S., 90 Diagramme, kart. ●●

Schach als Kampf
Meine Wege und mein Weg. (0729) Von
G. Kasparow, 144 S., 95 Diagramme,
9 s/w-Fotos, kart. ●●

Helmut Pflegers
Schachkabinett
Amüsante Aufgaben – überraschende
Lösungen. (0877) Von H. Pfleger, 160 S.,
118 Diagramme, kart. ●●

**Die besten Partien deutscher
Schachgroßmeister**
(4121) Von H. Pfleger, 192 S., 29 s/w-Fotos,
89 Diagramme, Pappband. ●●●

Lehr-, Übungs- und Testbuch der Schachkombinationen
(0649) Von K. Colditz, 184 S., 227 Diagramme, kart. ●●

Die hohe Schule der
Schachkombination
(0920) Von W. Golz, P. Keres, 272 S.,
322 Diagramme, Pappband. ●●

Offizielles Lehrbuch des Deutschen
Schachbundes
Das systematische Schachtraining
Trainingsmethoden, Strategien und
Kombinationen. (0857) Von Sergiu Samarian, 152 S., 159 Diagramme, 1 Zeichnung,
kart. ●●

So denkt ein Schachmeister
Strategische und taktische Analysen.
(0915) Von H. Pfleger, G. Treppner, 120 S.,
75 Diagramme, kart. ●●

FALKEN-SOFTWARE
Das komplette Schachprogramm
Spielen, Trainieren, Problemlösen mit dem
Computer. (7006) Von J. Egger, Diskette für
C 64, C 128 PC, mit Begleitheft. ●●●●●*

**Zug um Zug
Schach für Jedermann 1**
Offizielles Lehrbuch des Deutschen Schachbundes zur Erringung des Bauerndiploms.
(0648) Von H. Pfleger, E. Kurz, 80 S.,
24 s/w-Fotos, 8 Zeichnungen, 60 Diagramme, kart. ●

**Zug um Zug
Schach für Jedermann 2**
Offizielles Lehrbuch des Deutschen Schachbundes zur Erringung des Turmdiploms.
(0659) Von H. Pfleger, E. Kurz, 132 S.,
8 s/w-Fotos, 14 Zeichnungen, 78 Diagramme, kart. ●

**Zug um Zug
Schach für Jedermann 3**
Offizielles Lehrbuch des Deutschen Schachbundes zur Erringung des Königdiploms.
(0728) Von H. Pfleger, G. Treppner, 128 S.,
4 s/w-Fotos, 84 Diagramme, 10 Zeichnungen, kart. ●

**Zug um Zug
Schach für Jedermann 1**
(7015) Wendediskette für C 64/C 128 PC, mit
Begleitheft. ●●●●*
(7005) Wendediskette für Atari ST 520/
1040, mit Begleitheft. ●●●●●*

Schach mit dem Computer
(0747) Von D. Frickenschmidt, 140 S.,
112 Diagramme, 29 s/w-Fotos, 5 Zeichnungen, kart. ●●

Spiele und Denksport

Kartenspiele
(2001) Von C. D. Grupp, 144 S., kart. ●

**Neues Buch der
siebzehn und vier Kartenspiele**
(0095) Von K. Lichtwitz, 96 S., kart. ●

Alles über Pokern
Regeln und Tricks. (2024) Von C. D. Grupp,
112 S., 29 Kartenbilder, kart. ●

Rommé und Canasta
in allen Variationen. (2025) Von C. D. Grupp,
124 S., 24 Zeichnungen, kart. ●

**Schafkopf, Doppelkopf, Binokel,
Cego, Gaigel, Jaß, Tarock und andere
„Lokalspiele".**
(2015) Von C. D. Grupp, 152 S., kart. ●●

Spielend Skat lernen
unter freundlicher Mitarbeit des Deutschen
Skatverbandes. (2005) Von Th. Krüger,
156 S., 181 s/w-Fotos, 22 Zeichnungen, kart. ●●

Das Skatspiel
Eine Fibel für Anfänger. (0206) Von K. Lehnhoff, überarb. von P. A. Höfges, 96 S., kart. ●

Black Jack
Regeln und Strategien des Kasinospiels.
(2032) Von K. Kelbratowski, 88 S., kart. ●

Falken-Handbuch Patiencen
Die 111 interessantesten Auslagen. (4151)
Von U. v. Lyncker, 216 S., 108 Abbildungen,
Pappband. ●●●

Patiencen
in Wort und Bild. (2003) Von I. Wolter, 136 S.,
kart. ●

Neue Patiencen
(2036) Von H. Sosna, 160 S., 43 Farbtafeln,
kart. ●●

Falken-Handbuch Bridge
Von den Grundregeln zum Turnierspiel.
(4092) Von W. Voigt und K. Ritz, 280 S.,
792 Zeichnungen, gebunden. ●●●●

Spielend Bridge lernen
(2012) Von J. Weiss, 108 S., 58 Zeichnungen,
kart. ●

Spieltechnik im Bridge
(2004) Von V. Mollo und N. Gardener, deutsche Adaption von D. Schröder, 216 S., kart. ●●

Besser Bridge spielen
Reiztechnik, Spielverlauf und Gegenspiel.
(2026) Von J. Weiss, 144 S., 60 Diagramme,
kart. ●●

Herausforderung im Bridge
200 Aufgaben mit Lösungen. (2033) Von V.
Mollo, 152 S., kart. ●●

Präzisions-Treff im Bridge
(2037) Von E. Jannersten, 152 S., kart. ●●

Kartentricks
(2010) Von T. A. Rosee, 80 S., 13 Zeichnungen, kart. ●

Mah-Jongg
Das chinesische Glücks-, Kombinations- und
Gesellschaftsspiel. (2030) Von U. Eschenbach, 80 S., 30 s/w-Fotos, 5 Zeichnungen, kart. ●

Neue Kartentricks
(2027) Von K. Pankow, 104 S., 20 Abb., kart. ●

Backgammon
für Anfänger und Könner. (2008) Von G. W.
Fink und G. Fuchs, 116 S., 41 Abb., kart. ●

Würfelspiele
für jung und alt. (2007) Von F. Pruss,
112 S., 21 s/w-Zeichnungen, kart. ●

Gesellschaftsspiele
für drinnen und draußen. (2006) Von
H. Görz, 128 S., kart. ●

Spiele für Party und Familie
(2014) Von Rudi Carrell, 160 S., 50 Abb.,
kart. ●

Das japanische Brettspiel Go
(2020) Von W. Dörholt, 104 S., 182 Diagramme, kart. ●

Roulette richtig gespielt
Systemspiele, die Vermögen brachten.
(0121) Von M. Jung, 96 S., zahlreiche
Tabellen, kart. ●

Spielend Roulette lernen
(2034) Von E. P. Caspar, 152 S.,
1 s/w-Foto, 45 Zeichnungen, kart. ●●

Gesellschaftsspiele
für drinnen und draußen. (2006) Von H.
Görz, 128 S., kart. ●

Spiele für Party und Familie
(2014) Von Rudi Carrel, 160 S., 50 Abb., kart. ●

Neue Spiele für Ihre Party
(2022) Von G. Blechner, 120 S., 54 Zeichnungen, kart. ●

Lustige Tanzspiele und Scherztänze
für Partys und Feste. (0165) Von E. Bäulke,
80 S., 53 Abb., kart. ●

Straßenfeste, Flohmärkte und Basare
Praktische Tips für Organisation und Durchführung. (0592) Von H. Schuster, 96 S., 52
Fotos, 17 Zeichnungen, kart. ●●

Zaubertricks für jedermann
(0282) Von J. Merlin, 176 S., 113 Abb., kart.
●●

Zaubern
einfach - aber verblüffend. (2018) Von
D. Bouch, 84 S., 41 Zeichnungen, kart. ●

Magische Zaubereien
(0672) Von Widenmann, 64 S., 31 Zeichnungen, kart. ●

Kinderspiele
die Spaß machen. (2009) Von H. MüllerStein, 112 S., 28 Abb., kart. ●

Spiele für Kleinkinder
(2011) Von D. Kellermann, 80 S., 23 Abb.,
kart. ●

Spiel und Spaß am Krankenbett
für Kinder und die ganze Familie. (2035) Von
H. Bücken, 104 S., 97 Zeichnungen, kart. ●

Kasperletheater
Spieltexte und Spielanleitungen · Basteltips für Theater und Puppen. (0641) Von U. Lietz, 136 S., 4 Farbtafeln, 12 s/w-Fotos, 39 Zeichnungen, kart. ●

Knobeleien und Denksport
(2019) Von K. Rechberger, 142 S., 105 Zeichnungen, kart. ●

Das Geheimnis der magischen Ringe
Alles über das Puzzle vom Würfel-Erfinder. Die schönsten Figuren.
(0878) Von Dr. Ch. Bandelow, 96 S., 198 Zeichnungen, 8 Cartoons, kart. ●

Quiz
Mehr als 1500 ernste und heitere Fragen aus allen Gebieten. (0129) Von R. Sautter und W. Pröve, 92 S., 9 Zeichnungen, kart. ●

500 Rätsel selberraten
(0681) Von E. Krüger, 272 S., kart. ●

501 Rätsel selberraten
(0711) Von E. Krüger, 272 S., kart. ●

Riesen-Kreuzwort-Rätsel-Lexikon
über 250.000 Begriffe. (4197) Von H. Schiefelbein, 1024 S., Pappband. ●●●

Das Super-Kreuzwort-Rätsel-Lexikon
Über 150.000 Begriffe. (4279) Von H. Schiefelbein, 688 S., Pappband. ●●

Guten Tag, Kinder!
Neue Texte mit Spielanleitungen fürs Kasperletheater. (0861) Von U. Lietz, 96 S., 18 s/w-Zeichnungen, kart. ●

Kindergeburtstag
Vorbereitung, Spiel und Spaß. (0287) Von Dr. I. Obrig, 136 S., 40 Abb., 11 Zeichnungen, 9 Lieder mit Noten, kart. ●

Kindergeburtstage die keiner vergißt
Planung, Gestaltung, Spielvorschläge.
(0698) Von G. und G. Zimmermann, 102 S., 80 Vignetten, kart. ●

Kinderfeste
daheim und in Gruppen. (4033) Von G. Blechner, 240 S., 320 Abb., kart. ●

Scherzfragen, Drudel und Blödeleien
gesammelt von Kindern. (0506) Hrsg. von W. Pröve, 112 S., 57 Zeichnungen, kart. ●

Humor und Unterhaltung

Heitere Vorträge und witzige Reden
Lachen, Witz und gute Laune. (0149) Von E. Müller, 104 S., 44 Abb., kart. ●

Heitere Vorträge
(0528) Von E. Müller, 128 S., 14 Zeichnungen, kart. ●

Die große Lachparade
Neue Texte für heitere Vorträge und Ansagen. (0188) Von E. Müller, 80 S., kart. ●

So feiert man Feste fröhlicher
Heitere Vorträge und Gedichte.
(0098) Von Dr. Allos, 96 S., 15 Abb., kart. ●

Lustige Vorträge für fröhliche Feiern
(0284) Von K. Lehnhoff, 96 S., kart. ●

Vergnügliches Vortragsbuch
(0091) Von J. Plaut, 192 S., kart. ●

Humor und Stimmung
Ein heiteres Vortragsbuch. (0460) Von G. Wagner, 112 S., kart. ●

Humor und gute Laune
Ein heiteres Vortragsbuch. (0635) Von · G. Wagner, 112 S., 5 Zeichnungen, kart. ●

Gereimte Vorträge
für Bühne und Bütt. (0567) Von G. Wagner, 96 S., kart. ●

Damen in der Bütt
Scherze, Büttenreden, Sketsche.
(0354) Von T. Müller, 136 S., kart. ●

Narren in der Bütt
Leckerbissen aus dem rheinischen Karneval. (0216) Zusammengestellt von T. Lücker, 112 S., kart. ●

Rings um den Karneval
Karnevalsscherze und Büttenreden. (0130) Von Dr. Allos, 144 S., 2 Zeichnungen, kart. ●

Helau und Alaaf 1
Närrisches aus der Bütt.
(0304) Von E. Müller, 112 S., 4 Zeichnungen, kart. ●

Helau und Alaaf 2
Neue Büttenreden.
(0477) Von E. Luft, 104 S., kart. ●

Helau und Alaaf 3
Neue Reden für die Bütt. (0832) Von H. Fauser, 144 S., 13 Zeichnungen, kart. ●

Wir feiern Karneval
Festgestaltung und Reden für die närrische Zeit. (0904) Von M. Zweigler, 120 S., 4 Zeichnungen, kart. ●

Tolle Sketche
mit zündenden Pointen – zum Nachspielen.
(0656) Von E. Cohrs, 112 S., kart. ●

Vergnügliche Sketche
(0476) Von H. Pillau, 96 S., 7 Zeichnungen, kart. ●

Fidele Sketche und heitere Vorträge
Humor zum Nachspielen. (0157) Von H. Ehnle, 96 S., kart. ●

Vorhang auf!
Neue Sketche für jung und alt.
(0898) Von H. Pillau, 96 S., 22 Zeichnungen, kart. ●

Sketche und spielbare Witze
für bunte Abende und andere Feste. (0445) Von H. Friedrich, 120 S., 7 Zeichnungen, kart. ●

Sketche
Kurzspiele zu amüsanter Unterhaltung.
(0247) Von M. Gering, 132 S., 16 Abb., kart., ●

Witzige Sketche zum Nachspielen
(0511) Von D. Hallervorden, 160 S., kart. ●●

Sketche und Blackouts zum Nachspielen
(0941) Von E. Cohrs, 112 S., 12 Zeichnungen, kart. ●

Locker vom Hocker
Witzige Sketche zum Nachspielen.
(4262) Von W. Giller, 144 S., 41 Zeichnungen, Pappband. ●●

Phantasievolles Schminken
Verzauberte Gesichter für Maskeraden, Laienspiel und Kinderfeste. (0907) Hrsg. von Y. u. H. Nadolny, 64 S., 227 Farbfotos, kart. ●●

Die Kleidermotte ernährt sich von nichts, sie frißt nur Löcher
Stilblüten, Sprüche und Widersprüche aus Schule, Zeitung, Rundfunk und Fernsehen.
(0738) Von P. Haas, D. Kroppach, 112 S., zahlreiche Abb. kart. ●

Da lacht das Publikum
Neue lustige Vorträge für viele Gelegenheiten. (0716) Von H. Schmalenbach, 104 S., kart. ●

Witzig, witzig
(0507) Von E. Müller, 128 S., 16 Zeichnungen, kart. ●

Die besten Witze und Cartoons des Jahres 1
(0454) Hrsg. von K. Hartmann, 288 S., 125 Zeichnungen, geb. ●●

Die besten Witze und Cartoons des Jahres 4
(0579) Hrsg. von K. Hartmann, 288 S., 140 Zeichnungen, Pappband. ●●

Die besten Witze und Cartoons des Jahres 5
(0642) Hrsg. von K. Hartmann, 288 S., 88 Zeichnungen, Pappband. ●●

Die besten Witze und Cartoons des Jahres 6
(0916) Hrsg. von D. Kroppach, 288 S., 84 Zeichnungen, Pappband. ●●

Das Superbuch der Witze
(4146) Von B. Bornheim, 504 S., 54 Cartoons, Pappband. ●●

Witze
Lachen am laufenden Band (4241) Von J. Burkert, D. Kroppach, 400 S., 41 Zeichnungen, Pappband. ●●

Heller Wahnwitz
(0887) Von D. Kroppach, 220 S., 200 Vignetten, kart. ●

SpaßVögel
Über sexhundert komische Nummern.
(0888) Von E. Zeller, mit Limericks von W. Müller, 220 S., 200 Vignetten, kart. ●

Total bescheuert
Kinder- und Schülerwitze.
(0889) Von G. Geßner und E. Zeller, 220 S., 200 Vignetten, kart. ●

Die besten Beamtenwitze
(0574) Hrsg. von W. Pröve, 112 S., 59 Cartoons, kart. ●

Die besten Kalauer
(0705) Von K. Frank, 112 S., 12 Zeichnungen, kart., ●

Robert Lembkes Witzauslese
(0325) Von Robert Lembke, 160 S., 10 Zeichnungen von E. Köhler, Pappband. ●●

Fred Metzlers Witze mit Pfiff
(0368) Von F. Metzler, 112 S., kart. ●

O frivol ist mir am Abend
Pikante Witze von Fred Metzler. (0388) Von F. Metzler, 128 S., mit Karikaturen, kart. ●

Herrenwitze
(0589) Von G. Wilhelm, 112 S., 31 Zeichnungen, kart. ●

Witze am laufenden Band
(0461) Von F. Asmussen, 118 S., kart. ●

Horror zum Totlachen
Gruselwitze
(0536) Von F. Lautenschläger, 96 S., 44 Zeichnungen, kart. ●

Die besten Ostfriesenwitze
(0495) Hrsg. von O. Freese, 80 S., 15 Zeichnungen, kart. ●

Olympische Witze
Sportlerwitze in Wort und Bild.
(0505) Von W. Willnat, 112 S., 126 Zeichnungen, kart. ●

Ich lach mich kaputt! Die besten Kinderwitze
(0545) Von E. Hannemann, 128 S., 15 Zeichnungen, kart. ●

Die hier vorgestellten Bücher, Videokassetten und Software sind in folgende Preisgruppen unterteilt:

● Preisgruppe bis DM 10,–/S 79,–
●● Preisgruppe über DM 10,– bis DM 20,– S 80,– bis S 160,–
●●● Preisgruppe über DM 20,– bis DM 30,– S 161,– bis S 240,–
●●●● Preisgruppe über DM 30,– bis DM 50,– S 241,– bis S 400,–
●●●●● Preisgruppe über DM 50,–/S 401,– *(unverbindliche Preisempfehlung)

Die Preise entsprechen dem Status beim Druck dieses Verzeichnisses (s. Seite 1) – Änderungen, im besonderen der Preise, vorbehalten –

Lach mit!
Witze für Kinder, gesammelt von Kindern.
(0468) Hrsg. von W. Pröve, 96 S., 17 Zeichnungen, kart. ●

Die besten Kinderwitze
(0757) Von K. Rank, 112 S., 28 Zeichnungen, kart. ●

Lustige Sketche für Jungen und Mädchen
Kurze Theaterstücke für Jungen und Mädchen. (0669) Von U. Lietz und U. Lange, 104 S., kart. ●

Spielbare Witze für Kinder
(0824) Von H. Schmalenbach, 128 S., 30 Zeichnungen, kart. ●

Garten, Tiere, Umwelt

Garten heute
Der moderne Ratgeber · Über 1000 Farbbilder. (4283) Von H. Jantra, 384 S., über 1000 Farbabbildungen, Pappband. ●●●●

Das Gartenjahr
Arbeitsplan für den Hobbygärtner.
(4075) Von G. Bambach, 152 S., 16 Farbtafeln, 141 Abb., kart. ●●

Gärtner Gustavs Gartenkalender
Arbeitspläne · Pflanzenporträts · Gartenlexikon. (4155) Von G. Schoser, 120 S., 146 Farbfotos, 13 Tabellen, 203 farbige Zeichnungen, Pappband. ●●

Der richtige Schnitt von Obst- und Ziergehölzen, Rosen und Hecken
(0619) Von E. Zettl, 88 S., 8 Farbtafeln, 39 Zeichnungen, 21 s/w-Fotos, kart. ●

Blumenpracht im Garten
(5014) Von I. Manz, 64 S., 93 Farbfotos, Pappband. ●●

Blütenpracht in Haus und Garten
(4145) Von M. Haberer, u. a., 352 S., 1012 Farbfotos, Pappband. ●●●●

Sag's mit Blumen
Pflege und Arrangieren von Schnittblumen. (5103) Von P. Möhring, 64 S., 68 Farbfotos, 2 s/w-Abb., Pappband. ●●

Grabgestaltung
Bepflanzung und Pflege zu jeder Jahreszeit.
(5120) Von N. Uhl, 64 S., 77 Farbfotos, 2 Zeichnungen, Pappband. ●●

Wintergärten
Das Erlebnis, mit der Natur zu wohnen.
Planen, Bauen und Gestalten. (4256) Von LOG, ID, 136 S., 130 Farbfotos, 107 Zeichnungen, Pappband. ●●●●

Häuser in lebendigem Grün
Fassaden und Dächer mit Pflanzen gestalten.
(0846) Von U. Mehl, K. Werk, 88 S., 116 Farbfotos, 4 Farb- und 17 s/w-Zeichnungen. ●●

Rund ums Jahr erfolgreich gärtnern
Gewächshäuser
planen · bauen · einrichten · nutzen.
(4408) Von Dr. G. Schoser, J. Wolff, 232 S., 315 Farbfotos, 5 s/w-Fotos, 53 Farbzeichnungen, Pappband. ●●●

Gartenteiche und Wasserspiele
planen, anlegen und pflegen. (4083) Von H. R. Sikora, 160 S., 31 Farb- und 31 s/w-Fotos, 73 Zeichnungen, Pappband. ●●●

Wasser im Garten
Von der Vogeltränke zum Naturteich – Natürliche Lebensräume selbst gestalten.
(4230) Von H. Hendel, P. Keßeler, 240 S., 247 Farbfotos, 68 Farbzeichnungen, Pappband. ●●●●●

Mein kleiner Gartenteich
planen – anlegen – pflegen
(0851) Von I. Polaschek, 144 S., 85 Farbfotos, 10 Farbzeichnungen, kart. ●●

Leben im Naturgarten
Der Biogärtner und seine gesunde Umwelt.
(4124) Von N. Jorek, 128 S., 68 s/w-Fotos, kart. ●●

So wird mein Garten zum Biogarten
Alles über die Umstellung auf naturgemäßen Anbau. (0706) Von I. Gabriel, 128 S., 73 Farbfotos, 54 Farbzeichnungen, kart. ●●

Gesunde Pflanzen im Biogarten
Biologische Maßnahmen bei Schädlingsbefall und Pflanzenkrankheiten. (0707) Von I. Gabriel, 128 S., 126 Farbfotos, 12 Farbzeichnungen, kart. ●●

Kosmische Einflüsse auf unsere Gartenpflanzen
Sterne beeinflussen Wachstum und Gesundheit der Pflanzen. (0708) Von I. Gabriel, 112 S., 57 Farbfotos, 43 Farbzeichnungen, kart. ●●

Der Biogarten unter Glas und Folie
Ganzjährig erfolgreich ernten. (0722) Von I. Gabriel, 128 S., 62 Farbfotos, 45 Farbzeichnungen, kart. ●●

Obst und Beeren im Biogarten
Gesunde und schmackhafte Früchte durch natürlichen Anbau. (0780) Von I. Gabriel, 128 S., 38 Farbfotos, 71 Farbzeichnungen, kart. ●●

Kräuter und Heilpflanzen im Biogarten
Gesunde Ernte durch natürlichen Anbau.
(0929) Von I. Gabriel, 112 S., 63 Farbfotos, 19 Farbzeichnungen, kart. ●●

Neuanlage eines Biogartens
Planung, Bodenvorbereitung, Gestaltung.
(0721) Von I. Gabriel, 128 S., 73 Farbfotos, 39 Zeichnungen, kart. ●●

Der biologische Zier- und Wohngarten
Planen, Vorbereiten, Bepflanzen und Pflegen.
(0748) Von I. Gabriel, 128 S., 72 Farbfotos, 46 Farbzeichnungen, kart. ●●

Gemüse im Biogarten
Gesunde Ernte durch naturgemäßen Anbau
(0830) Von I. Gabriel, 128 S., 26 Farbfotos, 86 Farbzeichnungen, kart. ●●

Erfolgreich gärtnern
durch naturgemäßen Anbau
(4252) Von I. Gabriel, 416 S., 176 Farbfotos, 212 Farbzeichnungen, Pappband. ●●●

Das Bio-Gartenjahr
Arbeitsplan für naturgemäßes Gärtnern.
(4169) Von N. Jorek, 128 S., 8 Farbtafeln, 70 s/w-Abb. kart. ●●

Selbstversorgung aus dem eigenen Anbau
Reichen Erntesegen verwerten und haltbar machen. (4182) Von M. Bustorf-Hirsch, M. Hirsch, 216 S., 270 Zeichnungen, Pappband. ●●●

Mischkultur im Nutzgarten
Mit Jahreskalender und Anbauplänen.
(0651) Von H. Oppel, 112 S., 8 Farbtafeln, 23 s/w- Fotos, 29 Zeichnungen, kart. ●

Erfolgreich gärtnern mit Frühbeet und Folie
(0828) Von Dr. Gustav Schoser, 88 S., 8 Farbtafeln, 46 s/w-Fotos, kart. ●

Erfolgstips für den Gemüsegarten
Mit naturgemäßem Anbau zu höherem Ertrag. (0674) Von F. Mühl, 80 S., 30 s/w-Fotos, 4 Zeichnungen, kart. ●

Erfolgstips für den Obstgarten
Gesunde Früchte durch richtige Sortenwahl und Pflege. (0827) Von F. Mühl, 184 S., 16 Farbtafeln, 33 Zeichnungen, kart. ●●

Erfolgstips für den Zierkarten
Schmuckpflanzen und Rasen richtig pflegen.
(0930) Von F. Mühl, 156 S., 12 Farbtafeln, 26 s/w–Zeichnungen, kart. ●●

Gemüse, Kräuter, Obst aus dem Balkongarten – Erfolgreich ernten auf kleinstem Raum. (0694) Von S. Stein, 32 S., 34 Farbfotos, 6 Zeichnungen, Spiralbindung, kart. ●

Keime, Sprossen, Küchenkräuter
am Fenster ziehen – rund ums Jahr. (0658) Von F. und H. Jantzen, 32 S., 55 Farbfotos, Pappband. ●

Balkons in Blütenpracht
zu allen Jahreszeiten.
(5047) Von N. Uhl, 64 S., 80 Farbfotos, Pappband. ●●

Kletterpflanzen
Rankende Begrünung für Fassade, Balkon und Garten. (5140) Von M. Haberer, 64 S., 70 Farbabb., 2 Zeichnungen, Pappband. ●●

Mein Kräutergarten rund ums Jahr
Täglich schnittfrisch und gesund würzen.
(4192) Von Prof. Dr. G. Lysek, 136 S., 15 Farbtafeln, 91 Zeichnungen, kart. ●●

Blühende Zimmerpflanzen
94 Arten mit Pflegeanleitungen. (5010) Von R. Blaich, 64 S., 107 Farbfotos, Pappband. ●●

Prof. Stelzers grüne Sprechstunde
Gesunde Zimmerpflanzen
Krankheiten erkennen und behandeln · Mit neuem Diagnosesystem. (4274) Von Prof. Dr. G. Stelzer, 192 S., 410 Farbfotos, 10 s/w-Zeichnungen, Pappband. ●●●●

365 Erfolgstips für schöne Zimmerpflanzen
(0893) Von H. Jantra, 144 S., 215 Farbfotos, kart. ●●

Videokassette
Pflanzenjournal
Blumen- und Pflanzenpflege im Jahreslauf.
(6036) VHS, ca. 45 Min., in Farbe, ●●●●*

Blütenpracht in Grolit 2000
Der neue, mühelose Weg zu farbenprächtigen Zimmerpflanzen. (5127) Von G. Vocke, 64 S., 50 Farbfotos, Pappband. ●●

Ziergräser
Über 100 Arten erfolgreich kultivieren.
(0829) Von H. Jantra, 104 S., 73 Farbfotos, 6 Farbzeichnungen, kart. ●●

Bonsai
Japanische Miniaturbäume und Miniaturlandschaften. Anzucht, Gestaltung und Pflege. (4091) Von B. Lesniewicz, 160 S., 106 Farbfotos, 46 s/w-Fotos, 115 Zeichnungen, gebunden. ●●●●●

Zimmerbäume, Palmen und andere Blattpflanzen
Standort, Pflege, Vermehrung, Schädlinge.
(5111) Von G. Schoser, 96 S., 98 Farbfotos, 7 Zeichnungen, Pappband. ●●

Biologisch zimmergärtnern
Zier- und Nutzpflanzen natürlich pflegen.
(4144) Von N. Jorek, 152 S., 15 Farbtafeln,
120 s/w-Fotos, Pappband. ●●

Zimmerpflanzen in Hydrokultur
Leitfaden für problemlose Blumenpflege.
(0660) Von H.-A. Rotter, 32 S., 76 Farbfotos,
8 farbige Zeichnungen, Pappband. ●

Kakteen und andere Sukkulenten
300 Arten mit über 500 Farbfotos. (4116)
Von G. Andersohn, 316 S., 520 Farbfotos,
193 Zeichnungen, Pappband. ●●●●

Fibel für Kakteenfreunde
(0199) Von H. Herold, 102 S., 23 Farbfotos,
37 s/w-Abb., kart. ●

Kakteen
Herkunft, Anzucht, Pflege, Arten. (5021) Von
W. Hoffmann, 64 S., 70 Farbfotos, Pappband.
●●

Faszinierende Formen und Farben
Kakteen
(4211) Von K. und F. Schild, 96 S., 127 Farbfotos, kart. ●●●

Falken-Handbuch **Orchideen**
Lebensraum, Kultur, Anzucht und Pflege.
(4231) Von G. Schoser, 144 S., 121 Farbfotos,
28 Farbzeichnungen, Pappband. ●●●

Vogelhäuschen, Nistkästen, Vogeltränken
mit Plänen und Anleitungen zum Selbstbau.
(0695) Von J. Zech 32 S., 42 Farbfotos,
6 Zeichnungen, Pappband. ●

Falken-Handbuch
Umweltschutz
Das Öko-Testbuch zur Eigeninitiative. (4160)
Von M. Häfner, 352 S., 411 Farbf., 152 Farb-
zeichnungen, Pappband. ●●●●

Pilze
erkennen und benennen. (0380) Von J. Rai-
thelhuber, 136 S., 110 Farbfotos, kart. ●●

Falken-Handbuch **Pilze**
Mit über 250 Farbfotos und Rezepten. (4061)
Von M. Knoop, 276 S., 250 Farbfotos,
Pappband. ●●●●

Speisepilze aus eigener Zucht
Anbau · Pflege · Zubereitung
(0909) Von U. Groos, 72 S., 8 Farbtafeln,
16 s/w-Zeichnungen, kart. ●

Grizimek Juniors **BUNTE TIERWELT**
(4295) Von Chr. Grizimek, 208 S., 308 Farbfotos, Pappband. ●●●

Falken-Handbuch **Katzen**
(4158) Von B. Gerber, 176 S., 294 Farb- und
88 s/w-Fotos, Pappband. ●●●●

Katzen
Rassen · Haltung · Pflege. (4216) Von
B. Eilert-Overbeck, 96 S., 82 Farbfotos, Papp-
band. ●●●

Das neue Katzenbuch
Rassen – Aufzucht – Pflege. (0427) Von
B. Eilert-Overbeck, 136 S., 14 Farbfotos,
26 s/w-Fotos, kart. ●

Katzenkrankheiten
Erkennung und Behandlung. Steuerung des
Sexualverhaltens. (0652) Von Dr. med. vet.
R. Spangenberg, 176 S., 64 s/w-Fotos,
4 Zeichnungen, kart. ●

Falken-Handbuch **Hunde**
(4118) Von H. Bielfeld, 176 S., 222 Farb-
und 73 s/w-Abb., Pappband. ●●●●

Hunde
Rassen · Erziehung · Haltung. (4209) Von
H. Bielfeld, 96 S., 101 Farbfotos, Pappband.
●●●

Das neue Hundebuch
Rassen · Aufzucht · Pflege. (0009) Von
W. Busack, überarbeitet von Dr. med. vet.
A. H. Hacker und H. Bielfeld, 112 S., 8 Farb-
tafeln, 27 s/w-Fotos, 6 Zeichnungen, kart. ●

Falken-Handbuch
Der Deutsche Schäferhund
(4077) Von U. Förster, 228 S., 160 Abb.,
Pappband. ●●●

Der Deutsche Schäferhund
Aufzucht, Pflege und Ausbildung. (0073) Von
A. Hacker, 104 S., 56 Abb., kart. ●

Dackel, Teckel, Dachshund
Aufzucht · Pflege · Ausbildung. (0508) Von
M. Wein-Gysae, 104 S., 4 Farbtafeln, 43 s/w-
Fotos, 2 Zeichnungen, kart. ●

Hundeausbildung
Verhalten – Gehorsam – Abrichtung. (0346)
Von Prof. Dr. R. Menzel, 96 S., 18 Fotos, kart. ●

Grundausbildung für Gebrauchshunde
Schäferhund, Boxer, Rottweiler, Dobermann,
Riesenschnauzer, Airedaleterrier, Hovawart
und Bouvier. (0801) Von M. Schmidt und
W. Koch, 104 S., 8 Farbtafeln, 51 s/w-Fotos,
5 s/w-Zeichnungen, kart. ●

Hundekrankheiten
Erkennung und Behandlung, Steuerung des
Sexualverhaltens. (0570) Von Dr. med. vet.
R. Spangenberg, 128 S., 68 s/w-Fotos,
10 Zeichnungen, kart. ●

Falken-Handbuch **Pferde**
(4186) Von H. Werner, 176 S., 196 Farb-und
50 s/w-Fotos, 100 Zeichnungen, Pappband.
●●●●

Wellensittiche
Arten · Haltung · Pflege · Sprechunterricht ·
Zucht. (5136) Von H. Bielfeld, 64 S., 59 Farb-
fotos, Pappband. ●●

Papageien und Sittiche
Arten · Pflege · Sprechunterricht.
(0591) Von H. Bielfeld, 112 S., 8 Farbtafeln,
kart. ●

Geflügelhaltung als Hobby
(0749) Von M. Baumeister, H. Meyer, 184 S.,
8 Farbtafeln, 47 s/w-Fotos, 15 Zeichnungen,
kart. ●●

Das Süßwasser-Aquarium
Einrichtung · Pflege · Fische · Pflanzen.
(0153) Von H. J. Mayland, 152 S., 16 Farbtafeln, 43 s/w-Zeichnungen, kart. ●●

Falken-Handbuch
Süßwasser-Aquarium
(4191) Von H. J. Mayland, 288 S., 564 Farbfotos, 75 Zeichnungen, Pappband. ●●●●

DIE TIERSPRECHSTUNDE
Tiere im Wassergarten
(0808) Von Dr. med. vet. E. M. Bartenschlager, 96 S., 84 Farbfotos, 7 Zeichnungen,
kart. ●

DIE TIERSPRECHSTUNDE
Sittiche und kleine Papageien
(0864) Von Dr. med. vet. E. M. Bartenschlager, 88 S., 84 Farbfotos, 9 Zeichnungen,
kart. ●

DIE TIERSPRECHSTUNDE
Junge Katzen
(0862) Von Dr. med. vet. E. M. Bartenschlager, 72 S., 40 Farbfotos, 4 Farbzeichnungen,
kart. ●

DIE TIERSPRECHSTUNDE
Alles über Igel in Natur und Garten
(0810) Von Dr. med. vet. E. M. Bartenschlager, 68 S., 51 Farbfotos, kart. ●

DIE TIERSPRECHSTUNDE
Alles über Meerschweinchen
(0809) Von Dr. med. vet. E. M. Bartenschlager, 72 S., 43 Farbfotos, 11 Farbzeichnungen,
kart. ●

DIE TIERSPRECHSTUNDE
Alles über junge Hunde
(0863) Von Dr. med. vet. E. M. Bartenschlager, 64 S., 49 Farbfotos, 6 Zeichnungen,
kart. ●

DIE TIERSPRECHSTUNDE
Richtige Hundeernährung
(0811) Von Dr. med. vet. E. M. Bartenschlager,
80 S., 51 Farbfotos, 4 Farbzeichnungen, kart.
●

Dinosaurier
und andere Tiere der Urzeit. (4219) Von
G. Alschner, 96 S., 81 Farbzeichnungen,
4 Fotos, Pappband. ●●●

Mensch und Gesundheit

Die Frau als Hausärztin
Der unentbehrliche Ratgeber für die Gesundheit. (4072) Von Dr. med. A. Fischer-Dückel-
mann, 808 S., 14 Farbtafeln, 146 s/w-Fotos,
203 Zeichnungen, Pappband. ●●●

Dr. Reitners großes Gesundheitslexikon
Mit über 5000 Stichwörtern.
(4282) Von Dr. med. H.-J. Lewitzka-Reitner,
in Zusammenarbeit mit P. Janknecht und
U. Kannapinn, 504 S., 424 s/w-Abbildungen,
Pappband. ●●

Sexualberatung
(0402) Von Dr. M. Röhl, 168 S., 8 Farbtafeln,
17 Zeichnungen, Pappband. ●●

Die Kunst des Stillens
nach neuesten Erkenntnissen
(0701) Von Prof. Dr. med. E. Schmidt,
S. Brunn, 112 S., 20 Fotos und Zeichnungen,
kart. ●

Wenn Sie ein Kind bekommen
(4003) Von U. Klamroth, Dr. med. H. Oster,
240 S., 86 s/w-Fotos, 30 Zeichnungen, kart.
●●●

Der moderne Ratgeber
Wir werden Eltern
Schwangerschaft · Geburt · Erziehung des
Kleinkindes. (4269) Von B. Nees-Delaval,
376 S., 335 zweifarbige Abbildungen,
Pappband. ●●●●

Vorbereitung auf die Geburt
Schwangerschaftsgymnastik, Atmung, Rück-
bildungsgymnastik. (0251) Von S. Buchholz,
112 S., 98 s/w-Fotos, kart. ●

Wie soll es heißen?
(0211) Von D. Köhr, 136 S., kart. ●

Das Babybuch
Pflege · Ernährung · Entwicklung. (0531) Von
A. Burkert, 128 S., 16 Farbtafeln,
38 s/w-Fotos, Pappband. ●●

Wenn der Mensch zum Vater wird
Ein heiter-besinnlicher Ratgeber. (4259) Von
D. Zimmer, 160 S., 20 Zeichnungen,
Pappband. ●●

Wenn Kinder krank werden
Medizinischer Ratgeber für Eltern.
(4240) Von Dr. med. I. J. Chasnoff, B. Nees-
Delaval, 232 S., 163 Zeichnungen, Pappband. ●●●

Psycho-Tests
– Erkennen Sich sich selbst. (0710) Von
B. M. Nash, R. B. Monchick, 304 S., 81 Zeich-
nungen, kart. ●●

FALKEN-SOFTWARE
Ego-Tests
Sich und andere besser erkennen und
verstehen. (7012) Diskette für IBM PC kompatible (MS DOS) mit Begleitheft. ●●●●●*

Frauenträume – Männerträume
und ihre Bedeutung. (4198) Von G. Senger,
272 S., mit Traumlexikon, Pappband. ●●●

Wie Sie im Schlaf das Leben meistern
Schöpferisch träumen
Der Klartraum als Lebenshilfe.
(4258) Von Prof. D. P. Tholey, K. Utecht.
256 S., 1 s/w-Foto, 20 Zeichnungen, Pappband. ●●●

So deutet man Träume
Die Bildersprache des Unbewußten. (0444)
Von G. Haddenbach, 160 S., Pappband. ●

Bildatlas des menschlichen Körpers
(4177) Von G. Pogliani, V. Vannini, 112 S.,
402 Farbabb. 28 s/w-Fotos, Pappband. ●●●

Ratgeber Aids
Entstehung, Ansteckung, Krankheitsbilder,
Heilungschancen, Schutzmaßnahmen.
(0803) Von B. Baartman, Vorwort von Dr.
med. H. Jäger, 112 S., 8 Farbtafeln,
4 Grafiken, kart. ●●

Enzyme
Vitalstoffe für die Gesundheit. (0677) Von
G. Leibold, 96 S., kart. ●

Heilfasten
(0713) Von G. Leibold, 108 S., kart. ●

Besser leben durch Fasten
(0841) Von G. Leibold, 100 S., kart. ●

Fastenkuren
Wege zur gesunden Lebensführung.
Rezepte und Tips für die Nachfastenzeit.
Kurzfasten · Saftfastenkuren · Fastenschalt-
tage · Heilfasten. (4248) Von Ha. A. Mehler,
H. Keppler, 144 S., 16 s/w-Fotos, 9 Zeichnun-
gen, Pappband. ●●●

Aus dem Schatz der Naturmedizin
Heilkräuterkuren
(4268) Von med. E. Rauch, Dr. rer. nat.
P. Kruletz, 144 S., 49 Zeichnungen, kart. ●●

Rheuma behandeln und lindern
Mit einem Vorwort von Dr. med. Max-Otto-
Bruker. (0836) Von G. Leibold, 100 S., kart. ●

Die echte Schroth-Kur
(0797) Von Dr. med. R. Schroth, 88 S.,
2 s/w-Fotos, kart. ●

Streß bewältigen durch Entspannung
(0834) Von Dr. med. Chr. Schenk, 88 S.,
29 Zeichnungen, kart. ●

Gesundheit und Spannkraft durch Yoga
(0321) Von L. Frank und U. Ebbers, 112 S.,
50 s/w-Fotos, kart. ●

Yoga für jeden
(0341) Von K. Zebroff, 156 S., 135 Abb.,
Spiralbindung, ●●●

Yoga für Schwangere
Der Weg zur sanften Geburt. (0777) Von
V. Bolesta-Hahn, 108 S., 76 zweifarbige Abb.
kart. ●

**Yoga gegen Haltungsschäden und
Rückenschmerzen**
(0394) Von A. Raab, 104 S., 215 Abb., kart. ●

Bauch, Taille und Hüfte gezielt formen durch
Aktiv-Yoga
(0709) Von K. Zebroff, 112 S., 102 Farbfotos,
kart. ●●

Hypnose und Autosuggestion
Methoden – Heilwirkungen – praktische
Beispiele. (0483) Von G. Leibold, 120 S.,
9 Illustrationen, kart. ●

Kneippkuren zu Hause
(0779) Von G. Leibold, 112 S., 25 Zeichnungen, kart. ●

Krebsangst und Krebs behandeln
Mit einem Vorwort von Prof. Dr. med.
Friedrich Douwes. (0839) Von G. Leibold,
104 S., kart. ●

Allergien behandeln und lindern
Mit einem Vorwort von Dr. med. Axel
Stemmann. (0840) Von G. Leibold, 104 S.,
4 Zeichnungen, kart. ●

Besser sehen durch Augentraining
Ein Gesundheitsprogramm zur Verbesserung
des Sehvermögens. (0914) Von K. Schutt, B.
Rumpler, 96 S., 32 s/w-Zeichnungen, kart. ●

Darmleiden
Krankheitsbilder, Behandlung, Selbstbehandlung, Richtige Lebensführung und
Ernährung. (0798) Von Dr. med. K. Steffens,
112 S., 46 Zeichnungen, kart. ●

Massage
(0750) Von B. Rumpler, K. Schutt, 112 S.,
116 zweifarbige Zeichnungen, kart. ●●

Fußmassage
Reflexzonentherapie am Fuß (0714) Von G.
Leibold, 96 S., 38 Zeichnungen, kart. ●

Rheuma und Gicht
Krankheitsbilder, Behandlung, Therapie-
verfahren, Selbstbehandlung, Richtige
Lebensführung und Ernährung. (0712) Von
Dr. J. Höder, J. Bandick, 104 S., kart. ●

Diabetes
Krankheitsbild, Therapie, Kontrollen,
Schwangerschaft, Sport, Urlaub, Alltags-
probleme, Neueste Erkenntnisse der
Diabetesforschung. (0895) Von Dr. med.
H. J. Krönke, 120 S., 4 Farbtafeln, 14 s/w-
Fotos, 13 s/w-Zeichnungen, kart. ●

Krampfadern
Ursachen, Vorbeugung, Selbstbehandlung,
Therapieverfahren. (0727) Von Dr. med.
K. Steffens, 96 S., 38 Abb., kart. ●

Gallenleiden
Krankheitsbilder, Behandlung, Therapie-
verfahren, Selbstbehandlung, Richtige
Lebensführung und Ernährung. (0673) Von
Dr. med. K. Steffens, 104 S., 34 Zeichnun-
gen, kart. ●

Asthma
Pseudokrupp, Bronchitis und Lungenemphy-
sem. (0778) Von Prof. Dr. med. W. Schmidt,
120 S., 56 Zeichnungen, kart. ●

Autogenes Training
Anwendung · Heilwirkungen · Methoden.
(0541) Von R. Faller, 128 S., 3 Zeichnungen,
kart. ●

**Die fernöstliche Fingerdrucktherapie
Shiatsu**
Anleitungen zur Selbsthilfe – Heilwirkungen.
(0615) Von G. Leibold, 196 S., 180 Abb., kart.
●●

Eigenbehandlung durch Akupressur
Heilwirkungen – Energielehre – Meridiane.
(0417) Von G. Leibold, 152 S., 78 Abb., kart. ●

Chinesische Naturheilverfahren
Selbstbehandlung mit bewährten Methoden
der physikalischen Therapie. Atemtherapie ·
Heilgymnastik · Selbstmassage · Vorbeugen ·
Behandeln · Entspannen. (4247) Von
F. T. Lie, 160 S., 292 zweifarbige Zeichnun-
gen, Pappband. ●●●

Massagetechniken und Heilanzeigen
Reflexzonentherapie
(4404) Von G. Leibold, 128 S., 53 Farbzeichnungen, Pappband. ●●●

Chinesisches Schattenboxen
Tai-Ji-Quan
für geistige und körperliche Harmonie.
(0850) Von F. T. Lie, 120 S., 221 s/w-Fotos,
9 s/w-Zeichnungen, Beilage: 1 s/w-Poster mit
zahlreichen Abbildungen, kart. ●●

Gesundheit durch altbewährte Kräuter-
rezepte und Hausmittel aus der
Natur-Apotheke
(4156) Von G. Leibold, 236 S., 8 Farbtafeln,
100 Zeichnungen, kart. ●●

**Heiltees und Kräuter für die
Gesundheit**
(4123) Von G. Leibold, 136 S., 15 Farbtafeln,
16 Zeichnungen, kart. ●●

Falken-Handbuch **Heilkräuter**
Modernes Lexikon der Pflanzen und Anwendungen (4076) Von G. Leibold, 392 S.,
183 Farbfotos, 22 Zeichnungen, geb. ●●●●

Kochen für Diabetiker
Gesund und schmackhaft für die ganze
Familie. (4132) Von M. Toeller, W. Schumacher, A. C. Groote, 224 S., 109 Farbfotos,
94 Zeichnungen, Pappband. ●●●

Neue Rezepte für Diabetiker-Diät
Vollwertig – abwechslungsreich - kalorienarm. (0418) Von M. Oehlrich, 120 S., 8 Farbtafeln, kart. ●

**Diät bei Krankheiten des Magens und
Zwölffingerdarms**
Rezeptteil von B. Zöllner. (3201) Von Prof. Dr.
med. H. Kaess, 96 S., 35 Farbfotos,
1 s/w-Zeichnung, kart. ●

**Diät bei Herzkrankheiten und
Bluthochdruck**
Salzarme (natriumarme) Kost, Rezeptteil von
B. Zöllner. (3202) Von Prof. Dr. med.
H. Rottka, 92 S., 4 Farbtafeln, kart. ●●

**Diät bei Erkrankungen der Nieren, Harn-
wege und bei Dialysebehandlung**
Rezeptteil von B. Zöllner. (3203) Von Prof.
med. Dr. h. c. H. J. Sarre und Prof. Dr. med.
R. Kluthe, 96 S., 33 Farbfotos, 1 s/w-Zeich-
nung, kart. ●●

Richtige Ernährung wenn man älter wird
Rezeptteil von B. Zöllner. (3204) Von Prof. Dr.
med. H.-J. Pusch. 96 S., 36 Farbfotos und
3 s/w-Zeichnungen, kart. ●●

Diät bei Gicht und Harnsäuresteinen
Rezeptteil von B. Zöllner. (3205) Von Prof. Dr.
med. N. Zöllner, 80 S., 4 Farbtafeln, kart. ●●

Diät bei Zuckerkrankheit
Rezeptteil von B. Zöllner. (3206) Von Prof. Dr.
med. P. Dieterle, 112 S., 42 Farbfotos, 4 vier-
farbige Vignetten, 1 s/w-Zeichnung, kart. ●●

**Diät bei Krankheiten der Gallenblase,
Leber und Bauchspeicheldrüse**
Rezeptteil von B. Zöllner. (3207) Von Prof. Dr.
med. H. Kasper, 88 S., 4 Farbtafeln, kart. ●●

**Diät bei Störungen des Fettstoffwechsels
und zur Vorbeugung der Arteriosklerose**
Rezeptteil von B. Zöllner. (3208) Von Prof. Dr.
med. G. Wolfram und Dr. med. O. Adam,
104 S., 4 Farbtafeln, kart. ●●

Diät bei Übergewicht
Rezeptteil von B. Zöllner. (3209) Von Prof. Dr.
med. Ch. Keller, 104 S., 42 Farbfotos,
3 s/w-Zeichnungen, kart. ●●

Diät bei Darmkrankheiten
Durchfall – Divertikulose, Reizdarm und
Darmträgheit – einheimische Sprue (Zölia-
kie) – Disaccharidasemangel – Dünndarmre-
sektion – Dumping Syndrom. Rezeptteil von
B. Zöllner. (3211) Von Prof. Dr. med. G. Stroh-
meyer, 88 S., 4 Farbtafeln, kart. ●●

**Ballaststoffreiche Kost bei Funktionsstö-
rungen des Darms**
Rezeptteil von B. Zöllner. (3212) Von Prof. Dr,
med. H. Kasper, 96 S., 34 Farbfotos, 1 s/w-
Foto, kart. ●●

Rat und Wissen

Der gute Ton
Ein moderner Knigge. (0063) Von I. Wolter,
168 S., 38 Zeichnungen, 53 s/w-Fotos, kart.
●

Haushaltstips von A bis Z
(0759) Von A. Eder, 80 S., 30 Zeichnungen,
kart. ●

**Familienforschung · Ahnentafel ·
Wappenkunde**
Wege zur eigenen Familienchronik.
(0744) Von P. Bahn, 128 S., 8 Farbtafeln,
30 Abbildungen, kart. ●●

Die Kunst der freien Rede
Ein Intensivkurs mit vielen Übungen,
Beispielen und Lösungen. (4189) Von
G. Hirsch, 232 S., 11 Zeichnungen,
Pappband. ●●●

**Reden zur Taufe, Kommunion
und Konfirmation**
(0751) Von G. Georg, 96 S., kart. ●

Der richtige Brief zu jedem Anlaß
Das moderne Handbuch mit 400 Muster-
briefen. (4179) Von H. Kirst, 376 S.,
Pappband. ●●●

Wir heiraten
Ratgeber zur Vorbereitung und Festgestal-
tung der Verlobung und Hochzeit. (4188) Von
C. Poensgen, 216 S., 8 s/w-Fotos, 30 s/w-
Zeichnungen, 8 Farbtafeln, Pappband. ●●●

Wir feiern Hochzeit
Festgestaltung – phantasievoll und modern.
(0943) Von H. J. Winkler, 120 S., kart. ●

**Von der Verlobung zur Goldenen Hoch-
zeit**
(0393) Von E. Ruge, 120 S., kart. ●

Reden zur Hochzeit
Musteransprachen für Hochzeitstage.
(0654) Von G. Georg, 112 S., kart. ●

**Glückwünsche, Toasts und Festreden zur
Hochzeit.**
(0264) Von I. Wolter, 128 S., 18 Zeichnungen,
kart. ●

Hochzeits- und Bierzeitungen
Muster, Tips und Anregungen. (0288) Von
H.-J. Winkler, mit vielen Text- und Gestal-
tungsanregungen, 116 S., 15 Abb., 1 Muster-
zeitung, kart. ●

**Kindergedichte zur Grünen, Silbernen
und Goldenen Hochzeit**
(0318) Von H.-J. Winkler, 104 S., 20 Abb.,
kart. ●

Kindergedichte für Familienfeste
(0860) Von B. H. Bull, 96 S., 20 Zeichnungen, kart. ●

Die Silberhochzeit
Vorbereitung · Einladung · Geschenkvor-
schläge · Dekoration · Festablauf · Menüs ·
Reden · Glückwünsche. (0542) Von
K. F. Merkle, 120 S., 41 Zeichnungen, kart. ●

Großes Buch der Glückwünsche
(0255) Hrsg. von O. Fuhrmann, 176 S.,
77 Zeichnungen und viele Gestaltungsvorschläge, kart. ●

Herzliche Glückwünsche
Die schönsten Gedichte und Texte für viele
Gelegenheiten. (0942) Hrsg. von B. H. Bull,
256 S., 50 Zeichnungen, Pappband. ●●

Neue Glückwunschfibel
für Groß und Klein. (0156) Von R. Christian-
Hildebrandt, 96 S., kart. ●

Glückwunschverse für Kinder
(0277) Von B. Ulrici, 80 S., kart. ●

Die Redekunst
Rhetorik · Rednererfolg (0076) Von K. Wolter,
überarbeitet von Dr. W. Tappe, 80 S., kart. ●

Reden und Ansprachen
für jeden Anlaß. (4009) Hrsg. von F. Sicker,
454 S., gebunden. ●●●●

Reden zum Jubiläum
Musteransprachen für viele Gelegenheiten
(0595) Von G. Georg, 112 S., kart. ●

Reden zum Ruhestand
Musteransprachen zum Abschluß des Berufs-
lebens (0790) Von G. Georg, 104 S., kart. ●

**Reden und Sprüche zu Grundstein-
legung, Richtfest und Einzug**
(0598) Von A. Bruder, G. Georg, 96 S., kart. ●

Reden zu Familienfesten
Musteransprachen für viele Gelegenheiten
(0675) Von G. Georg, 112 S., kart. ●

Reden zum Geburtstag
Musteransprachen für familiäre und offizielle
Anlässe. (0773) Von G. Georg, 104 S., kart. ●

Festreden und Vereinsreden
Ansprachen für festliche Gelegenheiten.
(0069) Von K. Lehnhoff, E. Ruge, 88 S., kart.
●

Reden im Verein
Musteransprachen für viele Gelegenheiten.
(0703) Von G. Georg, 112 S., kart. ●

Programm und Publikum
Der ständige Versuch einer Annäherung.
Beiträge und Reden über das öffentlich-
rechtliche Fernsehen. (0874) Von A. Schardt,
167 S., kart. ●●

Trinksprüche
Fest- und Damenreden in Reimen. (0791)
Von L. Metzner, 88 S., 14 s/w-Zeichnungen,
kart. ●

**Trinksprüche, Richtsprüche,
Gästebuchverse**
(0224) Von D. Kellermann, 80 S., kart. ●

Ins Gästebuch geschrieben
(0576) Von K. H. Trabeck, 96 S., 24 Zeichnungen, kart. ●

Poesiealbumverse
Heiteres und Besinnliches. (0578) Von
A. Göttling, 112 S., 20 Zeichnungen,
Pappband. ●

Verse fürs Poesiealbum
(0241) Von I. Wolter, 96 S., 20 Abb., kart. ●

Rosen, Tulpen, Nelken . . .
Beliebte Verse fürs Poesiealbum
(0431) Von W. Pröve, 96 S., 11 Faksimile-
Abb., kart. ●

Der Verseschmied
Kleiner Leitfaden für Hobbydichter. Mit
Reimlexikon. (0597) Von T. Parisius, 96 S.,
28 Zeichnungen, kart. ●

Moderne Korrespondenz
Handbuch für erfolgreiche Briefe.
(4014) Von H. Kirst und W. Manekeller,
544 S., Pappband. ●●●●

Der neue Briefsteller
Musterbriefe für alle Gelegenheiten. (0060)
Von I. Wolter-Rosendorf, 112 S., kart. ●

Geschäftliche Briefe
des Privatmanns, Handwerkers, Kaufmanns.
(0041) Von A. Römer, 120 S., kart. ●

Behördenkorrespondenz
Musterbriefe ¬ Anträge – Einsprüche. (0412)
Von E. Ruge, 120 S., kart. ●

Musterbriefe
für alle Gelegenheiten. (0231) Hrsg. von
O. Fuhrmann, 240 S., kart. ●

Privatbriefe
Muster für alle Gelegenheiten. (0114) Von
I. Wolter-Rosendorf, 132 S., kart. ●

Briefe zu Geburt und Taufe
Glückwünsche und Danksagungen. (0802)
Von H. Beitz, 96 S., 12 Zeichnungen, kart. ●

Briefe zum Geburtstag
Glückwünsche und Danksagungen
(0822) Von H. Beitz, 104 S., 22 Zeichnungen,
kart. ●

Briefe zur Hochzeit
Glückwünsche und Danksagungen
(0852) Von R. Röngen, 96 S., 1 Zeichnung,
39 Vignetten, kart. ●

Briefe der Liebe
Anregungen für gefühlvolle und zärtliche
Worte. (0903) Hrsg. von H. Beitz, 96 S.,
4 Zeichnungen, kart. ●

Erfolgstips für den Schriftverkehr
Briefwechsel leicht gemacht durch einfachen
Stil und klaren Ausdruck (0678) Von
U. Schoenwald, 132 S., kart. ●

Worte und Briefe der Anteilnahme
(0464) Von E. Ruge, 128 S., mit vielen Abb.,
kart. ●

Reden in Trauerfällen
Musteransprachen für Beerdigungen und
Trauerfeiern (0736) Von G. Georg, 104 S.,
kart. ●

In Anerkennung Ihrer . . .
**Lob und Würdigung in Briefen
und Reden**
(0535) Von H. Friedrich, 136 S., kart. ●

Das große farbige Kinderlexikon
(4195) Von U. Kopp, 320 S., 493 Farbabb.,
17 s/w-Fotos, Pappband. ●●●
ZDF · ORF · DRS

Kompaß Jugend-Lexikon
(4096) Von R. Kerler, J. Blum, 336 S.,
766 Farbfotos, 39 s/w-Abb., Pappband.
●●●●

Elternsache Grundschule
(0692) Hrsg. von K. Meynersen, 324 S., kart.
●●●

Vom Urkrümel zum Atompilz
Evolution – Ursache und Ausweg aus der
Krise. (4181) Von J. Voigt, 188 S., 20 Farb-
und 70 s/w-Fotos, 32 Zeichnungen, kart. ●●

Neues Denken – alte Geister
New Age unter der Lupe.
(4278) Von G. Myrell, Dr. W. Schmandt,
J. Voigt, 176 S., 54 Farbfotos, 3 Zeichnungen,
kart. ●●

Die hier vorgestellten Bücher, Videokassetten und Software sind in folgende Preisgruppen unterteilt:

● Preisgruppe bis DM 10,–/S 79,–
●● Preisgruppe über DM 10,– bis DM 20,–
S 80,– bis S 160,–

●●● Preisgruppe über DM 20,– bis DM 30,–
S 161,– bis S 240,–

●●●● Preisgruppe über DM 30,– bis DM 50,–
S 241,– bis S 400,–
●●●●● Preisgruppe über DM 50,–/S 401,–
*(unverbindliche Preisempfehlung)

Die Preise entsprechen dem Status beim Druck dieses Verzeichnisses (s. Seite 1) – Änderungen, im besonderen der Preise, vorbehalten –

Schülerlexikon der Mathematik
Formeln, Übungen und Begriffserklärungen für die Klassen 5–10. (0430) Von R. Müller, 176 S., 96 Zeichnungen, kart. ●

Mathematik verständlich
Zahlenbereiche Mengenlehre, Algebra, Geometrie, Wahrscheinlichkeitsrechnung, Kaufmännisches Rechnen. (4135) Von R. Müller, 652 S., 10 s/w- und 109 Farbfotos, 802 farbige und 79 s/w-Zeichnungen, über 2500 Beispiele und Übungen mit Lösungen, Pappband. ●●●●●

Mathematische Formeln für Schule und Beruf
Mit Beispielen und Erklärungen. (0499) Von R. Müller, 156 S., 210 Zeichnungen, kart. ●

Rechnen aufgefrischt
für Schule und Beruf. (0100) Von H. Rausch, 144 S., kart. ●

Physik verständlich
Förderkurs für die Klassen 7 bis 10 (0926) Von Dr. Th. Meinert, 136 S., 146 s/w-Zeichnungen, 166 Aufgaben, kart. ●●

Mehr Erfolg in Schule und Beruf
Besseres Deutsch
Mit Übungen und Beispielen für Rechtschreibung, Diktate, Zeichensetzung, Aufsätze, Grammatik, Literaturbetrachtung, Stil, Briefe, Fremdwörter, Reden. (4115) Von K. Schreiner, 444 S., 7 s/w-Fotos, 27 Zeichnungen, Pappband. ●

Richtiges Deutsch
Rechtschreibung · Zeichensetzung · Grammatik · Stilkunde. (0551) Von K. Schreiner, 128 S., 7 Zeichnungen, kart. ●

Diktate besser schreiben
Übungen zur Rechtschreibung für die Klassen 4–8. (0469) Von K. Schreiner, 152 S., 31 Zeichnungen, kart. ●

Aufsätze besser schreiben
Förderkurs für die Klassen 4–10. (0429) Von K. Schreiner, 144 S., 4 s/w-Fotos, 27 Zeichnungen, kart. ●

Deutsche Grammatik
Ein Lern- und Übungsbuch. (0704) Von K. Schreiner, 112 S., kart. ●

Mehr Erfolg in der Schule
Deutsche Rechtschreibung und Grammatik
Übungen und Beispiele für die Klassen 5–10. (4407) Von K. Schreiner, 256 S., durchgehend zweifarbig, Pappband. ●●●

Mehr Erfolg in der Schule
Der Deutschaufsatz
Übungen und Beispiele für die Klassen 5–10. (4271) Von K. Schreiner, 240 S., 4 s/w-Fotos, 51 Zeichnungen, Pappband. ●●●

Richtige Zeichensetzung
durch neue, vereinfachte Regeln. Erläuterungen der Zweifelsfragen anhand vieler Beispiele. (0774) Von Prof. Dr. Ch. Stetter, 160 S., kart. ●

Richtige Groß- und Kleinschreibung
durch neue, vereinfachte Regeln. Erläuterungen der Zweifelsfragen anhand vieler Beispiele. (0897) Von Prof. Dr. Ch. Stetter, 96 S., kart. ●

Besseres Englisch
Grammatik und Übungen für die Klassen 5 bis 10. (0745) Von E. Henrichs, 144 S., ●●

The Grammar Master
Englische Grammatik üben und beherrschen. (7002) Diskette für den C 64/C 128 (im 64er Modus) ●●●●*

Vokabeltrainer Englisch
Von B. Hoppius. (7001) Wendediskette für C 64/C 128 PC, mit Begleitheft. ●●●●*
(7007) Wendediskette für Atari ST 520/1040, mit Begleitheft. ●●●●●*

Take a Trip to Britain
(7004) Von reLine, Diskette für C 64/C 128 PC, mit Begleitheft. ●●●●*

Schnell und sicher zum Führerschein
Tips und Tricks aus 30jähriger-Fahrschul-Praxis. (0921) Von O. Einert, 152 S., 156 Farbfotos, 161 z. T. farb. Zeichnungen, kart. ●●

Maschinenschreiben für Kinder
(0274) Von H. Kaus, 48 S., farbige Abb., kart. ●

So lernt man leicht und schnell
Maschinenschreiben
Lehrbuch für Schulen, Lehrgänge und Selbstunterricht. (0568) Von M. Kempkes, 112 S., 31 s/w-Fotos, 36 Zeichnungen, kart. ●●

Maschinenschreiben durch Selbstunterricht
(0170) Von A. Fonfara, 84 S., kart. ●

Maschinenschreiben
In 10 Tagen spielend gelernt. Von Unterrichtsmedien Hoppius. (7008) Diskette für den C 64 und C 128 PC ●●●●*
(7009) für IBM PC + kompatible, ●●●●●*
(7010) für Schneider CPC 464, 664, 6128, ●●●●*

Stenografie leicht gelernt
im Kursus oder Selbstunterricht. (0266) Von H. Kaus, 64 S., kart. ●

Buchführung
leicht gefaßt. Ein Leitfaden für Handwerker und Gewerbetreibende. (0127) Von R. Pohl. 104 S., kart. ●

Buchführung leicht gemacht
Ein methodischer Grundkurs für den Selbstunterricht. (4238) Von D. Machenheimer, R. Kersten, 252 S., Pappband. ●●●

Erfolgreiche Kaufmannspraxis
Wirtschaftliche Grundlagen, Geld, Kreditwesen, Steuern, Betriebsführung, Recht, EDV. (4046) Von W. Göhler, H. Gölz, M. Heibel, Dr. D. Machenheimer, 544 S., gebunden. ●●●●

Familienrecht
Ehe – Scheidung – Unterhalt. (4190) Von T. Drewes, R. Hollender, 368 S., Pappband. ●●●

Scheidung und Unterhalt
nach dem neuen Eherecht. Mit dem Unterhaltsänderungsgesetz 1986. (0403) Von T. Drewes, 112 S., mit Kosten und Unterhaltstabellen, kart. ●●

Erziehungsgeld, Mutterschutz, Erziehungsurlaub
Alles über das neue Recht für Eltern. Mit den Gesetzestexten. (0835) Von J. Grönert, 144 S., kart. ●

Endlich 18 und nun?
Rechte und Pflichten mit der Volljährigkeit. (0646) Von R. Rathgeber, 224 S., 27 Zeichnungen, kart. ●●

Was heißt hier minderjährig?
(0765) Von R. Rathgeber, C. Rummel, 148 S., 50 Fotos, 27 Zeichnungen, kart. ●●

Erbrecht und Testament
Mit Erläuterungen des Erbschaftsteuergesetzes von 1974. (0046) Von Dr. jur. H. Wandrey, 124 S., kart. ●

Testament und Erbschaft
Erbfolge, Rechte und Pflichten der Erben, Erbschafts- und Schenkungssteuer, Mustertestamente. (4139) Von T. Drewes, R. Hollender, 304 S., Pappband. ●●●

Mein letzter Wille
Ratgeber für Erblasser, Erben und Hinterbliebene. (0939) Von T. Drewes, 136 S., 9 s/w-Zeichnungen, kart. ●●

Präzise Ratschläge für
Ihre optimale Rente
Vorbereitung · Berechnungsgrundlagen · Gesetzesänderungen · Individuelle Rechenbeispiele. (0806) Von K. Möcks, 96 S., 24 Formulare, 1 Graphik, kart. ●

Mietrecht
Leitfaden für Mieter und Vermieter. (0479) Von J. Beuthner, 196 S., kart. ●●

Wege zum Börsenerfolg
Aktien · Anleihen · Optionen (4275) Von H. Krause, 252 S., 4 s/w-Fotos, 86 Zeichnungen, Pappband. ●●●

So werde ich erfolgreich
Ratschläge und Tips für Beruf und Privatleben. (0918) Von H. Hans, 104 S., kart. ●●

99 Alternativen für Umsteiger
Mehr Freude am Leben mit dem richtigen Beruf. (4251) Von D. Maxeiner, P. Birkenmeier, 192 S., 143 Fotos, 46 Zeichnungen, kart. ●●●

Lebenslauf und Bewerbung
Beispiele für Inhalt, Form und Aufbau. (0428) Von H. Friedrich, 112 S. kart. ●

Erfolgreiche Bewerbungsbriefe und Bewerbungsformen
(0138) Von W. Manekeller, 88 S., kart. ●

Die erfolgreiche Bewerbung
Bewerbung und Vorstellung. (0173) Von W. Manekeller, 156 S., kart. ●

Die Bewerbung
Der moderne Ratgeber für Bewerbungsbriefe, Lebenslauf und Vorstellungsgespräche. (4138) Von W. Manekeller, 264 S., Pappband. ●●●

Erfolgreiche Bewerbung um einen Ausbildungsplatz
(0715) Von H. Friedrich, 136 S., kart. ●

Die ersten Tage am neuen Arbeitsplatz
Ratschläge für den richtigen Umgang mit Kollegen und Vorgesetzten. (0855) Von H. Friedrich, 104 S., kart. ●

Zeugnisse im Beruf
richtig schreiben, richtig verstehen. (0544) Von H. Friedrich, 112 S., kart. ●

Vorstellungsgespräche
sicher und erfolgreich führen. (0636) Von H. Friedrich, 144 S., kart. ●

Keine Angst vor Einstellungstests
Ein Ratgeber für Bewerber. (0793) Von Ch. Titze. 120 S., 67 Zeichnungen, kart. ●

Esoterik

Bauernregeln, Bauernweisheiten, Bauernsprüche
(4243) Von G. Haddenbach, 192 S., 62 Farbabb. 9 s/w-Fotos, 144 s/w-Zeichnungen, Pappband. ●●●

Gesund durch Gedankenenergie
Heilung im gemeinsamen Kraftfeld (6035) VHS, 45 Min., in Farbe ●●●●*

/FALKEN/

Die Magie der Zahlen
So nutzen Sie die Geheimnisse der Numerologie für Ihr persönliches Glück mit dem völlig neuen Planetennumeroskop
(4242) Von B. A. Mertz, 224 S., 36 Abbildungen, Pappband. ●●●

I Ging der Liebe
Das altchinesische Orakel für Partnerschaft und Ehe. (4244) Von G. Damian-Knight, 320 S., 64 s/w-Zeichnungen, Pappband.
●●●

Die neue Lebenshilfe Biorhythmik
Höhen und Tiefen der persönlichen Lebenskurven vorausberecnen und danach handeln. (0458) Von W. A. Appel, 157 S., 63 Zeichnungen, Pappband. ●●

Die neue Erkenntnisse zum Biorhythmus
Individuelle Rhythmogramme für Berufserfolg und Gesundheit, Partnerschaft und Freizeit, Beilage: Tagesformplaner.
(4276) Von H. Bott, 144 S., 35 s/w-Zeichnungen, Pappband. ●●●

Falken-Handbuch Kartenlegen
Wahrsagen mit Tarot-, Skat-, Lenormand- und Zigeunerblättern.
(4226) Von B. A. Mertz, 288 S., 38 Farb- und 108 s/w-Abb. Pappband. ●●●●

Wahrsagen mit Tarot-Karten
(0482) Von E. J. Nigg, 112 S., 4 Farbtafeln, 52 s/w-Abb., Pappband. ●●

Selbst Wahrsagen mit Karten
Die Zukunft in Liebe, Beruf und Finanzen.
(0404) Von R. Koch, 112 S., 252 Abb., Pappband. ●●

Weissagen, Hellsehen, Kartenlegen ...
Wie jeder die geheimen Kräfte ergründen und für sich nutzen kann. (4153) Von G. Haddenbach, 192 S., 40 Zeichnungen, Pappband. ●●

Erkennen Sie Psyche und Charakter durch Handdeutung
(4176) Von B. A. Mertz, 252 S., 9 s/w-Fotos, 160 Zeichnungen, Pappband. ●●●●

Falken-Handbuch Astrologie
Charakterkunde · Schicksal · Liebe und Beruf · Berechnung und Deutung von Horoskopen · Aszendententabelle. (4068) Von B. A. Mertz, 342 S., mit 60 erläuternden Grafiken, Pappband. ●●●●

Die Familie im Horoskop
Glück und Harmonie gemeinsam erleben – Probleme und Gegensätze verstehen und tolerieren. (4161) Von B. A. Mertz, 296 S., 40 Zeichnungen, kart. ●●●

Aztekenhoroskop
Deutung von Liebe und Schicksal nach dem Aztekenkalender. (0543) Von C.-M. und R. Kerler, 160 S., 20 Zeichnungen, Pappband. ●

Was sagt uns das Horoskop?
Praktische Einführung in die Astrologie.
(0655) Von B. A. Mertz, 176 S., 25 Zeichnungen, kart. ●

Das Super-Horoskop
Der neue Weg zur Deutung von Charaker, Liebe und Schicksal nach chinesischer und abendländischer Astrologie. (0465) Von G. Haddenbach, 175 S., kart. ●

Liebeshoroskop für die 12 Sternzeichen
Alles über Chancen, Beziehungen, Erotik, Zärtlichkeit, Leidenschaft. (0587) Von G. Haddenbach, 144 S., 11 Zeichnungen, kart. ●

Die 12 Sternzeichen
Charakter, Liebe und Schicksal. (0385) Von G. Haddenbach, 160 S., Pappband ●●

Die 12 Tierzeichen im chinesischen Horoskop
(0423) Von G. Haddenbach, 128 S., Pappband. ●

Sternstunden
für Liebe, Glück und Geld, Berufserfolg und Gesundheit. Das ganz persönliche Mitbringsel für Widder (0621), Stier (0622), Zwillinge (0623), Krebs (0624), Löwe (0625), Jungfrau (0626), Waage (0627), Skorpion (0628), Schütze (0629), Steinbock (0630), Wassermann (0631), Fische (0632) Von L. Cancer, 62 S., durchgehend farbig, Zeichnungen, Pappband. ●

Computer-Bücher und Software

Computer Grundwissen
Eine Einführung in Funktion und Einsatzmöglichkeiten. (4302) Von W. Bauer, 176 Seiten, 193 Farb- und 12 s/w-Fotos, 37 Computergrafiken, kart., ●●●
(4301) Pappband, ●●●●

Einführung in die Programmiersprache BASIC. (4303) Von S. Curran und R. Curnow, 192 S., 92 Zeichnungen, kart. ●●

Intelligenz in BASIC
für Schneider CPC 464/664/6128. Mit Diskette 3″. (4320) Von K.-H. Koch, 160 S., 14 Zeichnungen, kart. ●●●●●

Lernen mit dem Computer. (4304)
Von S. Curran und R. Curnow, 144 S., 34 Zeichnungen, Spiralbindung, ●●

Garantiert BASIC lernen mit dem C 128
Mit kompletter Kurs-Diskette
(4321) Von A. Görgens, 288 S., 4 s/w-Fotos, 83 Zeichnungen, kart. ●●●●

Grundwissen Informationsverarbeitung
(4314) Von H. Schiro, 312 S., 59 s/w-Fotos, 133 s/w-Zeichnungen, Pappband. ●●●●●

Heimcomputer-Bastelkiste
Messen, Steuern, Regeln mit C 64-, Apple II-, MSX-, TANDY-, MC-, Atari- und Sinclair-Computern. (4309) Von G. A. Karl, 256 S., 160 Zeichnungen, kart. ●●●●

WORDSTAR 2000
Textverarbeitung für Einsteiger und Profis Mit erprobten Anwendungen aus der Praxis.
(4317) Von D. Nasser, 200 S., 9 s/w-Fotos, 3 Zeichnungen, kart. ●●●●●

Drucker und Plotter
Text und Grafik für Ihren Computer.
(4315) Von K.-H. Koch, 192 S., 12 Farbtafeln, 5 s/w-Fotos, kart. ●●●●

Computergrafik
Von den Grundlagen bis zum perfekten 3 D-Programm. (4319) Von A. Brück, 296 S., 20 Farbtafeln, 180 s/w-Grafiken, 50 s/w- Zeichnungen, 83 Listings, Pappband.
●●●●●

Textverarbeitung mit Home- und Personal-Computern
Systeme – Vergleiche – Anwendungen.
(4316) Von A. Görgens, 128 S., 49 s/w-Fotos, kart. ●●●●

Die tägliche PC-Praxis
Anwendungshilfen, Programme und Erweiterungen für MS-DOS-Computer
(4322) Von A. Görgens, 224 S., 25 Abbildungen, kart. ●●●●

dBase III
Einführung für Einsteiger und Nachschlagewerk für Profis. (4310) Von J. Brehm, G. A. Karl, 211 S., 23 Abb., kart. ●●●●●

FALKEN PC PRAXIS
Desktop Publishing
Setzen und Drucken auf dem Schreibtisch.
(4323) Von A. Görgens, 120 S., 11 s/w-Fotos, 72 Zeichnungen, kart. ●●●

FALKEN PC PRAXIS
WordStar Praxis professionell
Für die Versionen 3.4/3.45/4.0
Erweiterungen · Praxis-Tips · Datenaustausch · Desktop Publishing. (4324) Von A. Görgens, 172 S., 2 s/w-Fotos, 2 s/w-Zeichnungen, 116 s/w-Grafiken, kart. ●●●

nur DM 10,–

Die Super-Preisleistung

Die 100 bekanntesten und beliebtesten Volkslieder, mit wunderschönen Farbzeichnungen von Brian Bagnall, durchgehend farbig im Großformat als gebundener Pappband.

Kein schöner Land ... Das große Buch unserer beliebtesten Volkslieder. (0001) Hrsg. von Norbert Linke, 208 Seiten, 118 Farbzeichnungen, Pappband.

Erschienen in der F. Bassermann'schen Verlagsbuchhandlung Nachf.